复旦旅游学
研究书系

乡村旅游中游客导向的乡村性研究

Tourist-oriented
Rurality Research in Rural Tourism

张歆梅 ◎著

復旦大學 出版社

黔东南控拜村一角

上图：俯瞰黔东南控拜村
下图：远眺黔东南麻料村

水月湾俯瞰图

上图：水月湾核心区
下图：水月湾与村庄

总序

旅游,既古老,又年轻。说其古老,早在先秦时期,我们的先贤们就有了周游列国的旅行,到了晚明时期,古代人的旅游活动已相当地活跃与多样了;说其年轻,现代意义上的旅游在我国还是近几十年的事,从发展入境旅游起步。随着改革开放的深入,经济发展水平的飞跃,人民生活质量的小康化,我国旅游业的发展高歌猛进。2014 年,我国国内游客 36.1 亿人次,国内旅游收入 30 312 亿元;入境游客 12 849 万人次,旅游外汇收入 569 亿美元;国内居民出境 11 659 万人次,是世界上最大的国内旅游市场、出境旅游市场,以及世界第三大入境旅游接待国。2014 年,全国星级饭店 12 803 家,旅行社 26 650 家,5A 级旅游景区 186 家,各类森林公园 3 101 处,旅游项目完成投资 7 053 亿元,10 亿元以上在建旅游项目 1 749 个。旅游业已成为名副其实的国民经济战略性支柱产业、"经济发展新常态下的新增长点"。

对当代国人来说,旅游已是相当熟悉与喜好的活动了,有过旅游经历的人或从事与旅游相关工作者比比皆是,已经或即将以旅游为平台进行产业融合的日益增多,学术研究者、社会分析人士对旅游的关注越来越广泛,报纸、电视以及新媒体有关旅游的新闻、报道与讨论触目皆是,甚至还有拿旅游来进行炒作的。那么,旅游到底是什么?是文化活动,是经济行为,还是一种生活方式?旅游业的产业链如何打造与延伸？旅游业如何运营才能更科学有序地发展？如何形成一批世界级著名旅游目的地与旅游企业？旅游如何有效推动社会转型和文化创新？旅游怎样才能有助于提高国家的软实力？如此等等，都是旅游研究需要思考并向社会解答的问题。尽管这当中有些问题从表面上看或许属于老生常谈，但时代背景不同、关注的对象不同、社会经济发展的境遇不同，问题的内涵与解决之道有可能千变万化。

  复旦大学旅游学系渊源于历史学系，我们秉承历史学系注重学术研究的优良传统，从学科建立之初就投入相对多的精力于旅游学术研究。与全国其他旅游院校一样，在起始阶段，旅游学术研究多与教学相结合，多从编纂教材开始。20世纪90年代以来，我系主编、出版有"旅游学教材丛书""大学旅游教材""21世纪大学旅游教材"等多套大学教材丛书，这些教材多以体系完整、信息量大、知识点全、学术性强而著称，尤其把教材当作学术著作来写，紧密结合学术研究，关注学术前沿问题，广受国内外同行赞许。以教材为核心申报的"旅游管理专业课程体系建设"项目，获2013年上海市高校优秀教学成果奖二等奖。

  然而，教材毕竟以传播知识为主，囿于体例，难以突出其学术性，加上近些年我系新引进了多名青年教师，教师的学科背景更齐全，与旅游实践紧密结合的学术研究热情更为高涨，在继承原有学科特色的基础上又有了新的增长点。为此，在每年编辑出版一辑《复旦旅游学集刊》的同时，于2011年启动"复旦旅游研究书系"计划，并得到校系"985三期"的重点支持。本书系试图达到三个目的：一是通过人文、经济等多学科的视野来研究旅游现象与旅游产业运营发展，以体现复旦大学综合性学科的优势；二为探讨一些尚未引起学术界重视而又是社会亟须研究的问题；三是以学术研究凝聚学科建设方向。经过几年的潜心努力，如今第一辑的成果已陆续问世。能否达到预期目的，我们拭目以待，敬请学界先进批评、指教。同时，我们也会在适当的时候，启动第二辑的出版计划，欢迎同仁们继续给予关心、支持。

本书系在计划实施与编辑出版过程中，得到了我系领导与全体教师、复旦大学出版社史立丽女士的大力支持与帮助，谨此一并致以衷心的感谢！

是为序。

巴兆祥
2015年6月

前言

现代社会中,农业和农村成为世界各国重要的经济和社会问题。为了解决"三农"问题,实现城市反哺农村,解决农村问题成为党和政府的战略目标。从党的十六届五中全会(2005年)重新提出社会主义新农村建设,到习近平总书记在党的十九大报告(2017年)中首次提出乡村振兴战略,更进一步将乡村振兴战略提升到党和国家未来发展的"七大战略"之一。农村建设、乡村振兴是一个大系统,需要不同的学科贡献智慧和力量。乡村旅游成为旅游实践中促进乡村振兴的有效途径。在这样的大背景下,乡村旅游应时而出,然而在蓬勃发展的同时,也面临着理论研究不足的问题。

此外,中国快速现代化、都市化的进程,也令城市居民出游、选择乡村旅游作为休闲度假产品成为可能。成功的乡村旅游,除了需要政府的政策支持、规划师的合理规划,以及经营者的精心实践以外,更需要游客的认可,才能构成供需的平衡和互动。在这样的背景下,本书选择从游客需求角度进行乡村旅游的乡村性研究,旨在构建乡村旅游中游客导向的乡村性模型,为探索全球化背景下中国特色的乡村旅游理论研究做出一小步努力。本书的主要贡献在于对"游客导向的中国乡村性"的抽象内涵进行了概念化,并产生了具体的操作化过程,最终提出并验证了乡村旅游中游客导向的乡村性模型(Tourist-oriented Rurality Model,TOR),简称

TOR模型。内容组织如下：

首先，对乡村旅游概念进行辨析，并构建了新的乡村旅游内涵框架。本研究指出，"乡村旅游"在中国的研究背景下，可以定义为：发生在乡村地区，以吸引城市游客为主，依托乡村居民日常居住、生活、劳动和活动空间，围绕乡村经济、文化和景观进行的各项旅游活动总称。该定义明确指出，乡村旅游的研究对象，是围绕着乡村特色的经济、文化和景观开展的乡村游憩活动。而活动开展的空间（space）以乡村居民惯常居住、生活和劳动的空间为核心，同时也是游客参与构建的地方（place）。此外，乡村旅游游憩活动中的主-客关系是乡村旅游的一大亮点和特色。并且，本书指出，乡村旅游概念的本质和核心在于乡村性内涵，它充斥于整个乡村游憩活动中的充满原真性（authenticity）的人情、生活和氛围之中。

其次，本书对抽象的乡村性内涵进行了重新认知，提出"游客导向的中国乡村性"，它可以被理解为乡村旅游的本质和最主要特性。和普遍意义上的乡村性具有生态、职业、社会文化和认知四要素相比，乡村旅游中的乡村性更侧重于乡村特质的乡村环境（包括自然、人文）、乡村经济、乡村社会、游憩机会和基础设施五个方面。乡村性是乡村旅游资源的核心提炼，它与城市性形成的对比是游客出游的重要动机，因此也成为乡村旅游整体营销的核心。以上认识基于可持续发展、旅游认知研究、地方感理论和乡村地理中的乡村性话语等多学科理论，通过大量中外文献梳理获得。此外，本研究还在上述概念框架的基础上，设计了39项观测指标，以构建游客导向的中国乡村性测量量表。该概念框架和测量量表的确定，完成了实证主义方法中从概念化（conceptualization）到操作化（operationalization）研究范式的关键一步，实现了科学研究的可测量化（measurement），奠定了建构理论的基石。

再次,本书构建了乡村旅游中游客导向的乡村性假设模型。该假设模型由六大因素构成,分别是:乡村游憩机会(Opp.)、田园牧歌(Idyll)、晦涩乡村(Dull)、游憩设施(Fac.)、乡村传统生活(Life)和游憩环境(Env.)。六大因素的英文首字母构成了假设模型的FIELDO结构。该假设模型基于全国性抽样获得的数据,从中随机抽取一半(N=402)进行探索性因子分析,并获得了理论的支持。假设模型通过自上而下的数据分析,基于以上乡村性概念框架的比较、分析获得,反映了本研究理论模型探索、发现的过程。

最后,本研究确立了乡村旅游中游客导向的乡村性模型(Tourist-oriented Rurality Model),简称为TOR模型。TOR模型为二阶模型,其中一阶潜变量为FIELDO结构的六大因素,二阶为被命名为乡村性(Rurality)的潜变量。TOR模型基于另外一半随机数据(N=402)进行结构方程模型(SEM)运算,围绕着七大假设(hypothesis)对假设模型进行比较、修正与验证,从而最终确立。SEM拟合指数显示,TOR模型整体拟合度很好,并且通过了效度和信度检验。

TOR理论模型显示,对于游客最具吸引力的乡村性要素是田园牧歌(Idyll)体现的乡村氛围。在这样的氛围中,没有城市的冷漠、人与人之间的隔阂,仍然保留着乡村的淳朴、传统社会中人情的温暖。乡村游憩机会(Opp.)显示,游客的本质需求是离开惯常居住地,寻求不同的体验,因此与乡村生活、生产方式紧密相连的游憩机会可以成为吸引游客到来的关键要素。乡村传统生活(Life)可以为我们开发乡村旅游产品提供思路——乡村日常生活也许对于乡村居民来说很普通,但是却可以成为游客心目中美好的体验。乡村设施(Fac.)提醒我们,需要加强乡村旅游地的交通可达性,提高对于卫生、医疗等设施的要求;同时,设施的修缮又不能以牺牲整体乡村性的其他要素为代价。乡村游憩环境(Env.)同样指出了一个好的乡村旅游地应当具备的自然、人文条件。最后，晦涩乡村(Dull)是乡村之隐痛，也是我们今后需要提升、改进的地方。

本研究指出，由于 TOR 模型抓住了中国乡村旅游的核心，不仅在理论研究上填补了该领域的空白，并且基于该模型的正确理解、运用，也将对乡村旅游管理、规划、经营和营销等实践活动具备指导意义。

目 录 CONTENTS

第一章 导 论 ·· 1
　第一节　研究背景 ··· 2
　第二节　研究目的和意义 ······································ 12
　第三节　研究内容与本书框架 ·································· 20
　第四节　研究方法与创新点 ···································· 23

第二章　乡村旅游研究述评 ······································ 33
　第一节　基本概念 ·· 33
　第二节　乡村旅游研究述评 ···································· 50
　第三节　小结 ·· 77

第三章　乡村性理论基础与内涵认知 ······························ 79
　第一节　理论基础 ·· 79
　第二节　内涵认知 ··· 121

第三节　小结 …… 141

第四章　研究设计与数据分析 …… 143
　第一节　研究设计 …… 144
　第二节　数据分布及方差分析 …… 153
　第三节　定性数据分析 …… 185
　第四节　小结 …… 192

第五章　游客导向的乡村性模型探索与验证 …… 194
　第一节　乡村性理论模型探索与发现 …… 195
　第二节　乡村性理论模型的修正与验证 …… 224
　第三节　TOR 理论模型解释与运用 …… 250
　第四节　小结 …… 255

第六章　研究结论与讨论 …… 257
　第一节　研究结论 …… 257
　第二节　研究局限 …… 260
　第三节　后续研究建议 …… 261

参考文献 …… 263

附录一　调查问卷（现场调研版） …… 291
附录二　调查问卷（网络版） …… 296
附录三　游客导向的中国乡村性测量指标及其编码表 …… 301

后　记 …… 304

第一章
导　论

在现代社会中,农业和农村成了重要的经济和社会问题。各国政府都采取了积极措施。在国内,有社会主义新农村建设的开展;在国际上也一样,比如亚洲的韩国新村运动[①]、欧洲的欧盟新乡村政策[②],都是为了最大可能地解决乡村问题。社会主义新农村建设是一个大系统,需要不同的学科贡献智慧和力量。一方面,乡村旅游是促进社会主义新农村建设的有效途径之一。在这样的大背景下,乡村旅游应时而出,获得蓬勃发展的同时,却面临理论研究的不足。另一方面,中国快速现代化、都市化的进程,也令城市居民出游、选择乡村旅游作为休闲度假产品成为可能。成功的乡村旅游,除了需要政府的政策支持、规划师的合理规划,以及经营者的精心实践以外,更需要游客的认可,才能达成供需的平衡和互动。因此,本书选择从游客需求角度进行中国"乡村旅游中游客导向的乡村性研究",作为探索乡村旅游理论研究的一小步努力,因而具有特别的意义。

本章作为开篇章节,主要介绍本书的选题背景、研究目的和意义、思路与框架,并将阐述研究方法和创新点等内容。

[①] 李水山:《韩国新村运动对农村经济发展的影响》,《当代韩国》2001年夏季号。
[②] Nilsson, P. A., "Tourism's Role in New Rural Policy for Peripheral Areas: The Case of Arjeplog", in F. Brown and D. Hall, eds. *Tourism in Peripheral Areas*, Frankfurt Lodge, Channel View Publications, 2000.

第一节 研究背景

一、三农问题是关系整个社会和谐发展的大问题

虽然整个中国社会经济在改革开放以来取得了巨大的成就,但是转型时期的农村依然面临着很多问题,成为困扰中国经济发展、社会和谐的一个重要课题。受到城乡分割的二元结构影响,在制度安排和政策层面上,我国存在着重工业、城市,轻农业、农民的不平衡现象,造成城乡社会资源占有差距扩大,导致城乡发展差距拉大,城乡之间没有形成良性互动的和谐局面。① 全国14亿人口中有9亿是农民,如果他们的温饱和小康问题依然如故,我们国家的富裕和繁荣就只能是局部现象。农民出身的美国总统杜鲁门曾经概括说:"有农民的富裕就有国家的富裕,农民处于困境中,国家也必定在困境中。"②

农业、农村、农民的"三农"问题因此成为党和政府关注的重大问题。2004年,在国家粮食出现巨大缺口时,与农业阔别18年的中央一号文件重新回归。从2004年到2008年的五个一号文件连续关注"三农",其主题从农民增收、提高农业综合生产能力、建设社会主义新农村,到现代农业和农业基础建设,一脉相承。③ 其中,2005年党的十六届五中全会提出,建设社会主义新农村是我

---

① 马戎、王志刚、李周等:《建设新农村:中国式道路该如何走》,《人民论坛》2006年第2期。
② [美]埃弗里特·M.罗吉斯、拉伯尔·J.伯德格:《乡村社会变迁》,王晓毅、王地宁译,浙江人民出版社1988年版。
③ 王颖:《破解新农村建设三大难题——解读国务院关于推进社会主义新农村建设情况的报告》,《中国人大》2008年第2期。

国现代化进程中的重大历史任务,并把它作为"十一五"经济社会发展的一个主要目标。随后中共中央发布了2006年"一号文件":《中共中央国务院关于推进社会主义新农村建设的若干意见》,宣布建设社会主义新农村成为今后一段时期我党和我国政府工作的重点。2006年中央"一号文件"将社会主义新农村建设总体要求概括为20个字,即"生产发展、生活宽裕、乡风文明、村容整洁、管理民主"。其内涵体现在以下五个方面:一是发展经济、增加收入;二是建设村镇、改善环境;三是扩大公益,促进和谐;四是培育农民、提高素质;五是加强村级自治组织建设,引导农民主动参与到乡村建设事业中来。①

虽然中央在此前曾多次提出过建设社会主义新农村的要求,但是十六届五中全会重新提出这一要求,是顺应新的时代特征的表现——现在中国总体上已经开始进入"以工促农、以城带乡"的发展阶段,因此,国民收入分配的格局也必须进行合理调整,开始走向工业反哺农业、城市支持农村的阶段。②

2008年,党的十七届三中全会颁布了《中共中央关于推进农村改革发展若干重大问题的决定》(以下简称《决定》),明确了"我国总体上已进入以工促农、以城带乡的发展阶段"。③ 此外,该决定对土地流转制度的推进,有利于城市资本进入农村农业生产后期阶段,也有利于带动农村劳动力市场,加快非农转化。④

---

① 邓蓉敬:《关于建设社会主义新农村的观点综述》,《资料通信》2006年第3期。
② 陈芳:"全面理解社会主义新农村建设的'二十字目标'——访中央农村工作领导小组办公室负责人"(2006年2月14日),http://news.xinhuanet.com/politics/2006-02/14/content_4179516.htm,最后浏览日期:2008年10月8日。
③ 新华社:"授权发布:中共中央关于推进农村改革发展若干重大问题的决定"(2008年12月2日),http://news.xinhuanet.com/newscenter/2008-10/19/content_10218932.htm。
④ 谭淑豪:"农村经营权流转:让土地绽放迷人活力——谭淑豪谈土地流转与农村改革"(2008),国土资源部资源网:http://www.live.lrn.cn/zxft/nongcunjingyingquanliuzhuan//index_217.htm#,最后浏览日期:2008年12月2日。

二、乡村旅游是促进社会主义新农村建设的有效途径

新农村建设是一个涉及农村政治、经济、文化、科技、教育、卫生、社会保障、生态环境和人民生活等多个方面的系统工程,需要各个与农村、乡村有关学科的积极介入,在社会主义新农村建设中发挥独特优势。国家旅游局围绕主旋律,抓住新机遇,将2006年全国旅游主题确定为"中国乡村游",及时提出旅游业向农村挺进,成为我国旅游业进入战略提升期采取的重大举措。[①] 随后的2007年,国家旅游局继续提出"和谐城乡游",以延续乡村旅游这一主题。

在我国,乡村旅游的发展和旅游扶贫、新农村建设具有紧密联系的传统。20世纪80年代在我国农村地区涌现出来的第一批旅游点,大多是当地率先富裕起来的典型。20世纪90年代开展的"旅游开发扶贫工程"中,云南的西双版纳、大理、丽江,四川的阿坝,河北的太行山区等一大批地区的农村,靠发展旅游产业实现了大规模的脱贫致富。进入21世纪后,国家旅游局倡导发展以农业生产过程、农村风貌、农民劳动生活为主要吸引力的农业旅游,并且开展了创建"全国农业旅游示范点"的活动,使旅游和农业的结合更加紧密和普遍。

在欧美发达国家,乡村旅游的发展已有百年以上的历史,并且在增加乡村收入、解决乡村人口空洞化、增加乡村就业等方面具有重大的意义。因此,乡村旅游的发展备受各国政府关注。新西兰、爱尔兰、法国等国家把乡村旅游作为稳定农村、避免农村人口盲目向城市流动的重要手段,在资金、政策上给予大

---

① 李德明:《新农村建设为乡村旅游发展创造广阔空间》,《旅游学刊》2006年第5期。

力支持；加拿大、澳大利亚、东欧和太平洋地区的许多国家，都把乡村旅游作为农村地区经济发展的重要手段。① 因此，对于世界各国来说，乡村旅游的开展不仅具有经济意义，而且具有社会意义。

时任国家旅游局局长的邵琪伟指出，发展乡村旅游是促进社会主义新农村建设的有效途径。② 这主要表现在五个方面：一是有利于农业产业化发展。乡村旅游能够有效地促进当地农业的产业化经营，带动农副产品和手工艺品加工、交通运输、房地产等相关产业发展。二是有利于农村生产发展和农民生活富裕。乡村旅游使许多农民直接、间接地成为旅游从业者，增加了农民收入。三是有利于农民素质的提高和乡风文明建设。乡村旅游把城市的许多新信息、新理念带到农村，对农民素质和乡风民俗具有潜移默化的影响，全面提升了农民素质。四是有利于环境保护和可持续发展。五是有利于推进农村基层管理民主。乡村旅游具有现代服务业的特性，它的发展为农村引入了现代管理理念。一些地方在基层组织的引导下，纷纷成立各种乡村旅游有关协会，民主管理水平不断提高。乡村旅游的以上五大作用，正符合上文所述社会主义新农村建设诉求的主要内涵。

2008年初，国家旅游局再次明确了今后将继续大力推进乡村旅游发展的思路：

> 认真贯彻落实中共中央、国务院一号文件精神，通过完善工作机制、创新工作方式、加强政策措施，不断提高乡村

---

① Briedenhann, J. and Wickens, E., "Tourism Routes as a Tool for the Economic Development of Rural Areas-vibrant Hope or Impossible Dream?", *Tourism Management*, 2004, 25(1), pp. 71-79; MacDonald, R. and Jolliffe, L., "Cultural Rural Tourism: Evidence from Canada", *Annals of Tourism Research*, 2003, 30(2), pp. 307-322;邵琪伟：《发展乡村旅游促进新农村建设》，《求是》2007年第1期。

② 邵琪伟：《发展乡村旅游促进新农村建设》，《求是》2007年第1期。

旅游发展水平,促进非农就业、农民增收,使乡村旅游在服务社会主义新农村建设中发挥更加积极的作用,努力为改善民生服务。①

三、国内乡村旅游应时蓬勃发展,呼吁理论研究支持

中国的乡村旅游实践始于20世纪80年代。实践带动学术研究发展,国内的乡村旅游研究于20世纪90年代中期萌芽。此后中国乡村旅游的研究,随着乡村旅游实践的摸索、发展而壮大。同时,学术研究也像一面镜子,不断反映实践的发展状况。因而,蓬勃的发展背后涌现出来的诸多问题,也被许多学者忠实地观察、记录下来。

据殷平的统计,截至2004年,所有乡村旅游文章中,从整体角度分析我国乡村旅游开发(或发展)中存在的问题并且寻求对策分析的文章数量占到了总数的38%。② 同时,据邹统钎、龙茂兴、张河清等的研究③,笔者发现,学者们阐述的问题都比较集中,故将林林总总的问题大致概括为以下七个方面:

(1)缺乏对于乡村性和乡村风貌的保护,出现了建筑的城市化、活动的商业化,以及经营的飞地化;

(2)缺乏对于社区农民的保护,使之成为乡村旅游负面影响的承担者;

---

① 邵琪伟:"邵琪伟在2008年全国旅游工作会议上的讲话"(2008年3月5日),http://www.cnta.org.cn/news_detail/newsshow.asp?id=A20082141118264070635,最后浏览日期:2008年4月25日。
② 殷平:《1997年—2003年国内乡村旅游研究文献分析》,《桂林旅游高等专科学校学报》2004年第6期。
③ 邹统钎:《乡村旅游发展的围城效应与对策》,《旅游学刊》2006年第3期;邹统钎、马欣、张昕玲等:《乡村旅游可持续发展的动力机制与政府规制》,《杭州师范学院学报(社会科学版)》2006年第2期;龙茂兴、张河清:《乡村旅游发展中存在问题的解析》,《旅游学刊》2006年第9期。

（3）缺乏统一规划；

（4）基础设施质量不佳；

（5）资金问题；

（6）人才与管理问题；

（7）产品与效益问题，表现在产品单一、未成系列，产品雷同，品位不高，开发粗糙，参与性不强等方面。

在以上七个方面的问题中，首要的就是乡村性和乡村风貌的保护问题。其余如乡村旅游产品开发、规划问题，也可以说是乡村旅游的乡村性开发中遇到的难题。

面对这些问题，学者们提出了种种解决途径，也可以总结为以下几点：

（1）政府作用：包括基础设施建设、制度标准和规范制订、农民培训、土地产权的明晰、市场的推广等；

（2）社区参与：通过提高社区农民在乡村旅游的投资、开发，以及管理各个方面的参与度，来解决根本性的问题；

（3）游客教育：通过对游客的教育，来尽可能减少乡村旅游对于当地社区的负面影响；

（4）开发机制：创新开发模式，建议投资主体的多样化，以及产业本地化和经营共生化；

（5）产品开发：把握和了解游客动机，完善产品体系，以及突出乡村旅游产品的乡村性本质。

可以发现，以上五大解决途径都是从操作层面而言的。而近年如同雨后春笋般纷纷涌现的旅游扶贫、三农政策、新农村建设等讨论，又是从另外一个角度出发——基于大政策层面的思考的，因而乡村旅游发展所面临的诸多问题依然缺乏理论指导。

省市给的政策指导可操作性不强，对于一线的执行者来说帮助不大，只能说起到一个开阔思路的作用。譬如，2008 年 3 月

17日,笔者曾通过电话采访案例地旅游主管部门的乡村旅游负责人,同年6月中旬,笔者前往浙江杭州所辖临安、富阳、桐庐等进行为时月余的实地考察,与杭州市主管乡村旅游的农业办公室、旅游委员会官员进行数次深度访谈,并分别与临安、富阳、桐庐等地的旅游主管部门乡村旅游分管领导,以及多位村委会主任、村支书、乡村旅游协会会长进行了深入访谈。在访谈中,基层政府官员往往希望研究者首先帮助他们澄清一个最基本的概念:什么是乡村旅游?以及乡村旅游的发展要抓住什么核心?当笔者提出,本研究的理论假设是"乡村旅游发展需要了解游客需求,紧扣乡村性核心"时,受到了政策制订者和乡村旅游开发实践者的认可和欢迎。而当他们被问及上述五种解决途径可否指导具体工作时,一线政府管理人员则普遍认为缺乏可操作性,并且认为有些解决方案与实际相脱轨。比如在游客教育方面,临安旅游局乡村旅游办公室主任,以及白沙、西天目村的村委会主任都认为,目前在临安地区的乡村旅游中,游客对本地居民在卫生、文明生活方式等方面带来的教育机会反而更多。另外,他们也渴望知道在政府作用、社区参与、产品开发方面,这些操作的理论依据是什么。总之,受访的工作人员们普遍认为,目前乡村旅游是"摸着石头过河",主要靠在实践中摸索,表达了学术界给予理论指导的愿望。

  的确,在目前的中国乡村旅游研究中,存在着"二多一少"的情况,即"实践描述多,经验式总结多,理论深度文章少",深度理论讨论遭遇瓶颈。在中国知网数据库(CNKI)中,以"乡村旅游"为标题关键词进行搜索,1997年仅搜得期刊论文一篇[①],而到2007年,则多达850篇(见表1-1)。

---

① 姚素英:《浅谈乡村旅游》,《北京第二外国语学院学报》1997年第3期。

表 1-1　1987—2007 年国内乡村旅游相关学术论文数量统计

论 文 数 量	标题包含词汇			
	乡村旅游 (1997— 2007)	农业旅游 (1989— 2007)	观光农业 (1987— 2007)	农家乐 (1998— 2007)
CNKI 文章搜索总数	850	199	591	397
核心期刊和 CSSCI 收录数量	292	130	109	34
收录比例	34.4%	65.3%	18.4%	8.6%

* 资料来源：据中国知网(CNKI)信息搜索、整理。

短短 11 年间，文章发表数量上发生了惊人的增长。但是，表 1-1 中的统计数据同样显示，在中国知网收录的乡村旅游相关文献中，被核心期刊和 CSSCI 收录的文章比例相当低。占比最高的是标题中包含"农业旅游"这一关键词的文章，占据 65.3%，"乡村旅游"仅为 34.4%，而"农家乐"收录比最低，仅有 8.6%。这些数据反映了国内乡村旅游的研究现状：一方面，乡村旅游的确成为学界研究热点；另一方面，乡村旅游的学术严谨性以及基础理论研究还有待提升。

四、乡村旅游产品是吸引城市居民出游，由观光时代走向休闲时代的突破口

国内旅游市场分布和流向显示，城市居民是最主要的客源。[①] 这是由旅游出行的两大基本要素：可支配收入和闲暇时间，以及城市生活的特点所决定的。

随着经济的发展，我国人民生活水平经历了一个从基本生存

[①] 吴必虎、党宁：《环城游憩带(ReBAM)的理论与实践》，2005 年全球华人地理学家大会，北京大学。

到解决温饱,乃至实现整体小康的过程。在过去的20多年中,中国GDP经历了平均每年高于9%的持续增长,这在世界范围内也是罕见的。全国性的高增长数据掩盖了快速增长之下全国范围内城乡的两极分化现状。根据国家统计局的官方资料,城乡居民收入差距不断扩大,农村居民名义收入水平落后于城镇10年,实际值落后于城镇13年。2005年农村居民人均纯收入3 255元,名义值低于城镇居民1994年的水平。扣除价格因素后,实际值只相当于城镇居民1992年以前的水平,落后13年。可见,当全国经济总量快速增长的时候,大部分财富集中在城市。因此,城乡可支配收入比差距在拉大,使得城市人口通过旅游这一方式向乡村流动在经济上成为可能。

另外,随着国家休假制度的改革,公民享有的休假时间不断延长。1995年,我国开始实行每周40小时工作制,1999年,国家颁发《全国年节及纪念日放假办法》并实施"七天长假"制度,2008年,该《办法》在修订后重新实施,取消五一黄金周,增加了清明节、端午节和中秋节三个传统节日,并将除夕也作为休息日。新的《办法》不仅弘扬了我国传统节日文化,也避免了"黄金周"客流拥挤的问题,将放假时间在年内均匀分配。这样,公民每年享受的法定休息日在114天左右,差不多达到了全年的三分之一。此外,新出台的《职工带薪年休假条例》,也已从2008年1月1日起施行。这两项备受瞩目的法规对中国人的假日生活和中国的假日经济带来了巨大的影响。相对于乡村来说,城市居民是国家休假制度改革更加主要的受益群。此外,由于人均寿命的延长,人们退休后将会有很多年处于闲暇状态,而城市退休人员拥有比乡村更好的退休养老金保障,也为城市老年旅游市场发展提供了时间上的可能。

除了可支配收入和闲暇时间以外,城市居民还天然带有回归自然、回归乡村的旅游动机。据研究,在现代社会中,人们更能感受到日常生活中的支离破碎感(fragmentation)和非原真性(inauthenticity),这些感受容易让人们去追求日常生活之外的原真性。[1] 旅行使得这种愿望得以实现[2],休闲与度假是现代人摆脱日复一日被日程安排的生活、放松自己的好机会[3]。在这种情况下,乡村旅游因为能够提供"纯粹而简单的生活,接触自然,完美实现天人合一"[4],而备受都市现代人的青睐。目前中国正处于快速城市化阶段,现代工业社会带来的各种城市问题,包括拥挤、环境污染等,比发达国家更加突出,因此城市居民出行往往带着暂时逃避都市生活的动机,从而更容易向往乡村旅游,渴望能够感受到生态、自然的休闲体验。

著名未来学家格雷厄姆·莫利托曾指出,到2015年前后,发达国家将进入"休闲时代",休闲将在人类生活中扮演重要的角色。[5] 目前,某些发达国家已经进入了休闲社会,甚至在一些发展中国家的某些城市也看到了休闲社会的曙光,休闲产业作为一个新的经济增长点逐渐形成。从乡村与城市的互补关系来看,乡村旅游产品有望成为中国大城市或者东部沿海发达地区从大众观光时代走向休闲时代的突破口。乡村的"天然和自然"更多一些,有大量的自然景观、自然生态、自然山水,以及不同的劳作方式,不同的体验和感受,不同的地域特色和文化风情,乃至于古朴的民风、别样的

---

[1] Cohen, E., "Towards a Sociology of International Tourism", *Social Research*, 1972, 39, pp.164-182; Cohen, E., "Nomads from Affluence: Notes on the Phenomenon of Drifter-tourism", *International Journal of Comparative Sociology*, 1973, 14, pp.89-103; Cohen, E., "A Phenomenology of Tourist Experiences", *Sociology*, 1979, 13, pp.179-201.

[2] MacCannell, D., *The Tourist: A New Theory of the Leisure Class* (2nd ed.), Schocken, 1976.

[3] Burns, P. and Holden, A., *Tourism: A New Perspective*, Prentice Hall, 1995; Holden, A., *Environment and Tourism*, Routledge, 2000.

[4] Frochot, I., "A Benefit Segmentation of Tourists in Rural Areas: A Scottish Perspective", *Tourism Management*, 2005, 26, pp.335-346.

[5] 莫利托:《下一个千年推动经济增长的五大引擎》,《经济学家》1999年第1期。

民居等。这些景观与作为一种高度密集的人工聚集物和构筑物的城市截然不同。① 因而,若是抓住乡村旅游地的乡村性核心进行旅游开发、保护、营销宣传,这将成为吸引城市游客的最大核心竞争力。

综上所述,乡村旅游的发展对于中国乡村发展具有经济、社会双重意义。对于游客而言,乡村旅游也可以满足其对体验式休闲、度假的需求。在这样的供需背景下,乡村旅游具有蓬勃发展的空间。旅游研究也得以获得长足发展的时代机遇,只是目前仍面临着如何取得更多以乡村性研究为突破口的理论探讨瓶颈。

第二节 研究目的和意义

一、研究目的

基于上述分析,本书研究目的主要集中在以下四个方面。

第一,突破原有乡村旅游概念纷繁芜杂的现状,构建乡村旅游概念新框架。

概念是建构理论的基石,是用符号或者文字表达出来的想法,也是科学研究的第一步。② 主题概念的缺失,会在很大程度上影响该领域研究的有意义开展。只有对乡村旅游概念的全新探究,重新构建全新框架,才能自下而上挖掘到乡村性本质的突破口。

第二,在地理学土壤中,结合多学科视角,提出乡村性是乡村旅游理论研究的突破口,并构建游客导向的乡村性定义、内涵之概念框架。

---

① 党宁:《环城游憩带空间结构研究》,北京大学博士学位论文,2007年。
② [美]劳伦斯·纽曼:《社会研究方法:定性和定量的取向(第五版)》,郝大海译,中国人民大学出版社2007年版。

新的乡村旅游概念框架显示,乡村性是乡村旅游的本质核心。乡村旅游中乡村性的理论研究突破,需要来自以地理学为主的多学科的理论养分。本书将充分利用定性研究方法之长处,在多学科基础上,提出游客导向的中国乡村性定义、内涵框架,作为其后进行指标化、量化研究所依赖的理论依据。

第三,首次系统地构建游客导向的乡村性模型,从概念框架的假设出发,直到理论模型的探索和验证,实现科学研究逻辑完整和严密性。

对于乡村性研究的量化,一直是乡村旅游研究中的难点。本书发挥定性研究与定量研究之互补特点,在定性研究所提出的概念框架基础上,采用定量研究来修正、验证理论模型。因此,基于全国性大样本数据,采用多抽样方法,以获得抽样样本和总体目标样本最大限度的吻合,并采用双因子分析,基于结构方程模型(SEM)方法,对乡村性模型进行探索、发现和验证。本书计量方法的使用,为未来该领域更多实证研究做出了尝试。

第四,基于理论模型,进行模型理论和实践运用的探讨。

二、研究意义

在社会主义新农村建设不断深入的大背景下,乡村旅游的发展受到了政府切实而有力的支持,在国内已经渐渐走出萌芽阶段,发展到快速成长的阶段。实践在呼吁理论指导,而目前乡村旅游学术界的成果,却呈现上文所提到的"二多一少"的局面,需要深度理论的探讨。基于以上认识,本书对游客导向的乡村性理论模型进行探索、构建和验证,其过程和结果不仅具有理论意义,而且具备实践意义。

(一)理论意义

首先,本书力求实现乡村地理学与旅游研究的理论互动,丰富了旅游研究的理论来源。

乡村性是乡村地理研究中的重要话语(discourse)。乡村地理的研究,在西方已经历了社会文化转向、后现代主义思潮等多次思想变革,其对于乡村性话语也不断进行着新的研究和尝试。从最早的探讨乡村概念,到制订乡村测量指标体系[1],再到21世纪从结构主义出发,人们从不同的视点来理解乡村性。[2] 这些不同的视点,包括青少年对于乡村性的认知[3]、孤寡老人的乡村性认知[4],甚至是乡村护士对乡村性的认知[5],等等。这些研究表明,西方乡村地理对于乡村性话语的研究,是在真正关注鲜活的乡村"人地关系"——不同的"人"对于"地"有着不同的视角和观点,乡村地理研究的发展需要与社会、文化紧密联系。相比之下,我国的乡村地理研究起步晚,与聚落地理、农业地理有着很深的渊源[6],也没有经历过大规模的社会文化转向的思维冲击,总体而言,对于乡村性的探讨还是缺乏更多视角,缺乏具有人文关怀的讨论。

本书继中外许多旅游研究者[7]之后,继续将乡村性话语引入

---

[1] Cloke, P. and Edwards, G., "Rurality in England and Wales 1981: A Replication of the 1971 Index", *Regional Studies*, 1986, 20, pp.289-306; Cloke, P. J., "An Index of Rurality for England and Wales", *Regional Studies*, 1977, 11, pp.31-46.

[2] Halfacree, K. H., "Locality and Social Representation: Space, Discourse and Alternative Definitions of the Rural", *Journal of Rural Studies*, 1993, 9(1), pp.23-27.

[3] Rye, J. F., "Rural Youths' Images of the Rural", *Journal of Rural Studies*, 2006, 22(4), pp.409-421.

[4] Matthews, A. M., "Variations in the Conceptualization and Measurement of Rurality: Conflicting Findings on the Elderly Widowed", *Journal of Rural Studies*, 1988, 4(2), pp.141-150.

[5] Kulig, J. C., Andrews, M. E., Stewart, N. L. et al., "How Do Registered Nurses Define Rurality?", *Australian Journal of Rural Health*, 2008, 16(1), pp.28-32.

[6] 石忆邵:《转变中的中国农业地理学》,《地域研究与开发》1990年第1期;金其铭编著:《中国农村聚落地理》,江苏科学技术出版社1989年版。

[7] Lane, B., "What Is Rural Tourism?", *Journal of Sustainable Tourism*, 1994, 2(1-2), pp.7-21; Page, S. J. and Getz, D., eds., *The Business of Rural Tourism: International Perspectives* (First ed.), International Thomson Business Press, 1997; 何景明、李立华:《关于"乡村旅游"概念的探讨》,《西南师范大学学报(人文社会科学版)》2002年第5期。

乡村旅游的研究,并将乡村性定义为乡村旅游概念之本质内核。此外,还超越前人诸多局限,在概念化之研究层面,尝试引入多学科结合的乡村性概念框架,建立全新的游客乡村性内涵概念框架,并设计测量量表,最终确立游客导向的中国乡村性理论模型。这一理论研究,可以与国内的乡村地理研究形成理论互动。因为乡村旅游的游客,也是与乡村紧密关联的一个群体,从游客的角度考察乡村性认知,势必对国内的乡村地理学界多角度研究传统的乡村性话语做出贡献。当然,本书的研究同时也将乡村地理的乡村性话语生动地嵌入乡村旅游研究领域,并成为后者进行基本理论探讨的来源之一。

其次,本书汲取人本主义地理学的理论营养,继续探索地理学对于旅游研究的理论贡献。

本书将人本主义地理学中的地方感、恋地情结作为乡村旅游乡村性研究的理论来源之一。这些理论从人本主义角度探讨人与环境之间天然的关系,成为探讨游客与乡村之间关系的最根本的情感依恋和理论基石。其实,在最近几年的旅游研究中,地方依赖(place attachment)越来越多地被使用。地方依赖指人们与地方之间的一种联系纽带。[1] 旅游研究中的地方依赖,来源于休闲研究中对于环境心理学理论的借用。[2] 游客对于目的地感知[3]、忠诚度[4]、居民对

---

[1] Hidalgo, M. and Hernandez, B., "Place Attachment: Conceptual and Empirical Questions", *Journal of Environmental Psychology*, 2001, 21(3), pp.273-281.

[2] Williams, D., "Leisure Identities, Globalization, and the Politics of Place", *Journal of Leisure Research*, 2002, 34(4), pp.351-367.

[3] Gross, M. J. and Brown, G., "Tourism Experiences in a Lifestyle Destination Setting: The Roles of Involvement and Place Attachment", *Journal of Business Research*, 2006, 59(6), pp.696-700; Sparks, B., "Planning a Wine Tourism Vacation? Factors that Help to Predict Tourist Behavioral Intentions", *Tourism Management*, 2008, 28(5), pp.1180-1192.

[4] Alegre, J. and Juaneda, C., "Destination Loyalty: Consumers' Economic Behavior", *Annals of Tourism Research*, 2006, 33(3), pp.684-706.

于当地社区发展旅游的态度[①]等研究纷纷采用间接的地方依赖理论。

相比之下,人本主义地理学早在1970年底就提出了地方感理论与恋地情结,可以从更加根本的角度解释游客与乡村之间的依恋关系。因为人地关系无论对于人文地理学,还是人本主义地理学来说,都是一个核心话题,因此引入人本主义地理学的基本思想,探求游客认知中的乡村性理论构建,于旅游地理学来说就有更深远的意义。

众所周知,中国的旅游研究具有很强的地理学传统。[②] 事实上,世界范围内,地理学都是旅游研究的一个非常重要的理论、话题来源。目前旅游研究仅有的四种SSCI刊物中,就有旅游地理专门的一席之地:《旅游地理学》(Tourism Geographies)。因此,本书在乡村地理学中回归地理学背景,拓宽理论视野,在探索地理学对于乡村旅游理论建构的作用方面做出了尝试。

最后,本书对乡村旅游研究匮乏的基础理论做出了探索,创新性地提出了游客导向的中国乡村性理论模型——TOR模型,填补了该领域的研究空白。

本书首次提出基于游客需求的乡村性理论模型,从概念框架到理论框架的探索、发现和验证,对于相对匮乏的乡村旅游的理论研究而言,是一个有力的补充。笔者在汲取地理学、心理学等相应分支学科的理论营养之余,还在探索乡村旅游理论方面做了相应的尝试。此外,在模型概念构建、模型假设,直到模型修正、拟合等过程中,本书灵活融合定性、定量方法,突破了以往乡村旅游中对

---

① Gu, H. and Ryan, C., "Place Attachment, Identity and Community Impacts of Tourism-The Case of A Beijing Hutong", *Tourism Management*, 2008, 29(4), pp.637-647.

② 汪德根、陆林、刘昌雪:《近20年中国旅游地理学文献分析——〈地理学报〉、〈地理研究〉、〈地理科学〉和〈自然资源学报〉发表的旅游地理类论文研究》,《旅游学刊》2003年第1期。

乡村性的研究大多点到为止的局限,采用了量表设计、双因子分析的实证主义思路,并运用结构方程模型(SEM),对于难以直接测量的乡村性研究而言,在方法上具备一定的创新价值。

(二)实践意义

第一,本书的研究结论将为乡村旅游的政策制订者提供理论支持。

笔者通过参与观察、深入访谈等研究方法,感受到省、市、县级的乡村旅游规划政策之间并不能完全接轨,缺乏可操作的政策是问题的关键。本书采用定性研究方法,构建全新的乡村旅游概念框架,剖析乡村性内涵,解决了行政管理上难以厘清乡村旅游概念的难题;又通过定量方法,设计游客导向的乡村性测量量表,提出乡村性与本地化才是乡村旅游开发的基石,创新了游客导向的中国乡村性模型。定量化的方法,有利于各级政策制订者的理解和重复操作。政府作为公共政策制订者和公共利益的保护者,以及乡村旅游发展的有力推手和后盾,如果能够在乡村性的保护和开发上提出相应的政策、措施,将引导乡村旅游最终朝着可持续方向发展。

第二,本书的研究过程和结论对乡村旅游规划者将是规划思想创新上的有益探索。

很多地区在发展乡村旅游的时候提出,首先从规划做起[1],说明了乡村旅游规划在地方乡村旅游发展中的重要作用。然而出于种种原因,目前很多乡村旅游规划项目创新不够,同化现象严重,发展思路和理念相近,区域旅游形象、目标、定位、产品、市场均出现同质化倾向,使得不同的地方失去了个性和特点。[2] 有些规划

---

[1] 李德明:《新农村建设为乡村旅游发展创造广阔空间》,《旅游学刊》2006年第5期。

[2] 唐建兵:《乡村旅游规划中的误区及改进分析探讨》,《成都大学学报(自然科学版)》2007年第4期。

还过高地评价地方乡村旅游资源,而不切实际地提出国际化产品开发思路等。面对乡村规划的难点和问题,本书的研究过程和结论将在挖掘乡村性、提倡本土性,以及在满足游客需求等多方面,帮助乡村旅游规划者探索创新性的思路。

第三,本书的研究结论将有益于广大乡村旅游基层组织和经营者更新经营管理思路。

广大乡村旅游基层组织,比如村委会、农家乐或者乡村旅游协会,以及乡村旅游经营者,是乡村旅游发展在供给方面的基石。然而,由于乡村旅游往往是由文化教育程度较低的农民或者小型的企业来运营的[1],因此对于乡村旅游的发展缺乏更深刻的认识,对于产品的开发也经常无所适从。以下就是两个鲜明的例子:

> 前几年,L老板造房子,我还劝过他不要造,怕没有人来住。现在他生意做得那么大,我们也开始想做。
> ——2008年6月17日 临安白沙村太子庙自然村某经营户访谈

> 我们这里的农民素质不高,创新搞不过人家。城市旁边有很多(乡村旅游开发)的创新,这里的农民不会。
> ——2008年6月27日 临安白沙村某支书访谈

笔者在浙江的现场访谈中了解到,一线的乡村旅游经营者往往采用跟风模仿的方式来开发产品,提供乡村旅游服务。还有一些像临安等走在比较前面的乡村旅游地,往往由游客"教育"当地农民,而得到新的产品和服务。因此,本研究基于游客的需求,通

---

[1] Lane, B., "Sustainable Rural Tourism Strategies: A Tool for Development and Conservation", *Journal of Sustainable Tourism*, 1994, 2(1-2), pp.102-111; Page, S. J. and Getz, D., eds., *The Business of Rural Tourism: International Perspectives* (First ed.), International Thomson Business Press, 1997.

过了解游客的乡村性认知,从而指导乡村旅游的一线经营者和基层组织进行经营和管理思路上的更新。

第四,基于 TOR 模型结构,增加对游客需求的认识,有助于开展乡村旅游的营销。

笔者在本书中创造性地提出了 TOR 模型。从 TOR 模型中,可以清晰地辨别出哪些乡村性要素对于游客最具有吸引力。乡村旅游营销者可以根据这些特性进行宣传、营销,将他们心目中向往的乡村形象有效传播到城市潜在游客中,增加宣传针对性,有效地提高营销的效率,进而减少营销费用。

第五,作为乡村旅游的理论研究成果,为社会主义新农村建设做出努力。

很多学者指出,新农村建设目前存在着一些误区。比如,将新农村建设等同于农村城市化建设,又如将新农村建设"一刀切"。时任国务院研究室农村司副司长叶兴庆认为,新农村建设是一个系统工程、长期过程,但是具体到一个时段、一个地方,应该讲条件,有所侧重。[1] 乡村旅游作为新农村建设的有效途径,也需要避免这种误区。不是所有的乡村都有可能成为乡村旅游地,因为需要一定的自然景观、交通区位,以及克服市场营销壁垒等[2],因此不是所有的乡村旅游地都需要"一刀切"的规划、设计、管理和营销。通过游客导向的乡村性模型——TOR 模型,可以判断乡村的乡村性和本地特色何在,并可以根据模型识别出各自乡村性的内在结构,从而为乡村旅游地建设提供一个很好的理论利器。本书作为乡村旅游领域的理论成果,将为社会主义新农村建设添砖加瓦。

---

[1] 邓蓉敬:《关于建设社会主义新农村的观点综述》,《资料通信》2006 年第 3 期。

[2] Gunnarsdottir, G. P., *History and Horses: The Potential of Destination Marketing in a Rural Community: A Study from Iceland*, unpublished M. B. A. dissertation, University of Guelph (Canada), 2006.

第三节 研究内容与本书框架

一、研究内容

乡村旅游的本质核心是乡村性,在乡村地理等其他相邻学科中,有许多从供给方(supply-side)出发对于乡村性话语的研究,但是缺乏从需求方(demand-side)展开的对于乡村性理论的探讨。同时,纵观全球视野中乡村旅游的研究,中国与起步较早的西方相比,从游客需求角度出发的研究相对较少。因此,本书从供需平衡的视角出发,在创新性的乡村旅游概念框架下,对中外乡村旅游研究做出述评,并以可持续发展理论、旅游认知理论、人本主义地理学,以及乡村旅游研究中的乡村性话语(rurality discourse)作为理论基础,最后推导出中国本土化的游客导向型乡村性概念框架。之后,通过全国性数据的收集,在概念框架的基础上进行理论模型探索、发现和验证。最后,对新的理论模型进行应用性讨论。

整个研究严格按照科学研究中"科学环"(见图1-1)的要求,设计出本书解决科学问题的一般思路及研究步骤(见图1-2)。本

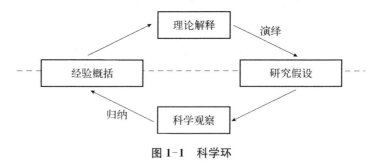

图 1-1 科学环

* 资料来源:Singleton, J., Straits, B. C., *Approaches to Social Research* (Fourth ed.), Oxford University Press, 2005, p.23.

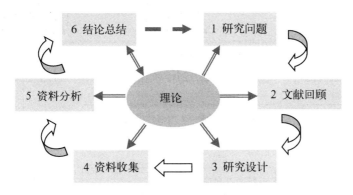

图 1-2 科学研究步骤

资料来源:[美]劳伦斯·纽曼:《社会研究方法:定性和定量的取向(第五版)》,郝大海译,中国人民大学出版社2007年版,第19页。

书的研究框架和内容,正是按照图 1-1 所示的研究步骤进行谋篇布局,系统地探讨的。

二、本书框架

第一章为导言。该章主要阐述本书的选题背景与研究意义,讨论研究目的与意义,并且对研究内容和方法做一个总体介绍,起到提纲挈领的作用。

第二章为中外乡村旅游研究述评。该章首先界定了本研究相关的重要概念,进而在全球化大视野下,对中外乡村旅游的研究进行大纵观的回顾与评述,并进行中外乡村旅游研究对比。乡村性话语是乡村旅游概念的核心,因此对于乡村旅游概念的提炼非常关键。本章不仅提炼出全新的乡村旅游概念框架,而且对于中外乡村旅游研究进展的回顾、述评,也是在新概念内涵的框架下展开的。

第三章为游客导向的乡村性理论基础与内涵认识。该章在介

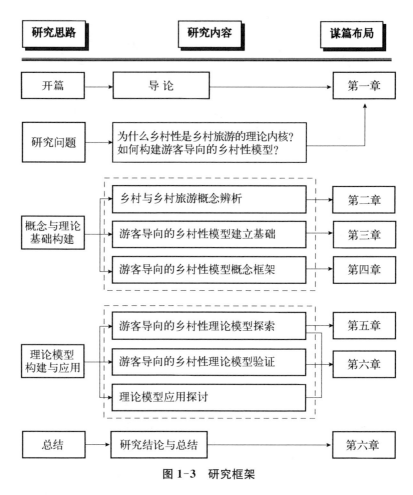

图 1-3 研究框架

绍旅游研究理论来源的多学科性之后,重点介绍了游客导向的乡村性研究的两大理论基础:地理学基础与旅游学基础。前者主要由乡村地理、人本主义地理学构成,后者主要是旅游研究中的认知理论、旅游可持续发展理论。此后,在乡村地理学乡村性话语讨论的基础上,本书首次提出基于游客需求的乡村性内涵,并设计了相应的测量量表。这一步工作使得游客导向的乡村性理论从空中落到实处,并为后来的模型探索、发现和验证提供了可能。

第四章为研究设计与乡村性指标分析。根据理论假设,本书进行了严格的研究设计,包括抽样、量表和问卷设计以及数据收集。在全国性数据基础上,进行了定量数据和定性数据的分析,主要针对游客导向的乡村性指标体系进行描述性及推论分析,从而对于把握样本反映的游客人口社会特征,以及不同类型游客对于乡村性诸项指标是否具有差异等基本情况有一个综合而全面的认识。

第五章为理论模型的探索、发现与验证。本章为理论模型构建的核心部分。通过探索性因子分析(EFA),对乡村性观测指标进行探索,并形成了游客导向的乡村性假设模型。本研究发现,该模型与第三章中基于地理学土壤生长出来的概念框架有共同点、更有差异,成为一个自下而上的真正基于游客需求的理论假设模型。在此基础上,运用结构方程模型(SEM),以其中的测量模型进行验证性因子分析(CFA),其结构模型对模型构成的一阶、二阶潜变量(因子)之间关系进行结构性验证,最终完成了 TOR 模型的修正和验证过程。本章最后还探讨了该模型的实际运用空间。

第六章为研究结论与讨论。本章在得出研究结论的基础上,总结本书的研究局限,并对未来的后续研究提出了进一步的研究方向。

第四节 研究方法与创新点

一、研究方法

(一)方法论

社会研究方法作为一个体系,通常可以分为三个层次:方法论、研究方法和研究技术层面。其中,方法论涉及研究过程的逻辑和研究的哲学基础。在方法论层面,国际上存在着五种研究取向:实证主义的社会科学(positive social science)、诠释的社会科学(interpretive social science)、批判的社会科学(critical social science)、女性主义和后现代主义。在西方,前三者被称为三大研究取向。① 但是在国内,传统上一直简化为前两类方法论,又名实证主义、人文主义方法论。

实证主义方法论源自孔德(Auguste Comte,1798—1857)的实证主义思想。研究形式上表现为定量(quantitative)研究,即偏好精确的定量资料,喜欢使用实验法、调查法及统计分析方法。而人文主义方法论,其哲学思想可以追溯到韦伯(Max Weber,1864—1920)和狄尔泰(Wilhem Dilthey,1833—1911),重视研究者自身的体验和事物的情境。研究形式上表现为定性(qualitative)研究,偏好实地研究,进行定性资料的收集和分析。

基于以上方法论的认识,本书采用实证主义和人文主义相结合的方法论,即表现为定量和定性研究方法的结合。在文献综述、乡村旅游概念构建、乡村性内涵及其理论构建基础等方面,主要遵循人文主义方法论的指导,而理论模型的探索和验证所采用的因子分析、结构方程模型等主要遵循实证主义方法论的指导。

"对于像旅游这样涉及面广泛、深受复杂心理活动影响的研究领域来说,找不到单一最恰当的研究模式。为了实现预期的研究目的,旅游研究要考虑采用多种不同方法以及它们的综合运用。"②因此,在旅游研究中采用定性与定量结合的方法,也非常适合旅游综合的研究性质。

(二)研究方法

1. 文献法

文献法,指获得文献并进行资料分析的方法。通过文献法可

---

① [美]劳伦斯·纽曼:《社会研究方法:定性和定量的取向(第五版)》,郝大海译,中国人民大学出版社 2007 年版。
② [澳]B. W.里切、[英]P.伯恩斯、C.帕尔默主编:《旅游研究方法——管理研究与社会研究的结合》,吴必虎、于海波等译校,南开大学出版社 2008 年版。

以对资料进行分类、描述、综合和归纳,其中的辅助技术方法还包括编码、比较分析、记录和过程图、概念化等。

本书通过对中外乡村旅游研究、乡村地理、人本主义地理学等相关地理学文献的梳理,一方面明确了本书研究的一些概念和理论基础,并最终构建了游客导向的乡村性概念框架;另一方面找出了现有研究的不足,指明了本研究应该努力的方向。因此,文献法是本书重要的一类研究方法,是整个研究构造的基础。

2. 案例法

(1) 案例研究

案例研究(case study)是社会科学研究中的一种重要研究方法。总体而言,案例研究尤其适用于以下情况:① 宽泛而不是狭窄的研究主题;② 研究问题基于当代生活背景,包括前后联系、复杂的多变量,需要复杂而不是单一的资料支持;③ 案例选择与研究背景相关联;④ 案例研究的最终结果,希望推导出理论命题。[1]

在旅游研究中,案例法的长处在于可以同时满足定量的假设-演绎,以及偏于定性的整体-归纳两种不同的研究方式,比其他研究模式显示出更大的灵活性。这也是旅游研究中广泛运用案例法的原因。[2] 因此,本书中对于乡村旅游的研究,同样适用于案例法。虽然本书主要基于全国性数据,试图寻找出在中国带有普遍性的游客导向乡村性理论模型,但是在问卷抽样以及实施参与观察、深入访谈等方法时,还是需要选择典型的案例地,进行案例研究。

但是,案例研究是不是能够直接汇入总体普遍性的研究?事

---

[1] Yin, R. K., *Case Study Research: Design and Methods* (2nd ed.), Sage Publications, 1994.
[2] [澳] B. W. 里切、[英] P. 伯恩斯、C. 帕尔默主编:《旅游研究方法——管理研究与社会研究的结合》,吴必虎、于海波等译校,南开大学出版社 2008 年版。

实上,这就是案例法经常面临的科学性的质疑。比如会经常遇到这样的问题:"你如何能够从一个单个的案例中总结出什么呢?"对此,殷氏认为,我们同样可以挑战向来被认为最"科学"的实验法——"你如何能够从一个实验当中总结出什么呢?"[1]事实上,科学很少基于一个实验,它们通常基于多重实验,只是在不同的条件下重复了同样的现象。那么,案例研究与实验一样,也需要经过很多案例的研究累积。案例研究和实验一样,可以总结出理论命题,但不是直接推导出总体(population)和普遍真理。在这一问题上,社会学家费孝通也同样遭遇过质疑[2]——当马林诺夫斯基评价《江村经济》"以微明宏,以个别例证一般"[3]后,针对某些学者反问案例研究的科学性"以微能否明宏,以个别能否例证一般"时,他认为,一般的文化和社会结构原理是纯科学研究,但是对于应用科学的研究,可以通过案例研究的归纳总结一般理论和规律。

(2) 案例选择

本书的数据采集涉及全国大部分省市,但是在抽样上为了更好地符合目标总体,并且出于田野调查的需要,选择了浙江临安作为案例地。

临安,位于浙江省西北部,属于杭州市。东临余杭区,南连富阳、桐庐和淳安,西接安徽歙县、宁国和绩溪,北靠安吉。东西相距100千米,南北宽达50千米,土地面积3126.8平方千米,辖26个乡(镇)街道,人口51.03万。

临安是首批全国生态建设示范点,曾拥有"中国优秀旅游城市""中国竹子之乡""中国山核桃之乡"和"全国绿化造林先进县"

---

[1] Yin, R. K., *Case Study Research: Design and Methods* (2nd ed.), Sage Publications, 1994.

[2] 费孝通:《江村经济——中国农民的生活》,商务印书馆2001年版。

[3] 原文为:"The microcosm to illumine the macrocosm, the particular to illustrate the general."

等称号,两次跻身"全国农村综合实力百强县(市)"行列。临安山清水秀、风光迷人,森林覆盖率达 74.9%。境内有天目山和清凉峰两处国家级自然保护区,其中天目山被列入联合国人与生物圈网络成员,还有青山湖国家级森林公园、大明山省级风景名胜区等数十处名胜景点。湖光、山色、巨树、溶洞、峡谷、飞瀑、温泉等形成了临安独特的自然风光。临安的真山、真水、真空气、真情吸引了众多的国内外游客。2001 年度,临安接待了游客 200 万人次,2002 年则达到 235 万,显示出临安旅游的蓬勃生机,而且接待量仍保持快速增长势头。

除了生态旅游景区之外,近年来,临安依托良好的山地生态环境和区位优势,以"美景、美食、美色、乡村、乡情、乡风"为主题发展乡村旅游,吸引都市人前来体验乡村风情、感受乡村文化。2007 年,临安市 13 个乡镇 44 个村的 410 户"农家乐"的经营收入达 2 566 万元,净收入达 1 232 万元。作为浙江省内乡村旅游的领军者之一,临安的乡村旅游已经在长三角地区树立了一定的品牌形象。

本书将临安作为案例地,主要基于以下原因:

① 临安乡村田园风光优美,发展乡村旅游基础良好,条件优越、资源得天独厚。

② 临安的乡村,和全国很多乡村一样,面临着人口流失的问题,以老少病残留守乡村为主,因而发展乡村旅游对于新农村建设、发展乡村经济具有重要的意义。就本地居民而言,非常重视乡村旅游的参与发展,并且已经取得很好的成绩。

③ 临安乡村旅游客源市场不只局限在杭州市,更主要来自上海和江苏,市场遍及整个长三角地区,甚至在全国都有一定影响。

④ 临安的乡村旅游已经发展到一定的规模,并发展出各自特色。现有十几个特色旅游村几乎做到了"一村一品"。开发早的乡村,比如白沙村、上坪村、天目村等乡村在上海、杭州等地已经树立了品牌。这些各有特色的旅游村通过建立农家乐协会,加强了服

务质量的管理;建立了农家乐网站,加强宣传促销力度。为了吸引更多"回头客",他们还纷纷推出"篝火晚会""看老电影""龙灯表演"等富有地方特色的活动,丰富了度假产品的内容。后开发的乡村,根据各自所处的不同地理环境,选择不同的游客群体,开发出了各具特色的乡村旅游项目。比如,"小天目农庄"针对城市老年市场,以休闲度假为主要产品,通过和老年协会、老年报刊等的合作,做足老年度假文章。而位于清凉峰山脚的"山行者背包客栈"针对城市青年,特别是"驴友"和"山友"人群,从房屋装修到设施配备、服务项目、管理形式等,都紧扣青年人的需求和生活习惯,成为一种别具一格的"乡村旅舍"。

⑤ 政府的支持为临安乡村旅游发展创造了环境。2006年,临安市政府成立了以分管副市长任组长,由旅游、农办、工商、公安、卫生、物价、环保、消防等部门组成的临安市农家乐发展工作领导小组,并在2007年新加入建设局、质监局,对乡村旅游工作实行专门的管理[①]。此外,作为浙江省发展最好的乡村旅游地之一,临安早在2005年就制订了《临安市乡村旅游发展规划》。在市场营销上,每年进行政府主导的乡村旅游推介会,甚至在信贷政策上专门颁发《临安市农村信用社"农家乐"贷款管理办法》。因此,临安的乡村旅游在政府的支持和鼓励下,获得了长足的发展。

另外,由于中国方言众多,在乡村一线进行案例研究时,能够和当地居民顺利沟通也是一个必要条件,因此在案例地选择上,需要听懂当地方言。这也是本书研究者选取临安作为案例地的另外一个原因。

3. 田野调查

笔者对于乡村旅游的大量实地考察源于2005年。在吴必虎教授主持的北京市农委关于北京市郊区乡村旅游的调查课题中,

---

① 临安市农家乐发展工作领导小组办公室:《关于临安市农家乐乡村旅游发展情况的汇报》,2008年6月17日。

对北京怀柔、密云、海淀、丰台等区县的乡村旅游情况进行了实地考察。在写作博士论文期间,笔者又于2008年6月至7月,在浙江临安进行了为期一个多月的田野调查,足迹遍及临安境内每个开展乡村旅游的乡村点,并实地考察了临安的邻县,即同样是杭州市下辖的富阳、桐庐等县级市的大部分乡村旅游点。这种南北结合的实地考察方式,较长时间的田野工作,为本研究理解乡村旅游的现状、发展、特点、问题,以及提炼乡村性理论发挥了重要的作用。

4. 问卷调查

问卷调查的目的是收集相关数据,服务于模型构建或假设检验。问卷调查法的关键之处在于问卷的设计。问卷一般包括预调查问卷和正式问卷。其中,预调查问卷一般是在文献综述基础上经过专家修正、增添及删减而来;经过小规模测试,在对其信度和效度进行检验的基础上进一步修正为正式问卷;然后将正式问卷投入大规模调查,进而在数据收集的基础上进行相关的统计分析和研究。① 本书的研究中共发放了两次调查问卷:一次是面向全国、基于网络的调查问卷,一次是在案例地——浙江临安进行的游客调查问卷。正式问卷在采用之前,经过了测试的预调查阶段。

5. 数理统计

一般意义上的定量研究,就是用各种统计工具、模型进行统计分析的方法。本书主要借助 SPSS 15.0 和 LISREL 8.7 统计软件,通过 SPSS 15.0 进行描述性统计分析、方差分析,以及探索性因子分析,并采用 LISREL 8.7 进行结构方程模型的运用。本书所构建的模型,其探索、发现和验证的过程都是基于问卷数据,自下而上根据统计推导得出的。

6. 内容分析

内容分析法通过定性各种信息交流形式,进行客观、系统和定

---

① 臧德霞:《旅游目的地竞争力评价指标体系:基于国内市场的研究》,南开大学博士学位论文,2008年。

量的描述①,是一种主要且发展成熟的定性资料的定量分析方法。

内容分析法发源于20世纪初的新闻界。真正使内容分析法成为社会科学中独树一帜的研究方法的是约翰·奈斯比特(John Naisbitt)。1990年,奈斯比特等人发布了《2000大趋势》②,使用内容分析方法对美国社会变化的趋势进行了动态分析。③ 一般而言,内容分析至少要经过四个程序:分析单元的选择、分类构造体系、内容的取样,以及内容的标引与分析。分析的类型有计词法、概念组分类、语义强度分析等。为了验证内容分析法的有效性,有学者比较了两种不同研究方法对美国20世纪60年代热点问题的研究,一方是蓬赫塞通过内容分析方法得出的结论,另一方是美国著名的盖洛普公司通过调查得出的结果,用斯皮尔曼系数来比较,针对系数是0.78,说明两者的结果是一致的,内容分析方法得出的结论和盖洛普公司得出的结果具有很大的相关性。④

内容分析法在旅游研究中得到了非常广泛的应用,包括从涉及性别与场所问题的广告识别,到学术期刊上发表的定义分析。另外,旅游政策、概念性问题的理解、游记的语境,以及广告、旅游形象研究等也适用这一方法。⑤

在本书中,内容分析法主要被运用于分析调查问卷中的开放性问题,以及杭州、临安等各级地方政府旅游相关部门的文件。

7. 访谈法

访谈法是一种重要的定性资料收集方法,包括结构化、半结构化和非结构访谈,也有正式访谈和非正式访谈的说法。前者指访

---

① 袁方主编:《社会研究方法教程》,北京大学出版社1997年版。
② Naisbitt, J. and Aburdene, P., *Megatrends 2000: Ten New Directions for the 1990's* (1st ed.), Morrow, 1990.
③ [美]艾尔·巴比:《社会研究方法》,邱泽奇译,华夏出版社2005年版。
④ 王崇德编著:《社会科学研究方法要论》,学林出版社1990年版。
⑤ [澳]B. W.里切、[英]P.伯恩斯、C.帕尔默主编:《旅游研究方法——管理研究与社会研究的结合》,吴必虎、于海波等译校,南开大学出版社2008年版。

谈的组织形式,后者则指进行访谈时的背景。

本研究中对于访谈的使用很多。笔者最早从2008年3月,就对杭州、临安等各级地方政府旅游局负责乡村旅游的分管领导进行过电话访谈,但是集中的访谈还是在2008年6月到7月之间的田野调查期间。在对案例地的实地调研中,笔者对农业、旅游局等乡村旅游主管部门的政府官员,以及临安主要乡村旅游地的村委会主任、村支书、农家乐协会会长,以及几十名乡村旅游经营者进行了结构、半结构以及深入访谈。此外,笔者还对乡村旅游基层管理者、经营户、村民、游客进行了非正式访谈,受访者近百人。大部分的访谈都有录音,并且在录音后进行了及时的整理。通过大量的正式、非正式访谈,以及结构性的深入访谈,笔者对于案例地的乡村旅游发展情况有了更深入的了解,访谈对提炼全国性的乡村新理论模型也多有裨益。

二、主要创新点

本书基于全球化视角,立足全国范围,并结合典型案例地开展研究;理论视野宽阔,又最终落脚于旅游地理研究;在研究方法上定性、定量结合紧密,相辅相成。和同领域研究相比,本书主要有以下三个创新点:

第一,在全球乡村旅游研究比较视角下,创新乡村旅游的结构性概念框架,并从中寻找到乡村旅游理论创新的突破口——乡村性,给出明确的界定。为突破乡村旅游研究面临的深度理论瓶颈,做出了新的尝试。

第二,从多学科视角观察,融合相邻学科对于乡村性研究的理论,创新出游客导向的乡村性概念框架,并在国内首次提出游客导向的乡村性测量量表。该量表和概念框架致力于跨越乡村性的本地性,在整个中华文化地域及背景下,探寻与西方世界有别的整体乡村性,在乡村旅游理论探索方面开展有益的新尝试。

　　第三,基于概念框架,对游客导向的乡村性理论模型进行探索、发现和验证。该理论模型弥补了基于游客需求导向的乡村性理论模型的理论空白,创新性地提出了 TOR 模型。该模型由乡村游憩环境、乡村游憩机会、乡村设施、乡村田园牧歌、乡村传统生活方式以及晦涩乡村六大要素构建,其中前五者呈正向显著影响,晦涩乡村呈负向不显著影响关系。TOR 模型的发现和验证,为改变目前国内乡村旅游研究中缺少理论探索的现状做出了努力。此外,本书在研究方法上突破了传统上对于乡村性大多限于定性讨论的模式,向可复制的实证主义研究方式迈进新的一步。

第二章
乡村旅游研究述评

第一节 基本概念

概念是建构理论的基石,一旦基本概念缺失,就无法理解既有理论,也无法建构新理论。因为理论包括了概念、定义和假设,更重要的是说明了概念与概念之间是如何发生关联的。[①] 明晰概念有助于界定研究内容的范畴,以及研究对象的特征和分类。确保概念和研究范畴的清晰,则有助于研究领域内研究问题的设定、研究方法的采用。因此,澄清研究内容的概念与内涵,有着重要的意义。

乡村、乡村旅游都是本书研究乡村性话语(rurality discourse)的最基本概念。只有通过对乡村旅游概念的全新探究,才能找到自下而上挖掘乡村性本质的突破口。

一、乡村

乡村,又称为农村。传统上认为,在以农业生产活动为基础的社会生活区域内,以从事农业生产劳动为主的居民聚居地称为农

---

① [美]劳伦斯·纽曼:《社会研究方法:定性和定量的取向(第五版)》,郝大海译,中国人民大学出版社 2007 年版,第 65 页。

村。① 然而,农村又是一个和城市相对的历史性概念。在古代,农业是最主要的生产部门,在城市从农村中分离出来以前,人类社会本身就是一个农村社会,因此也无须使用农村概念来特指。因此,在这个意义上,农村是与城市相伴产生的。西方社会学家指出,随着工业化和现代社会的发展,农村中的农民阶层将会消失,农村也会因此消失——这是法国乡村社会学家孟德拉斯于20世纪60年代在法国乡村调查的基础上提出的"农民的终结"论,这一学术观点曾在当时的欧洲乃至整个西方的乡村研究中引起轩然大波。但是,孟德拉斯同时也指出,农民阶层会终结,农村会终结,然而乡村却不会消失,反而会更加具有活力。② 这一当年颇具争议性的学术观点,在今天已然成为欧洲乡村研究中的一种共识。西方乡村的发展经验,也说明农村这一历史概念会随着社会的发展而发展。随着农村走向终结,乡村与农村将不再是同义词,而代表各自背后不同的内涵。

在国内,对英文"rural"一词的翻译,也有"乡村的"逐渐替代"农村的"趋势。在乡村地理学家看来,"农村"和"农民"是带有强烈职能色彩的称谓,"农村"的称谓是我国长期以来将纯农业作为乡村的主导产业所致。但是,随着工业化和现代化的发展,农业已经不完全是乡村的唯一或者主导产业,同时,随着农民兼业性的加强,用"乡村"的名称替代"农村"更能反映社会变迁的情况。③ 在新阶段的社会主义新农村建设中,中国社会科学院研究生院的陈光庭指出,建设社会主义新农村,是要建设新乡村,而不是新农村。社会主义新乡村与新农村的差别在于,农村是从事农业的人的居住点,而乡村里面居住着各种各样的人,并不一定以农民为主。④

---

① 韩明谟:《农村社会学》,北京大学出版社2001年版。
② [法]H.孟德拉斯:《农民的终结》,李培林译,社会科学文献出版社2005年版。
③ 林亚真、孙胤社:《论乡村地理学的开创与发展》,《北京师范学院学报(自然科学版)》1988年第4期;张小林:《乡村概念辨析》,《地理学报》1998年第4期。
④ 邓蓉敬:《关于建设社会主义新农村的观点综述》,《资料通信》2006年第3期。

此外,乡村不是均质的,是一个从城市到乡村的连续谱(continuum)。美国乡村社会学家罗吉斯等用20世纪70年代的美国乡村-城市连续谱①,来表明美国社区的不同类型可以从典型乡村到典型城市排列成一个连续谱(见图2-1)。该连续谱说明,乡村与城市的差别只是某种程度的问题。

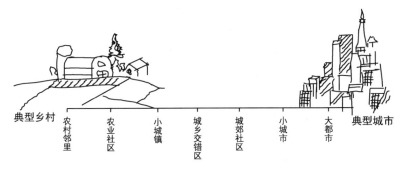

图 2-1 乡村-城市连续体

* 资料来源:据[美]埃弗里特·M.罗吉斯、拉伯尔·J.伯德格:《乡村社会变迁》,王晓毅、王地宁译,浙江人民出版社1988年版,第167页。自绘,有修改。

罗吉斯等认为,当时的美国社区既不是完全的乡村,也不是完全的城市,大多数城郊与边缘社区处于连续谱的中间位置。特定社区在连续谱上的位置,取决于当时社区的人口数量、人口密度、社区内乡村和城市规范的相对强度。伯纳德·莱恩(Bernard Lane)在阐述乡村性时,也是基于乡村是一个从城市到乡村的连续谱的概念。② 可见,20世纪70年代的美国乡村-城市连续谱,对于今天的中国城市-乡村连续谱、乡村旅游研究,依然具有重要的借鉴意义。

---

① [美]埃弗里特·M.罗吉斯、拉伯尔·J.伯德格:《乡村社会变迁》,王晓毅、王地宁译,浙江人民出版社1988年版。因该译作出版于1988年,在当时中国的社会情况下,"rural"译作"农村";为保持与本书语境一致,这里改译为"乡村"。
② Lane, B., "What Is Rural Tourism?", *Journal of Sustainable Tourism*, 1994, 2(1-2), pp.7-21.

因此，本书研究的乡村，不仅是基于乡村变迁的历史观下和城市相对应的乡村，同时也被看作位于城市-乡村连续谱中的社区。

二、乡村旅游

世界旅游组织（UNWTO）将乡村旅游（rural tourism）定义为"旅游者在乡村（通常是偏远地区的传统乡村）及其附近逗留、学习、体验乡村生活方式的活动"[①]。然而，在学术研究中，对乡村旅游进行定义并没有这么简单。

乡村旅游，在英文旅游文献中，除了对应"rural tourism"一词以外，其余名称还包括"farm tourism""agro/agri-tourism""green tourism"或者是"village tourism""country tourism"等。称呼的不同有许多原因，其中包括习惯用法的沿袭、对于乡村不同环境的特别强调，也是各国乡村旅游发展中的不同情况使然。比如理查德·沙尔普利（Richard Sharpley）和茱莉亚·沙尔普利（Julia Sharpley）认为，"agritourism""green tourism"和"ecotourism"都是发生在乡村地区的旅游活动。[②] 然而，从主流旅游研究国际刊物所刊文章来看，各种形式的乡村旅游越来越多地被统一在"rural tourism"之下。日本的乡村旅游虽然是模仿欧洲的，但是却更多地被称为"agrotourism"，因为日本人对于该单词的发音比"rural tourism"更加容易。虽然韩国的乡村旅游自20世纪90年代以来均模仿日本，却习惯混用"green tourism"和"rural tourism"。[③] 另外，"farm tourism"目前

[①] World Tourism Organization, *Rural Tourism: A Solution for Employment, Local Development and Environment*, Congressional Information Service, Inc., 1998.

[②] Sharpley, R. and Sharpley, J., *Rural Tourism: An Introduction* (First Edition), International Thomson Business Press, 1997.

[③] Hong, S., Kim, S. and Kim, J., "Implications of Potential Green Tourism Development", *Annals of Tourism Research*, 2003, 30(2), pp.323-341; Thompson, C. S., "Host Produced Rural Tourism: Towa's Tokyo Antenna Shop", *Annals of Tourism Research*, 2004, 31(3), pp.580-600.

已被大部分学者接受,认为是乡村旅游的一种形式①,如同本书认为农家乐属于乡村旅游的一种形式一样。不过也有学者持不同态度,认为需要分辨是否和主要的土地利用形式相关。比如塞西莉亚·赫格尔蒂(Cecelia Hegarty)等认为,在爱尔兰,由于乡村旅游与乡村土地利用关系不密切,所以是"rural tourism";而波兰的乡村旅游更多地基于农场开展,所以是"farm tourism"。② 可见,虽然国际上关于乡村旅游的概念、称呼越来越多地集中于"rural tourism",但是并没有统一的规定。

在国内,也存在着同样情况。只是由于国情不同,辨析的名词也不同。比如,国内常使用农业旅游、观光农业、民俗旅游,乃至农家乐等来替代乡村旅游。乡村旅游的概念提法多样、不清晰,反映了我国乡村旅游尚处于初始阶段,不利于乡村旅游知识体系和理论框架的构建,也限制着乡村旅游的开发思路和开发模式,并且困扰着乡村旅游开发政策的制订。③

回顾20世纪90年代国内乡村旅游研究刚起步的时候,乡村旅游的概念辨析几乎是每一位研究者都首先必须面对的问题,因而各种概念也层出不穷。④

---

① Nilsson, P., "Staying on Farms: An Ideological Background", *Annals of Tourism Research*, 2002, 29(1), pp.7-24; Busby, G. and Rendle, S., "The Transition from Tourism on Farms to Farm Tourism", *Tourism Management*, 2000, 21(6), pp.635-642; Clarke, J., "Marketing Structures for Farm Tourism: Beyond the Individual Provider of Rural Tourism", *Journal of Sustainable Tourism*, 1999, 7(1), pp.26-47.

② Hegarty, C. and Przezborska, L., "Rural and Agri-tourism as a Tool for Reorganising Rural Areas in Old and New Member States-A Comparison Study of Ireland and Poland", *International Journal of Tourism Research*, 2005, 7(2), pp.63-77.

③ 何景明、李立华:《关于"乡村旅游"概念的探讨》,《西南师范大学学报(人文社会科学版)》2002年第5期。

④ Zhang, X., Harrill, R. and Cai, L. A., *Rural Tourism Research in China: 1997-2006*, Paper presented at the 2007 Annual Conference of ISTTE, Charleston, SC, USA, 2007;王兵:《从中外乡村旅游的现状对比看我国乡村旅游的未来》,《旅游学刊》1999年第2期;杜江、向萍:《关于乡村旅游可持续发展的思考》,《旅游学刊》1999年第1期;姚素英:《浅谈乡村旅游》,《北京第二外国语学院学报》1997年第3期;(转下页)

表 2-1 整理了 20 世纪 90 年代比较具有代表性的概念讨论。从中可以发现,除了对于"非城市"这一特点具有共识外,对于乡村旅游的研究对象、内容等核心内涵,都缺乏统一的认识。因此,到了 21 世纪初,随着全国性乡村旅游实践的蓬勃发展,学者们开始尝试统一混乱的概念。① 纵观此后乡村旅游的概念研究,基本上从两条线索发展。一条线索就是乡村旅游与观光农业、农业旅游等概念之辩,另外一条线索就是关于乡村旅游内涵和本质的讨论。本书也将此两条线索作为讨论乡村旅游概念的方式,具体阐述如下。

表 2-1　20 世纪 90 年代国内主要的乡村旅游定义

提出者	时间	定义
姚素英	1997	乡村旅游是指在农村地域中合理利用现有资源,通过科学的规划、设计和加工,把观、赏、游、习、购等融为一体,使游客领略到在都市所领略不到的大自然的意趣和现代新型农村的一种特殊的旅游产品。 乡村旅游主要包括农业旅游(或称观光农业)、森林旅游、民俗旅游、牧场旅游、渔村旅游和水乡旅游等
刘伟等	1998	引用基尔伯特和唐②的定义:乡村旅游就是农户为旅游者提供食宿等条件,使其在农场、牧场等典型的乡村环境中从事各种休闲活动的一种旅游。 典型的乡村旅游规模一般较小,常以传统方式经营,并且在地理位置上相对分散
杜江、向萍	1999	乡村旅游是以乡野农村的风光和活动为吸引物,以都市居民为目标市场,以满足旅游者娱乐、求知和回归自然等方面的需求为目的的一种旅游方式。 认为姚素英的定义过于宽泛而缺乏科学性

(接上页)熊凯:《乡村意象与乡村旅游开发刍议》,《地域研究与开发》1999 年第 3 期;刘伟、丁贤忠、成升魁:《以色列乡村旅游发展迅速》,《世界农业》1998 年第 7 期。

① 肖佑兴、明庆忠、李松志:《论乡村旅游的概念和类型》,《旅游科学》2001 年第 3 期;贺小荣:《我国乡村旅游的起源、现状及其发展趋势探讨》,《北京第二外国语学院学报》2001 年第 1 期。

② Gilbert, D. and Tung, L., "Public Organizations and Rural Marketing Planning in England and Wales", *Tourism Management*, 1990, 11(2), pp.164-172.

续　表

提出者	时间	定　义
王兵	1999	"乡村旅游"（亦称"农业旅游"）英语为"agritourism"，法语为"agritourisme"，在东亚地区，传统上将旅游称为观光的国家和地区称之为"农业观光"。 所谓"乡村旅游"，即以农业文化景观、农业生态环境、农事生产活动以及传统的民族习俗为资源，融观赏、考察、学习、参与、娱乐、购物、度假于一体的旅游活动
熊凯	1999	乡村旅游是以乡村社区为活动场所，以乡村独特的生产形态、生活风情和田园风光为对象系统的一种旅游类型

（一）概念辨析

1. 农业旅游

农业旅游常与乡村旅游混用，是一个经常被研究者辨析的名词。此外，农业旅游还常与观光农业、农业观光混用。

首先，农业旅游与观光农业最常被等同使用。王小磊等在进行乡村旅游、农业旅游概念辨析的时候，就将农业旅游等同于观光农业。[①] 田逢军也认为，"观光农业，又称旅游农业或者农业旅游，是以农业生产过程、农村风貌、农民劳动生活为主要吸引物，农业和旅游业结合而形成的新型产业"[②]。因此，观光农业对"农"和"旅"侧重不同，导致农业特性和旅游产品特性不同，这一研究重点的出现，对于农业旅游是一样的。因此，田逢军的定义其实和最早期陈传康、舒伯阳等提出的农业旅游的概念一脉相承。[③]

其次，都市农业旅游概念的出现，扩大了农业旅游的研究范

---

① 王小磊、张兆胤、王征兵：《试论乡村旅游与农业旅游》，《经济问题探索》2007年第2期。
② 田逢军：《近年来我国观光农业研究综述》，《地域研究与开发》2007年第1期。
③ 王莹：《对发展我国农业旅游的思考》，《地域研究与开发》1997年第4期；舒伯阳：《中国观光农业旅游的现状分析与前景展望》，《旅游学刊》1997年第5期；陈传康：《区域持续发展与行业开发》，《地理学报》1997年第6期。

围,使得农业旅游和乡村旅游在概念上出现明显差别。周晓芳提出了"都市农业旅游"概念,这类旅游的形式特点在于农业生产发生在都市地域范围内。① 沈和江等进一步提出"都市休闲观光农业旅游"这个宽泛的概念,并且认为概念的三个核心要素在于"都市(或城市)""农业(不是笼统的乡村)"和"旅游"。②

最后,在实际操作上,农业旅游包含了观光农业、乡村旅游,成为最广义的概念。在这个最广义概念层面上与乡村旅游一词的混用,反映了在旅游研究者、行业管理者中乡村旅游也同样存在着狭义、广义的概念。在狭义上,乡村旅游有自己的研究范畴,在广义上,等同于农业旅游。

乌恩等认为,乡村旅游应该是农业旅游的一个专项形式。③农业旅游除了乡村旅游之外,还包括了"普通农业观光"和"现代农业观光",认为"普通"和"现代"的区别在于从农业角度对资本和高新技术的依赖程度。不过,对乡村旅游而言,不需要过多地依赖资本和高新技术。事实上,在实际的操作过程中,还有更多的农业、旅游业结合的模式、产品。因此,国家旅游局为了操作方便,曾经采用"农业旅游"作为最广义层面的概念。2004年4月,国家旅游局对申报验收单位进行了全面的检查验收,并命名了首批306个"全国工农业旅游示范点",其中包括农业旅游示范点203个。根据尹弘等的分析,这批农业旅游示范点被分成六大类型,每一种类型下又分若干模式(表2-2)。从这些类型和模式来看,农业旅游包含了一切和农业、林业、牧业和渔业等第一产业相关的旅游活动。因此,农业旅游在政府管理中,成了几个术语中涵盖内容和外延最宽广的概念。

---

① 周晓芳:《广州都市农业旅游发展探讨》,《农业现代化研究》2002年第2期。
② 沈和江、沈绍岭、张秋銮:《都市休闲观光农业旅游的结构布局与开发模式研究——以杭州市为例》,《商业经济与管理》2007年第11期。
③ 乌恩、蔡运龙、金波:《试论乡村旅游的目标特色及产品》,《北京林业大学学报》2002年第3期。

表 2-2　2004 年国家首批农业旅游示范点主要类型和模式

类　型	模　式
村落类	富裕村、生态村、特产之乡、农业科技示范村、民俗文化村、乡村风光
农业科技示范园	多功能园区、水产基地、花木科技/产业园、综合生态园艺
种植业类	植物园、花卉蔬菜、林业、果业、茶园、草原、综合生态休闲旅游
养殖业	特种水产、动物、禽类、渔业、梯田、农业工程
商贸集散地	港口

* 资料来源：尹弘、张兵、张金玲：《中国现代农业旅游发展模式浅析——基于全国 203 个农业旅游示范点的总结研究》，《云南地理环境研究》2007 年第 1 期，第 123 页。

虽然行业管理的概念和分类标准不能代表学术的标准，但是可以从一个侧面反映出我国和农业旅游、乡村旅游有关的产品、开发模式，在实践中层出不穷之现状。因此，对于这些概念的讨论在学术界也将继续下去。同时，行业管理上的概念也会随着研究的不断进展而更新。比如，近年来，休闲农业开始渐渐取代农业旅游，作为操作中最广泛的定义而被政府管理部门使用。2007 年底，由农业部和国家旅游局主办的中国休闲农业网正式开通。该网站又称中国乡村旅游网，包括农家乐、民俗村、古村落、观光采摘园、旅游小城镇和农业庄园六大产品类型，反映了行业管理部门调整了过于宽泛的"农业旅游"操作概念，而使用了"休闲农业"概念。休闲农业概念的引进，对于学术和操作都是一件好事。在操作层面上，可以以休闲农业来指代，而学术上的讨论则集中在乡村旅游、农业旅游、观光农业等传统的概念上。以休闲命名，只是为了突出休闲的功能，突出乡村旅游的重点并不在于观光，而在于休闲与体验。毕竟,旅游追求的是一种"体验"。①

2. 观光农业

此外,观光农业和乡村旅游是被混淆得最多的两个相关概念。根据刘德谦的回忆,早在 1998 年,就有名为《是"乡村旅游"还是"观光农业"?》的会议论文,针对当时业界、学界和旅游主管部门混用乡村旅游概念展开讨论。② 该论文指出,由于古代中国、日本的所谓"观光"即指"旅游",因此在引用相关资料的时候,可能造成了歧义现象,而"观光"在现代汉语中已经发生语义变迁,转而特指"观览类旅游活动"。按照这一说法,观光农业之"观光",在转引时实指"旅游"之意,而后慢慢和现代汉语的含义融合起来,导致混淆,或为一解。

韩素芹等认为,关于观光农业的概念,主要有四种代表性观点③:第一种,认为观光农业是人工设计的农业艺术④;第二种,认为观光农业是旅游业和农业之间的交叉产业,但是具体倾向于旅游还是农业方向不明显⑤;第三种,强调旅游和农业结合时的农业倾向,因此观光农业是一种农业⑥;第四种,强调观光农业虽然介于农业和旅游业之间,但是偏重于旅游业。⑦

---

① Gunnarsdottir, G. P., *History and Horses: The Potential of Destination Marketing in a Rural Community: A Study from Iceland*, unpublished M. B. A. dissertation, University of Guelph (Canada), 2006; Koth, B. A., *The Tourism Development System in Rural Communities: A Destination Typology*, unpublished Ph.D. dissertation, University of Minnesota, Minnesota, 1999.

② 刘德谦:《关于乡村旅游、农业旅游与民俗旅游的几点辨析》,《旅游学刊》2006 年第 3 期。

③ 韩素芹、朴永吉:《观光农业的研究进展》,《农业科技与信息(现代园林)》2007 年第 4 期。

④ 刘达华、林诗彬、陈世雄:《深圳市农村城市化发展研究》,《中国科协首届学术年会论文集》1995 年,第 504—505 页。

⑤ 王仰麟、祁黄雄、陈忠晓等:《乡村地理与乡村发展》(城市与环境学院内部未刊教材),北京大学,2007 年。

⑥ 刘军萍、郭焕成:《观光农业发展之研究》,《中国科协首届学术年会论文集》1997 年,第 524—526 页。

⑦ 陈传康:《区域持续发展与行业开发》,《地理学报》1997 年第 6 期。

田逢军则主张根据观光农业研究的两个不同侧重点,来将其直接分为两类:一类是以"农"为主的观光农业概念,比较强调观光农业的农业特性,以郭焕成、赵春雷等为代表[①];另一类是以"旅"为主的观光农业概念,强调观光旅游业的旅游产品特性,以杜江、舒伯阳等为代表。[②] 上述田逢军主张的分类,从农业旅游和乡村旅游的文献统计中可见一斑。[③] 2007 年之前,在中国知网(CNKI)收录的、以"观光农业"为主题词的 109 篇论文中,发表在农业学院学报、农业经济和农业、林业科学类刊物上的文章,占据了 40.4%(见表 2-3),这些文章显然更偏重"农"字;而发表在地理环境类、旅游类刊物上的文章合计只占 22%。根据曾海燕和姚治国对我国乡村旅游抽样文献的统计,以"乡村旅游"为主题词的文章,发表在旅游学和地理学刊物中的数量居多。[④] 从以上不同学科刊物发表主题比例不同的情况,也可以看出术语使用所反映的学术背景之差异。

表 2-3 观光农业与农业旅游发表刊物类别及比例

所用词汇		农业类	地理环境类	旅游类	总 计
观光农业	篇数	44	20	4	109
	占比	40.4%	18.3%	3.7%	100%
农业旅游	篇数	48	16	9	130
	占比	36.9%	12.3%	6.9%	100%

* 资料来源:据中国知网搜索、整理,参考表 1-1。

---

① 郭焕成、刘军萍、王云才:《观光农业发展研究》,《经济地理》2000 年第 2 期;刘达华、林诗彬、陈世雄:《深圳市农村城市化发展研究》,《中国科协首届学术年会论文集》1995 年,第 504—505 页;赵春雷:《现代观光农业发展的几个问题》,《农业经济问题》2001 年第 12 期。
② 杜江、向萍:《关于乡村旅游可持续发展的思考》,《旅游学刊》1999 年第 1 期;周晓芳:《广州都市农业旅游发展探讨》,《农业现代化研究》2002 年第 2 期;舒伯阳:《中国观光农业旅游的现状分析与前景展望》,《旅游学刊》1997 年第 5 期。
③ 田逢军:《近年来我国观光农业研究综述》,《地域研究与开发》2007 年第 1 期。
④ 曾海燕、姚治国:《我国乡村旅游文献研究的特点与评价》,《资源开发与市场》2007 年第 5 期。

总体上而言,越来越多的学者倾向于将观光农业纳入乡村旅游的范畴。何景明等认为,农业旅游、观光农业等可以视为广义的乡村旅游的一种类型。[①] 邹统钎将我国乡村旅游分成三种类型:农村依托型、农田依托型和农园依托型[②],显然是把观光农业归入乡村旅游的类型之中。另外,还有刘德谦通过对观光农业、乡村旅游两个概念的辨析,认为观光农业实际上只是乡村旅游的一个供给组成。[③]

综上所述,观光农业已经越来越偏向乡村旅游的一个专门性研究领域,该领域与农业联系更加紧密,观光农业园成为研究的一个主要产品形式和内容。

通过以上辨析可以知道,乡村旅游、观光农业、农业旅游这几个概念,既有联系,又有区别。这其中,有名词最初引入时产生的语义差别这一历史原因,同时,也因为乡村旅游相关实践的蓬勃发展,各种新的开发模式不断涌现,需要不断地更新、阐释概念,以方便学术上的研究和交流。总体而言,这三者的概念关系可以用图 2-2 简单表示。

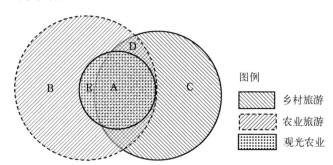

图 2-2　乡村旅游、农业旅游及观光农业研究范畴

---

① 何景明:《国内乡村旅游研究:蓬勃发展而有待深入》,《旅游学刊》2004 年第 1 期。
② 邹统钎:《中国乡村旅游发展模式研究——成都农家乐与北京民俗村的比较与对策分析》,《旅游学刊》2005 年第 3 期。
③ 刘德谦:《关于乡村旅游、农业旅游与民俗旅游的几点辨析》,《旅游学刊》2006 年第 3 期。

图 2-2 简洁形象地概括了自 20 世纪 90 年代后,国内关于这三者概念使用之间的关系:农业旅游包含观光农业;乡村旅游与农业旅游、观光农业都有交集又有差别。这三者构成的关系可以用 A、B、C、D、E 五个面积来表示:

A 观光农业;
B 农业旅游;
C 乡村旅游;
D D= A∩B∩C,即农业旅游、观光农业和乡村旅游的交集;
E E⊂A 且≠B∩C,即观光农业中不能包含在乡村旅游中的部分。

由此可知,B 的内涵最大,包含了 A,而 D、E 也在 B 的范畴之内;A 包含 E;而 B 与 C 有很大一部分交集;C 包含了属于 B 范围内的 D 和一部分 A。本书中"乡村旅游"的概念内涵为圆面积 C,如图 2-2 中显示,其内涵与农业旅游、观光农业有部分重合(即面积 A、D)。

(二)内涵框架构建

虽然如上文所述,乡村旅游存在着概念纷争的情况,但是,无论在哪个国家、地区,乡村旅游与其他形式的旅游,比如城市旅游、游轮旅游等,都存在截然不同的特点,意味着乡村旅游自有其内在的独特特征。因此,一个统一的定义是界定乡村旅游,以及进行地区、国家间比较研究的必然。

除了操作层面上 UNWTO 的通行定义之外,在西方学术界,莱恩 1994 年对乡村旅游概念的研究,可谓经典之作,对西方学术界的乡村旅游研究产生了深远的影响。[①] 该概念在 21 世纪初也被

---

① Lane, B., "What is Rural Tourism?", *Journal of Sustainable Tourism*, 1994, 2(1-2), pp.7-21; Sharpley, R. and Roberts, L., "Rural Tourism-10 Years On", *The International Journal of Tourism Research*, 2004, 6(3), p.6.

介绍到了国内。①

莱恩指出,如果只是给乡村旅游下一个简单的定义,存在很多困难,包括:

(1) 乡村地区还存在着散布的城市旅游或者度假旅游形式。

(2) 乡村地区本身的范围界定在各国没有统一标准。

(3) 乡村旅游并不等于地理位置坐落在乡村的旅游形式,比如大体量的休闲度假村、主题公园等仅仅在空间分布上位于乡村,但是不属于乡村旅游。

(4) 旅游可能带来乡村的城市价值观的社会文化、经济变迁。

(5) 不同国家发展模式不同。比如德国、奥地利的乡村旅游大多基于农场式度假,这在北美地区相对少见;在法国,则是自助式小屋比较常见。

(6) 乡村地区本身在发生复杂的变化。

(7) 乡村旅游本身是一个复杂体,不只是基于农场/乡村的度假,还有生态旅游、散步、爬山、探险、运动、打猎等旅游形式。

尽管如此,菲利普·皮尔斯(Philip Pearce)认为,乡村旅游万变不离其宗的一点在于它对乡村社区日常生活的依赖。② 莱恩也指出,乡村旅游的概念化需要包含几个要素,即地方特点(local identity)、人与人的接触、接近自然,以及接近遗产和当地居民。③ 此后,莱恩从乡村地理的"乡村性"理论入手,提出乡村旅游概念的内在核心和本质在于乡村性的明确和理解④;只有明确了乡村性,

---

① 何景明、李立华:《关于"乡村旅游"概念的探讨》,《西南师范大学学报(人文社会科学版)》2002年第5期。

② Pearce, P. L., "Farm Tourism in New Zealand: A Social Situation Analysis", *Annals of Tourism Research*, 1990, 17(3), pp.337-352.

③ Lane, B., "The Future for Rural Tourism", *Insights*, 1990, D5.1 - D5.5, 转引自 Clarke, J., "Marketing Structures for Farm Tourism: Beyond the Individual Provider of Rural Tourism", *Journal of Sustainable Tourism*, 1999, 7(1), pp.26-47.

④ Lane, B., "What Is Rural Tourism?", *Journal of Sustainable Tourism*, 1994, 2(1-2), p.10.

才有定义乡村旅游的基础。通过乡村性的提炼,莱恩确定了目前西方学术界对于乡村旅游引用率最高的定义。

基于乡村性的提炼,莱恩提出,纯粹形式的乡村旅游活动具有以下五个特点:(1)发生在乡村地区;(2)功能上的乡村特色,即旅游活动建立在具有乡村特点的小规模经营企业和开敞空间之上,与大自然、遗产、传统社会和传统实践相接触;(3)规模上的乡村特色,即无论是建筑还是乡村聚落在尺度上都是小规模的;(4)特征上的传统性,活动开展缓慢而具有生态性,与当地家庭紧密联系,其控制和发展很大程度上出于为当地长远的福利的考虑;(5)乡村自然环境、经济、历史和区位条件的复杂性,导致了乡村旅游形式上的多样性。① 此外,莱恩还提出,如同乡村地区在各自乡村性上的非均质,从乡村到城市呈连续统一体(continuum),乡村旅游也呈类似的连续统一体,而不是均质的。② 莱恩对于乡村旅游的概念阐述,主要基于对西方游憩式现代乡村旅游的研究,因而对发展中国家并不一定具备普遍适用性。但是,他对乡村性的研究和重视,则影响和意义深远。

笔者等通过对1997—2006年这十年间中国乡村旅游研究的综述,发现国内关于乡村旅游内涵的讨论主要集中在空间位置(location)、吸引物(attractions)、主(hosts)、客(guests)四个要素上。③ 本书在此研究基础上,结合UNWTO,特别是莱恩所提炼的"乡村性"为乡村旅游核心的观点,将乡村旅游的定义表述为:发生在乡村地区,以吸引城市游客为主,依托乡村居民日常居住、生

---

① Lane, B., "What Is Rural Tourism?", *Journal of Sustainable Tourism*, 1994, 2(1-2), p.10.

② Lane, B., "What Is Rural Tourism?", *Journal of Sustainable Tourism*, 1994, 2(1-2), pp.7-21.

③ Zhang, X., Harrill, R. and Cai, L. A., *Rural Tourism Research in China: 1997-2006*, paper presented at the 2007 Annual Conference of ISTTE, Charleston, SC, USA, 2007.

活、劳动和活动空间,围绕乡村经济、文化和景观进行的各项旅游活动的总称。

结合笔者等①的研究,可以重新建构乡村旅游的定义,包括以下五大核心内涵(图 2-3)。

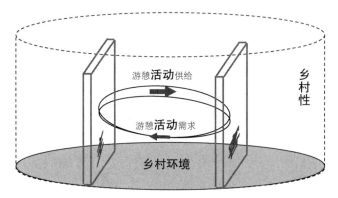

图 2-3　乡村旅游内涵构建

(1) 研究范围:空间和地方(Space and Place)——乡村游憩旅游发生在乡村地区,即乡村环境中。从地理学区域和空间的角度剖析,开展乡村旅游的乡村地区存在着边界。在中国,乡村旅游开展的空间上界是镇,下界是当地乡村居民活动的边界。活动的核心地区就是乡村居民惯常居住、生活和劳动的空间,包括居民住宅、乡村聚落,或者周围的生产劳动地域。

(2) 游憩机会(Opportunities of Rural Activities):基于供需关系的乡村游憩活动。乡村游憩活动与其他旅游活动的不同之处,在于乡村旅游活动的内容围绕着乡村特色的经济、文化和景观开展,与城市旅游不同。

(3) 主人(Hosts):"Host"作动词时,原本的含义是指在家中

---

① Zhang, X., Harrill, R. and Cai, L. A., *Rural Tourism Research in China: 1997-2006*, paper presented at the 2007 Annual Conference of ISTTE, Charleston, SC, USA, 2007.

不需要任何报酬地招待陌生人、客人;作名词时,则是提供这些服务的人们,本书译为"主人"。旅游人类学中,最常用"hosts"和"guests"来分别指代当地人与游客。虽然在旅游研究中,这一概念的所指已经不完全等同于原义,指基于经济利益的需要,而在家中或者当地招待游客,但是还是包含原义中那种朴素的主客关系和行为。主人式的招待,被扩展到各种旅游服务中,还可以泛指当地的人群(the host population)、社区(the host community),甚至供给者(the host side)一方。[①] 本书中的"主人",狭义上是指开展乡村旅游的乡村居民,或者小规模乡村旅游活动的经营者,广义上是指所在乡村聚落的全体居民。无论是当地居民,还是经营者,其共同特点就是根植于当地社区,融入当地的乡村性;乡村旅游地的"主人"不只是作为"供给方"的角色出现,而且也是乡村社会文脉、人脉(人情氛围)有意或无意的构造者。

(4) 客人(Guests):这个概念相对简单,其实就是指进行乡村游憩活动的游客。

从游客来源上看,他们主要来自惯常生活环境、方式与乡村存在差距的城镇居民;同样,他们不只是作为"需求方"的角色出现,也是旅游人类学角度定义的"主客"关系(host-guest relationship)中另外一方的构造者。

(5) 乡村性(Rurality):乡村性作为乡村旅游的核心,是乡村旅游与其他形式旅游活动不同的本质核心,也是最大特点。从乡村旅游的定义角度剖析,乡村性根植于乡村,不仅是研究空间表现在乡村地区,因此具有乡野的自然环境,更在于充斥整个乡村游憩活动的充满原真性(authenticity)的人情、生活和氛围。

图2-3形象地展示了乡村旅游概念的五大核心内涵。研究范围(Space and Place)是乡村旅游地,既是指乡村所处的地理空间

---

① Knight, J. R. P., "Competing Hospitalities in Japanese Rural Tourism", *Annuals of Tourism Research*, 1996, 23(1), pp.165-180.

(space),具有乡村特有的自然生态环境,也指一个具体的地方(place),因而具有文化含义,比如可以大到是对整个国家、民族有意义的地方,也可以小到是对某个人具有特定吸引力的地方,还可以是某种文化背景中的人们心目中具有普遍意义的、与喧嚣城市相对应的田园生活。同时,乡村旅游是研究乡村旅游活动和现象的分支学科。乡村旅游的游憩活动,开展于旅游人类学视角中的"主"与"客"之间。这是一种经济活动之外的人与人之间的关系,同时也是一种经济活动,遵循着"供需关系"的基本原理。因此,主、客所代表的供给方、需求方之间的互动,也在经济层面展开着。在一切乡村旅游现象、活动、供需互动中,乡村性处于核心和灵魂地位。正如图2-3所示,乡村性渗透到了乡村旅游活动的另外四个要素之中,构成了灵魂和整体氛围。而乡村性作为一个抽象的概念,其内涵本身以及在中国背景下的计量化研究,正是本书的核心研究内容,将在下文中做出整体论证。

第二节 乡村旅游研究述评

历史上,中西方都有在乡间观光、休闲、嬉戏的传统。根据西方的记载,200多年前,社会精英显贵就常在乡间游憩,英国上层社会在欧洲大陆的"大旅行"(Grand Tour)就包含了对于乡村的兴趣。[1] 在古代中国,寄情于郊野山水之间,是上流社会所颂扬的社会风尚,也是士大夫咏物颂志之传统。在民间,一年一度的踏春习俗,更反映了举国上下对于乡间自然山水欣赏、喜爱的传统情结。然而,中国古代受道家文化影响,主要是留恋乡间的自然山水,和现代乡村旅游有很大的差异。

---

[1] Roberts, L. and Hall, D., *Rural Tourism and Recreation: Principles to Practice*, CABI Publishing, 2001.

现代旅游源于西方,现代乡村旅游也一样。现代乡村旅游被认为是从 20 世纪 70 年代开始的,和欧洲传统的乡村休闲活动有所不同。[①] 目前,欧洲、北美和大洋洲的乡村旅游发展以及学术研究都走在了前面。在亚洲的国家和地区中,最早模仿欧洲的发展模式的是日本,随后韩国、中国也都直接或间接地受到了欧洲、北美的影响[②],但直到 20 世纪 90 年代以后,才得到快速发展。中国台湾的乡村旅游在亚洲发展得比较早,从 20 世纪 70 年代起,便开始以观光农园及休闲度假农庄打下发展基础,随后在 1989 年确定了"休闲农业"的名称,并在整个 20 世纪 90 年代获得了快速发展。[③]

乡村旅游的发展,有两个基本的驱动力:游客需求和政府驱动。根据西方国家的统计数据,超过 70% 的美国人会参与到乡村的游憩活动中。[④] 据调查,在 1993 年,英国游客在乡村的滞留时间总长达 3 亿日[⑤];在整个欧洲,有四分之一的人口会选择在乡村度假[⑥]。中国没有专门针对乡村旅游的统计数据,但是通过现实生活中的耳濡目染以及亲身经历,人们一样也可以感受到城市涌向乡村的旅游大潮。除了巨大的游客需求之外,政府的激励和驱动是乡村旅游与其他形式的旅游存在显著差异的地方。西方发达国家在进入后工业社会之后,农业和乡村成了非常大的社会问题。这些问题表现在乡村人口老龄化、工作机会减少、收入减少、缺乏活力等方面。因此,乡村旅游被很多政府视为改善乡村社会、经济

---

① Lane, B., "What Is Rural Tourism?", *Journal of Sustainable Tourism*, 1994, 2(1-2), pp.7-21.

② Hong, S., Kim, S. and Kim, J., "Implications of Potential Green Tourism Development", *Annals of Tourism Research*, 2003, 30(2), pp.323-341.

③ 王云才:《中国乡村景观旅游规划设计的理论与实践研究》,同济大学博士后出站报告,2003 年。

④ OECD, *What Future for Our Countryside? A Rural Development Policy*, OECD, 1993.

⑤ CRN, "1993 UK Day Visits Survey: Summary", *Countryside Recreation Network News*, 1994, 2(1), pp.7-12.

⑥ Davidson, R., *Tourism in Europe*, Pitman Publishing, 1992, p.142.

的万能药方(panacea),希望能够通过发展乡村旅游,促进乡村的复兴。以欧洲为例,从欧盟到经合组织(OECD),到各个国家和NGO,都出台了很多扶持乡村旅游的具体措施,比如欧盟的5B项目①,近年来得到推广的、用以研究整合乡村旅游的SPIRIT项目②,芬兰的国家扶持计划③,斯洛文尼亚扶持乡村旅游发展的"乡村地区整合发展和乡村复兴"计划④。特别是欧洲的LEADER(Liaisons Entre Actions de Développement de l'Economie Rurale)项目,成为世界范围内扶持乡村旅游的范例。LEADER项目最初从1990年开始实施,特别注重当地支持和合作的整合发展项目,现在已经进展到第二期。在217个欧洲LEADER地区,有71个属于以乡村旅游发展为主导的发展计划,特别是在西班牙,52个当地组织中,有36个是乡村旅游项目。⑤ 而在我们中国,则有结合社会主义新农村建设的项目如火如荼地进行着。

在这样的背景下,乡村旅游研究也得到了快速发展。上文提到,中国的乡村旅游研究面临着缺乏深度研究,以及理论瓶颈问题,而提出适合中国自己的理论,需要对世界、中国研究进展的掌握。因此,下文将首先在全球视野下对乡村旅游的研究现状和进展做一个述评。其中,对于国外的了解主要通过英文文献,文章主要来源于旅游研究中的全部四部SSCI期刊:《旅游研究纪事》(*Annals of*

---

① Hjalager, A., "Agricultural Diversification into Tourism: Evidence of a European Community Development Programme", *Tourism Management*, 1996, 17(2), pp.103-111.

② Ilbery, B., Saxena, G. and Kneafsey, M., "Exploring Tourists and Gatekeepers' Attitudes towards Integrated Rural Tourism in the England-Wales Border Region", *Tourism Geographies*, 2007, 9(4), pp.441-468.

③ Nylander, M., "National Policy for Rural Tourism: The Case of Finland", in R. Lesley and H. Derek, eds., *Rural Tourism and Recreation: Principles to Practice*, CABI Publishing, pp.77-80.

④ Koscak, M., "Integral Development of Rural Areas, Tourism and Village Renovation, Trebnje, Slovenia", *Tourism Management*, 1998, 19(1), pp.81-85.

⑤ Sharpley, R. and Sharpley, J., *Rural Tourism: An Introduction* (First Edition), International Thomson Business Press, 1997, pp.36-37.

Tourism Research)、《旅游管理》(Tourism Management)、《可持续旅游杂志》(Journal of Sustainable Tourism)和《旅游地理》(Tourism Geographies),以及北美最重要的旅游期刊《旅游研究杂志》(Journal of Travel Research),欧洲的乡村地理研究重镇,同时也是SSCI收录期刊《乡村研究杂志》(Journal of Rural Studies)。此外,还有出版过乡村旅游专辑的期刊,如《国际旅游研究杂志》(The International Journal of Tourism Research)等其他一流旅游研究期刊,和欧洲、北美主要的乡村旅游论著,比如《乡村旅游:导论》(Rural Tourism: An Introduction)、《乡村旅游与休闲:从理论到实践》(Rural Tourism and Recreation: Principles to Practice)、《郊区旅游》(Tourism in Peripheral Areas)、《乡村旅游产业:国际视野》(The Business of Rural Tourism: International Perspective)等,以及ProQuest数据库搜集的北美乡村旅游博士论文等200多篇文章,在广泛阅读的基础之上获得了相关信息。

对于国内乡村旅游研究的综述,主要基于在中国知网的中文数据库中检索得到的文章,并加入了国家图书馆在2008年5月以前能够查阅到的乡村旅游博士论文、博士后出站报告等。文献数据的搜索在实践和方法上分为三个步骤:首先于2007年初搜索2007年以前标题含有"乡村旅游"的所有文献,然后剔除大部分非学术论文,以及部分一稿多投的文章,得到涵盖1997年到2006年这十年的315篇学术文章。这些文章就成为参加2007年ISTTE年会之文章的分析数据。这些论文在会议上向来自世界各地学者介绍了中国最近十年的乡村旅游研究动态。[①] 经过对这315篇文献的一一阅读,发现在国内的文献中,对于乡村旅游在不同研究时期、根据不同视点,或者以别的名称命名,或者与某些特定词汇相

---

① Zhang, X., Harrill, R. and Cai, L. A., *Rural Tourism Research in China: 1997-2006*, paper presented at the 2007 Annual Conference of ISTTE, Charleston, SC, USA, 2007.

关,标题中包含"乡村旅游"一词所得的数据并不能最大限度地涵盖乡村旅游领域的文章。因此,根据以上文献,笔者归纳出另外五个或与乡村旅游概念一起出现、或互相指代的重点主题词,它们是:农业旅游、观光农业、观光旅游农业、乡村生态旅游和农家乐。根据中国知网的搜索规则,设定了另外三个搜索词汇:农业旅游、观光农业、农家乐。最后,在 2008 年初,围绕乡村旅游、观光农业、农业旅游、农家乐和旅游扶贫,对 2007 年以前的数据进行了重新搜索,经过识别、遴选和增补,得到 2007 年前的 565 篇学术论文,作为文献综述的基本数据库(见表 2-4),并继续跟踪 2008 年新刊登的相关文章。

表 2-4　2007 年前中国乡村旅游相关学术论文数量统计

发表年份	标题包含主题词			
	乡村旅游 (1997— 2007)	农业旅游 (1989— 2007)	观光农业 (1987— 2007)	农家乐 (1998— 2007)
2007	111	18	11	7
2006	90	21	15	10
2005	32	22	16	4
2004	18	12	10	1
2003	14	9	12	3
2002	10	9	7	3
2001	6	8	15	2
2000	2	5	6	1
1999	7	7	6	1
1998	1	9	4	2
1997	1	5	3	0
1987—1996	0	5	4	0
数据库收录小计	292	130	109	34
CNKI 搜索总数	850	199	591	397

* 资料来源:据中国知网(CNKI)搜索、整理。

遴选的标准主要参照中文核心期刊、CSSCI 收录期刊，以及国内主要的旅游学术期刊，比如《北京第二外国语学院学报》等。

本章对于中外乡村旅游研究进展的述评，按照图 2-3 显示的乡村旅游内涵框架进行组织，即除了"研究空间"位于乡村之外，还关注过去近 20 年中英文文献中关于乡村旅游的研究的回顾、述评，集中在对象、主人、客人这三大内涵的相关领域开展研究，而乡村性则会在第三章进行重点阐述。根据以上乡村旅游的三大内涵之间的相互关系，可以将其划分为两大类研究：（1）旅游产品和活动的供需研究；（2）基于主客关系的研究。前者包括供给、需求，以及获得供需平衡的市场营销、品牌等内容；后者其实集中了旅游影响研究的多个方面——包括"主"对"客"方向的社区与居民态度研究，也包括"客"对"主"方向的旅游影响研究，以及最终统筹主客关系的旅游可持续发展研究。所有研究进展、述评都采用在全球视野中对国内外进行比较研究的方式进行。

一、旅游产品活动的供需研究

供需关系是乡村旅游发展的基本动力机制。在供需机制研究中，总体而言，英文文献中内容侧重于对市场需求（demand-side）的研究，而国内的研究内容则偏重供给方（supply-side）的规划、开发和产品供给的方面。

（一）乡村旅游供给

在英文文献中，从供给角度出发的研究主要针对的是乡村旅游经营企业和经营者，主要内容包括开发动机研究和经营研究两个方面。

第一，在开发动机方面，以 20 世纪 90 年代为界，可以看出研究成果发生了变化。此前的研究发现，乡村旅游经营者的动机主要是实现农业多元化经营、补贴农业收入,以及追求经济利益。[1] 20世纪90年代中期以后,经营动机呈现出多元化趋向,涵盖经济、社会文化、政治等多个方面,包括对于乡村生活方式的追求。[2]

第二,这些研究抓住了乡村旅游经营的小规模特征,并将其作为乡村旅游供给研究的主要内容。在乡村住宿供给方面,从发达国家的情况来看,提供食宿的农舍、家庭旅馆等形式的服务增长很快,而宾馆和低档次的旅舍增长较慢,或呈下降趋势。此外,还有专门针对乡村旅游活动的商业形式的研究[3],以及如何基于社区进行经营创新等的研究[4]。但是,此类研究总体上还处于起步阶段,其范围也主要集中在欧美国家。

此外,和中国类似的、从供给方(supply-side)角度谈乡村旅游项目与规划的文章,大多是基于发展中国家的案例的研究,比如东

---

[1] Benjamin, C., "The Growing Importance of Diversification Activities for French Farm Households", *Journal of Rural Studies*, 1994, 10(4), p.331; Fleischer, A. and Pizam, A., "Rural Tourism in Israel", *Tourism Management*, 1997, 18(6), pp.367-372; Oppermann, M., "Rural Tourism in Southern Germany", *Annals of Tourism Research*, 1996, 23(1), pp.86-102; Pearce, P. L., "Farm Tourism in New Zealand: A Social Situation Analysis", *Annals of Tourism Research*, 1990, 17(3), pp.337-352.

[2] Heather, M., "Global Restructuring and Local Responses: Investigating Rural Tourism Policy in Two Canadian Communities", *Current Issues in Tourism*, 2006, 9(1), pp.1-46; Paniagua, A., "Urban-rural Migration, Tourism Entrepreneurs and Rural Restructuring in Spain", *Tourism Geographies*, 2002, 4(4), pp.349-371; Thompson, C. S., "Host Produced Rural Tourism: Towa's Tokyo Antenna Shop", *Annals of Tourism Research*, 2004, 31(3), pp.580-600.

[3] Getz, D. and Jamieson, W., "Rural Tourism in Canada: Issues, Opportunities and Entrepreneurship in Aboriginal Tourism in Alberta", in S. J. Page and D. Getz, eds., *The Business of Rural Tourism: International Perspectives*, International Thomson Business Press, 1997, pp.93-107; Page, S. J. and Getz, D., eds., *The Business of Rural Tourism: International Perspectives* (First ed.), International Thomson Business Press, 1997; Petrou, A., Pantziou, E. F., Dimara, E. and Skuras, D., "Resources and Activities Complementarities: the Role of Business Networks in the Provision of Integrated Rural Tourism", *Tourism Geographies*, 2007, 9(4), pp.421-440.

[4] Koth, B. A., *The Tourism Development System in Rural Communities: A Destination Typology*, unpublished Ph. D. dissertation, University of Minnesota, Minnesota, 1999.

欧的斯洛文尼亚、亚洲的印度尼西亚等国家。①

同样是供给方的研究,中外的侧重点却有不同。国内供给层面的研究,大部分从资源论及开发,并展开产品形式的讨论,而具体到乡村旅游的经营问题的研究则非常少。

首先,规划与开发是中国乡村旅游研究开展以来最重要的讨论内容,也是文献数量最多的研究内容。根据曾海燕和姚治国对乡村旅游文献中反复出现的关键词进行的词频统计,发现"旅游开发"是除了"乡村旅游"外,出现文章数最多和词频率最高的关键词。② 同样具有高词频的还有"规划设计",两者相加达到22.5%的比重。

早期从规划、开发角度出发的文章,更多地关注资源层面③,也就是开发条件的分析、评价④,以展望开发的可能性和方向。这些开发条件评价通常包括自然资源、文化资源、交通条件和政策资源等方面。何景明观察到,2004年以前关于乡村旅游开发的研究文献,"对于区域乡村旅游的开发研究大多涉及区域开发条件的评价"⑤。同时,各地规划开发实践的进展,也反映到了研究成果上,很多成果就表现为学界协助政府、企业进行乡村资源的评价,并且参与项目的策划,乃至整体的规划案例。根据殷平的统计,关于规

---

① Clarke, J., Denman, R., Hickman, G. and Slovak, J., "Rural Tourism in Roznava Okres: A Slovak Case Study", *Tourism Management*, 2001, 22(2), pp.193-202; Liu, A., "Tourism in Rural Areas: Kedah, Malaysia", *Tourism Management*, 2006, 27(5), pp.878-889.

② 曾海燕、姚治国:《我国乡村旅游文献研究的特点与评价》,《资源开发与市场》2007年第5期。

③ 韩丽、段致辉:《乡村旅游开发初探》,《地域研究与开发》2000年第4期。

④ 肖佑兴、明庆忠:《关于开展云南乡村旅游的思考》,《桂林旅游高等专科学校学报》2001年第1期;周鸿、吕汇慧:《乡村旅游地生态文化传统与生态环境建设的互动效应——以云南石林县彝族阿着底村为例》,《生态学杂志》2006年第9期;林伯明:《关于发展桂林乡村旅游的思考》,《社会科学家》1999年第4期;林锦屏、周鸿、何云红:《纳西东巴民族文化传统传承与乡村旅游发展研究——以云南丽江三元村乡村旅游开发为例》,《人文地理》2005年第5期;张彩霞:《生态资源丰富的经济欠发达县区发展乡村旅游的思考——以辽宁省清原满族自治县为例》,《生态经济》2005年第10期。

⑤ 何景明:《国内乡村旅游研究:蓬勃发展而有待深入》,《旅游学刊》2004年第1期。

划开发的案例囊括了吉林、山东、上海、安徽、陕西、云南、四川、重庆、广东、广西等省、自治区、直辖市的乡村旅游发展情况,研究的空间层次大到一个省,小到一个村。①

当然,也有很多学者抛开了地域的限制,或者抛开了物质层面的资源概念,从更丰富的角度挖掘乡村旅游所具备的、与其他旅游产品所不同的资源类型。这些非物质层面的资源包括乡村意象②、乡村聚落的旅游价值③、乡村文化④和节事活动⑤等。

以上对资源开发重视的原因,一方面和目前我国处于发展中的阶段有关,另一方面也和资源的有限性与日益增长的需求之间的矛盾有关。

其次,开发模式的研究是供给研究方面的热点。在乡村旅游研究起步之初,学界就开始了开发模式的研究。⑥ 例如,许春晓将资源丰富的欠发达地区农村旅游业发展总结为三种成长模式:旅游先导模式、旅游伴生模式,以及旅游后继模式。⑦ 王云才在珠江三角洲观光农业发展特征的基础上,提出六大地域特征的模式。⑧ 其后,模式的研究从空间布局⑨发展到经济角度的模式⑩。

---

① 殷平:《1997年—2003年国内乡村旅游研究文献分析》,《桂林旅游高等专科学校学报》2004年第6期。

② 熊凯:《乡村意象与乡村旅游开发刍议》,《地域研究与开发》1999年第3期。

③ 冯淑华、方志远:《乡村聚落景观的旅游价值研究及开发模式探讨》,《江西社会科学》2004年第12期。

④ 尹振华:《开发我国乡村旅游的新思路》,《旅游学刊》2004年第5期;李左人:《发展四川乡村旅游的新思路》,《理论与改革》2001年第1期。

⑤ 卡哈尔·吾甫尔:《新疆少数民族节庆开发与乡村旅游发展研究——以开发"诺鲁孜节"为例》,《商场现代化》2006年第20期。

⑥ 何景明:《国内乡村旅游研究:蓬勃发展而有待深入》,《旅游学刊》2004年第1期。

⑦ 许春晓:《欠发达资源丰富农村旅游业成长模式探讨》,《人文地理》1995年第4期。

⑧ 王云才:《从珠江三角洲的实践看我国田园公园的发展》,《旅游学刊》2001年第2期。

⑨ 肖佑兴、明庆忠、李松志:《论乡村旅游的概念和类型》,《旅游科学》2001年第3期;冯淑华、方志远:《乡村聚落景观的旅游价值研究及开发模式探讨》,《江西社会科学》2004年第12期。

⑩ 文军、魏美才:《乡村旅游开发模式探讨——以广西富川瑶族自治县秀水村为例》,《生态经济》2003年第10期;郑群明、钟林生:《参与式乡村旅游开发模式探讨》,《旅游学刊》2004年第4期。

郑群明和钟林生在前人研究的基础上,提出"参与式乡村旅游开发模式",来归纳常见的五种开发模式:(1)"公司＋农户"模式;(2)"政府＋公司＋农村旅游协会＋旅行社"模式;(3)股份制模式;(4)"农户＋农户"模式;(5)个体农庄模式。① 这五种模式,由于都援引有案例简介,至今对乡村旅游的开发模式研究有着重要的影响。尤其是其中提到的第二种以贵州平坝天龙屯堡为代表的开发模式,受到了广泛的关注②,被邹统钎等誉为和四川农家乐并列的贵州"村寨游"模式的代表③。

从 2005 年开始,乡村旅游对于开发模式的研究开始进入多元化发展的阶段,从地理位置的划分、以投资主体为特征的开发模式,发展到了农民和社区参与的管理模式,最终,可以追求可持续发展模式的研究。邹统钎等近年通过对北京郊区乡村旅游案例的研究,以北京通州大营村为案例,提出了社区主导开发的模式④,又以北京怀柔区北宅村为例,展开了乡村旅游开发中经营者共生机制的研究⑤。并且,邹氏等在此基础上,寻求西方理论的解释,提出了乡村可持续发展的内在动力机制在于"产业链本地化"和"经营者共

---

① 郑群明、钟林生:《参与式乡村旅游开发模式探讨》,《旅游学刊》2004 年第 4 期。
② 李乐京、陈志永:《天龙屯堡"政府＋公司＋旅行社＋农民旅游协会"的乡村旅游发展模式研究》,《生态经济》2007 年第 6 期;李乐京、陈志永、吴亚平:《贵州参与式乡村旅游发展研究——以郎德、天龙屯堡、镇山村参与式乡村旅游发展模式为例》,《贵州教育学院学报》2007 年第 2 期;梁玉华、杨爱军:《贵州天龙屯堡文化旅游可持续发展研究——兼论文化生态脆弱区旅游业的可持续发展》,《生态经济》2006 年第 7 期;戴斌、周晓歌、梁壮平:《中国与国外乡村旅游发展模式比较研究》,《江西科技师范学院学报》2006 年第 1 期;杨兴洪:《浅析贵州乡村民族旅游开发——郎德、天龙、中洞模式比较》,《贵州民族研究》2005 年第 4 期。
③ 邹统钎、马欣、张昕玲等:《乡村旅游可持续发展的动力机制与政府规制》,《杭州师范学院学报(社会科学版)》2006 年第 2 期。
④ 邹统钎、王燕华、丛日芳:《乡村旅游社区主导开发(CBD)模式研究》,《北京第二外国语学院学报(旅游版)》2007 年第 1 期。
⑤ 邹统钎、陈序桄:《乡村旅游经营者共生机制研究——以北京市怀柔区北宅村为例》,《北京第二外国语学院学报》2006 年第 9 期。

生化"的理论。① 国内关于模式研究的成果如表2-5所示。

表2-5 乡村旅游开发模式分类

划分标准	模 式 类 别
发展动力或协调机制	政府主导型,市场主导型,混合成长型
经营管理	联合开发模式;亦农亦旅,农旅结合的复合开发模式;社区参与的管理模式
游客动机	休闲观光型,认识学习型,收获品尝型,运动养生型,旧地重游型,自我发展型
产品类型	农家乐模式,村寨屯堡模式,农业园区模式,古村古镇模式
地理位置与发展路径	景点依托型,都市依托型

* 资料来源:据石培基、张胜武:《乡村旅游开发模式述评》,《开发研究》2007年第4期,第105—106页;黎洁、刘俊、李明明:《乡村旅游开发模式研究》,《商场现代化》2007年2月下旬刊,第214页。有修改。

最后,在中国乡村旅游研究中,重视以农家乐为代表的乡村旅游产品研究。农家乐作为乡村旅游的一种产品形式,早已走出其原始称谓诞生的成都平原,走向大江南北。在某种程度上,农家乐甚至成了乡村旅游的代名词。关于农家乐的研究很多,在CNKI全文数据库中,以"农家乐"为关键词搜索出来的、2008年以前的文献多达397篇。但是,发表于核心期刊以及旅游相关学术期刊的只有34篇,最早的始于1998年(见表2-4)。由此可见,对于农家乐的关注,业界的热度远远大于学界。即便如此,学术界的加入,依然能够给予农家乐更多理论深度和思考。

早前对于农家乐的学术研究,集中在对其称谓的起源地——

---

① 邹统钎:《乡村旅游发展的围城效应与对策》,《旅游学刊》2006年第3期;邹统钎、马欣、张昕玲等:《乡村旅游可持续发展的动力机制与政府规制》,《杭州师范学院学报(社会科学版)》2006年第2期。

成都的考察①、对其经营特点的研究②，而后发展到专业专项考察，譬如对于农家乐卫生现状的调查③、深层次开发的探讨④，以及成都"农家乐"本身产品的演变，希望以此来讨论更大范围内的城市城郊乡村旅游的发展情况⑤。

除了成都之外，全国各地在 2000 年以后都掀起了围绕农家乐现象的研究和思考的热潮。涉及的地域包括重庆、河南、湖北、上海与浙江。四川农家乐的产品类型与各地地方特点的结合，引发了创新。在很大程度上，农家乐被视为乡村旅游模式的初级阶段，而农家乐产品本身也遵循本地特点，并且随着游客需求的变化而发生着不断的演变。

除了就农家乐自身问题展开的讨论之外，还有学者开始注意到政府在农家乐发展中扮演的角色，以及其"缺位"与"越位"的问题。

本研究认为，北京民俗旅游和四川乃至全国各地所谓"农家乐"的乡村旅游产品类型，其本质都是一样的。只不过北京的民俗旅游起步早，被关注和研究的时间也早。据张兵等对北京郊区民俗旅游前后五年的对比调研，认为"尽管北京市将乡村旅游称之为民俗旅游，但是民俗文化的特点并不鲜明"⑥。或许只是对于北京都市而言，周边乡村具有相对民俗性，而符合其名之原义。而邹统钎从政

---

① 中共成都市委宣传部、中共郫县县委宣传部课题组：《川西平原上一个城乡交融的新亮点——成都"农家乐"考察》，《理论与改革》2000 年第 4 期。
② 李学东、郭焕成：《西南地区观光农业发展与经营特点初探——以成都市龙泉驿区"农家乐"为例》，《经济地理》2001 年第 3 期。
③ 毛丹梅、余建中、黄静等：《成都市金牛区农家乐卫生现状调查》，《现代预防医学》2003 年第 4 期。
④ 伍鹏、刘建：《特色旅游"农家乐"及其深层次开发探讨——以重庆农家乐为例》，《社会科学家》2001 年第 3 期。
⑤ 何景明：《成都市"农家乐"演变的案例研究——兼论我国城市郊区乡村旅游发展》，《旅游学刊》2005 年第 6 期。
⑥ 王兵、罗振鹏、郝四平：《对北京郊区乡村旅游发展现状的调查研究》，《旅游学刊》2006 年第 10 期。

府和运行机制角度的考察,也发现两者有惊人的相似。① 因此,农家乐现象更多的是居民以一日游或者两日游为主的郊区/乡村休闲游。

当然,农家乐不等同于乡村旅游,只是乡村旅游的一种产品形式。笔者在浙江桐庐、富阳进行乡村旅游考察时,发现富阳农庄的经营理念创新,以及桐庐"芦茨土屋"的模式创新等其他与农家乐所不同的乡村旅游形式,正在实践的土壤中萌芽。农家乐作为非常具有中国特色的乡村旅游产品,以"F & B"(Food & Bed)形式有别于国外常见的"B & B"(Breakfast & Bed)形式②,需要今后在经营、产品提供、营销方面进行更多深入的研究。农家乐的研究,在世界范围内,可能对其他人口稠密的发展中国家开展乡村旅游具有借鉴意义。③

(二)乡村旅游需求

在英文文献中,对于乡村旅游的研究非常之多,研究对象主要集中在乡村旅游的游客出游动机、人口特征、行为特征、市场细分、客源等,以及针对性的市场营销等几方面。在乡村游客人口特征研究中,除了发现英国的游客以重游率很高的40—59岁人群居多④,澳大利亚的农场度假者三分之二是退休老人⑤,以及

---

① 邹统钎:《中国乡村旅游发展模式研究——成都农家乐与北京民俗村的比较与对策分析》,《旅游学刊》2005年第3期。
② 农家乐F & B形式与西方B & B形式的比较,是2008年7月与吴必虎教授沟通案例地考察体会时,由吴教授口头总结的。Sharpley, R. and Sharpley, J., *Rural Tourism: An Introduction* (First Edition), International Thomson Business Press, 1997.
③ Zhang, X., Harrill, R. and Cai, L. A., *Rural Tourism Research in China: 1997-2006*, paper presented at the 2007 Annual Conference of ISTTE, Charleston, SC, USA, 2007.
④ Ilbery, B., Saxena, G. and Kneafsey, M., "Exploring Tourists and Gatekeepers' Attitudes towards Integrated Rural Tourism in the England-Wales Border Region", *Tourism Geographies*, 2007, 9(4), pp.441-468.
⑤ Frater, J., "Farm Tourism in England: Planning, Funding, Promotion and Some Lessons from Europe", *Tourism Management*, 1983, 4(3), pp.167-179.

日本以青少年为主之外①,大部分的研究发现,乡村旅游游客以中青年、高教育水平、中等以上收入人群为主,多以家庭形式出游。②在旅游消费上,乡村旅游的花费比都市旅游、滨海度假要低20%～30%。③游客的主要来源是附近城市,但是也不乏国际游客。④在新西兰,乡村旅游的游客经历了从以国内游客为主到以国际游客为主的变迁过程。⑤

在国内,对于游客市场的重视,直到20世纪90年代末才开始出现。潘秋玲最早从供需关系角度进行乡村旅游的研究。⑥谢彦君将旅游城市作为客源市场,并且推理出几个目标分市场。⑦而杜江等是国内最早从乡村旅游定义上直接考虑到市场的需求的学者。

但是,真正从需求方(demand-side),即旅游者、市场角度研究乡村旅游,是近年新涌现的研究方向,尤其集中在2006年以后的

---

① Hong, S., Kim, S. and Kim, J., "Implications of Potential Green Tourism Development", *Annals of Tourism Research*, 2003, 30(2), pp.323-341.

② Fleischer, A. and Pizam, A., "Rural Tourism in Israel", *Tourism Management*, 1997, 18(6), pp.367-372; Lane, B., "What Is Rural Tourism?", *Journal of Sustainable Tourism*, 1994, 2(1-2), pp.7-21; Oppermann, M., "Rural Tourism in Germany: Farm and Rural Operators", in S. J. Page and D. Getz, eds., *The Business of Rural Tourism: International Perspectives*, International Thomson Business Press, 1997, pp.108-119; Oppermann, M., "Rural Tourism in Southern Germany", *Annals of Tourism Research*, 23(1), 1996, pp.86-102; Sharpley, R. and Sharpley, J., *Rural Tourism: An Introduction* (First Edition), International Thomson Business Press, 1997.

③ Oppermann, M., "Rural Tourism in Southern Germany", *Annals of Tourism Research*, 1996, 23(1), pp.86-102; Walmsley, D. J., "Rural Tourism: A Case of Lifestyle-led Opportunities", *Australian Geographer*, 2003, 34(1), pp.61-72.

④ Long, P. T., Perdue, R. R. and Allen, L., "International Tourism: An Unrecognized Potential in Rural Tourism Development", in Sheila J. Backman, Kenneth F. Backman, Thomas D. Potts et al., *Visions in Leisure and Business*, Spring 1992, 11(1), Appalachian Associates, pp.24-31.

⑤ Pearce, P. L., "Farm Tourism in New Zealand: A Social Situation Analysis", *Annals of Tourism Research*, 1990, 17(3), pp.337-352.

⑥ 潘秋玲:《现阶段我国乡村旅游产品的供需特征及开发》,《地域研究与开发》1999年第2期。

⑦ 谢彦君:《以旅游城市作为客源市场的乡村旅游开发》,《财经问题研究》1999年第10期。

研究中。在本书的研究数据(表 2-4)中,2006 年和 2007 年,直接从市场角度着眼的研究,在数量上占据了超过 80%。主要研究内容包括游客需求[①]、游客动机[②]、游客感知[③]、游客体验[④]、游客满意度[⑤]、游客消费行为[⑥]和市场特征[⑦],对游客安全的关注[⑧],以及市场营销[⑨]。

不过,国内以上基于需求角度的研究,落脚点也往往在于乡村旅游地开发、产品设计,以及市场营销的开展。在研究方法上,通常是通过问卷搜集一手数据,这对于乡村旅游研究的方法和设计,起到了促进作用。只是绝大部分的研究,在数据获得的

[①] 张文祥:《阳朔乡村旅游国内外游客需求分析的启示》,《旅游学刊》2006 年第 4 期;王兵、罗振鹏、郝四平:《对北京郊区乡村旅游发展现状的调查研究》,《旅游学刊》2006 年第 10 期;张建国、俞益武、白云晶等:《城市居民对乡村旅游产品需求趋势研究——以宁波市民为例》,《商业研究》2007 年第 6 期。

[②] 万绪才:《基于客源市场的乡村旅游产品开发研究——兼论南京市江心洲乡村旅游产品开发的问题与对策》,《东南大学学报(哲学社会科学版)》2007 年第 5 期;黄洁:《从"乡土情结"角度谈乡村旅游开发》,《思想战线》2003 年第 5 期。

[③] 杨永波、李同升:《基于游客心理感知评价的西安乡村旅游地开发研究》,《旅游学刊》2007 年第 11 期。

[④] 方贤寨、粟路军、蒋术良等:《基于乡村旅游者调查的乡村旅游体验研究——以长沙市周边乡村旅游为例》,《桂林旅游高等专科学校学报》2007 年第 3 期;朴松爱、郭健:《乡村体验性旅游项目开发模式研究》,《桂林旅游高等专科学校学报》2007 年第 1 期;邹宏霞、李培红:《长沙城郊乡村体验旅游的开发探讨》,《经济地理》2007 年第 6 期;郑辽吉:《乡村体验旅游开发探讨——以辽东山区为例》,《生态经济》2006 年第 6 期。

[⑤] 朱华、李峰:《乡村休闲旅游地游客满意度评价研究——以成都市三圣乡幸福梅林为例》,《桂林旅游高等专科学校学报》2007 年第 5 期。

[⑥] 何学欢:《乡村旅游消费行为的文化程度分异研究——以长沙市周边乡村旅游为例》,《桂林旅游高等专科学校学报》2007 年第 4 期;粟路军、方贤寨、郑旗等:《乡村旅游消费行为的收入分异研究——以长沙市周边乡村旅游为例》,《北京第二外国语学院学报》2007 年第 1 期。

[⑦] 粟路军、王亮:《城市周边乡村旅游市场特征研究——以长沙市周边乡村旅游为例》,《旅游学刊》2007 年第 2 期。

[⑧] 高萍、姚海琴、周玲强:《乡村旅游游客安全认知实证》,《经济地理》2006 年第 S2 期。

[⑨] 佟玉权:《品牌化营销——中国乡村旅游发展的新走势》,《农业现代化研究》2007 年第 1 期;张丽华、罗霞:《乡村旅游体验营销模型的一种设计》,《经济管理》2007 年第 3 期。

抽样、数据分析方法上还有待更加科学化、系统化。乡村旅游的开发,不仅仅需要政府从农村政策的角度考虑,也不仅仅是农民和乡村社区的事情,更关系到消费者——乡村旅游的游客。只有供需平衡,才会有乡村旅游的健康发展。而政府、农民和乡村社区以及游客,是乡村旅游三个最重要的利益相关者(stakeholders),因此,引入市场角度的研究,对于中国乡村旅游研究走向深层次而言是必然的。

二、基于主客关系的研究

在主客关系研究中,英文文献大多注意主客关系双向的平衡研究,并已经积累了大量实证研究,案例地点遍布世界各地,超越了西方世界,扩展到了亚洲和非洲的发展中国家。而中国更侧重于从"客"对"主"单方向的研究视角,也就是说,无论是对居民态度的研究,还是对游客认知的研究都非常少。然而,对于乡村旅游带来的社会、经济、生态角度的旅游影响,则是乡村旅游中研究得相对比较多的。

主客关系的研究,最终的落脚点是乡村旅游的可持续发展。可持续发展是旅游发展的目标,也是发展途径。[①] 虽然对于乡村旅游的可持续发展而言,原真性的保存是一种途径[②],质量(quality)的提高也是一种途径[③],然而,在乡村旅游"主""客"两大内涵的互动、平衡中,其实已经包含了这些要素。因此,关注基于主客双向关系的研究,有助于实现乡村旅游最终的可持续发展。

---

① Weaver, D. B., *Sustainable Tourism: Theory and Practice*, Elsevier Ltd., 2006.
② Unwin, T., "Tourist Development in Estonia: Images, Sustainability, and Integrated Rural Development", *Tourism Management*, 1996, 17(4), pp.265-276.
③ Warner, K. D., "The Quality of Sustainability: Agroecological Partnerships and the Geographic Branding of California Winegrapes", *Journal of Rural Studies*, 2007, 23(2), pp.142-155.

（一）社区与居民态度研究

近年来，旅游地居民对乡村旅游的态度与理解，已是国外乡村旅游研究的主要内容之一。[①] 居民与社区对旅游影响的态度研究，对于乡村旅游业的发展具有重要意义——这些态度可能成为成功开发、经营、营销现有或未来旅游项目的一个重要因素，公众的支持会给乡村旅游企业带来极大的回报。[②]

中外关于当地居民对于乡村旅游的感知和态度的研究内容，主要分成感知和影响因素研究。在英文文献中，当地居民对乡村旅游影响的感知和态度既有反对，也有支持。一般而言，与当地旅游业关系紧密的居民倾向于支持态度，而没有关系的居民倾向于中立或者反对态度。[③] 此外，居民的态度还与教育水平、年龄、居住时间有关，而与性别、婚姻等人口学特征关系不大。[④] 帕特里克·朗(Patrick T. Long)等的研究发现，居民对乡村旅游的态度随旅游发展阶段的不同而变化。在初始阶段，村民对旅游开发大多持赞成态度，但是当旅游者的数量达到乡村最大社会承载力，即乡村社区零售业收入的30%源自旅游业时，当地居民对旅游的支持开始下降。[⑤] 在居民态度的研究方面，最重要的理论基础是社会学的社会交换理论。[⑥] 在发展中国家的研究中，

[①] 王素洁、刘海英：《国外乡村旅游研究综述》，《旅游科学》2007年第2期。

[②] Fleischer, A. and Felsenstein, D., "Support for Rural Tourism: Does It Make a Difference?", *Annals of Tourism Research*, 2000, 27(4), pp.1007-1024.

[③] Weaver, D. B. and Lawton, J. L., "Resident Perception in the Urban-rural Fringe", *Annals of Tourism Research*, 2001, 28(3), pp.439-458.

[④] Campbell, L. M., "Ecotourism in Rural Developing Communities", *Annals of Tourism Research*, 1999, 26(3), pp.534-553.

[⑤] Long, P. T., Perdue, R. R. and Allen, L., "Rural Resident Tourism Perceptions and Attitudes by Community Level of Tourism", *Journal of Travel Research*, 1990, 28(3), pp.3-9.

[⑥] Ap, J., "Residents' Perceptions on Tourism Impacts", *Annals of Tourism Research*, 1992, 19(4), pp.665-690.

杰弗里·沃尔(Geoffrey Wall)基于巴厘岛的八个村子,发现大部分居民同意发展旅游,并且在空间分布上随着离开度假村的距离的远近,以及是否对旅游业熟悉而发生变化,这与之前很多学者的研究结果是一致的。① 而安德鲁·利普(Andrew Lepp)通过对乌干达(Uganda)比格第(Bigodi)长达六个月的田野调查,发现当地人对于旅游发展持欢迎态度,因为他们相信旅游能够给当地社会带来发展,提高农业市场,增加收入,并且还能时而带来好运。② 利普的研究可以增进我们对于贫穷国家发展旅游业的理解。

国内对于旅游地居民认知和态度的研究开始得相对较晚,始于20世纪90年代,其中乡村旅游居民是最早的研究对象。刘振礼对野三坡开发的居民调查,是国内较早关注居民对旅游发展中经济、文化、婚姻、家庭、审美、社交和消闲等方面的看法的研究,为中国早期乡村旅游地的居民态度研究提供了非常好的案例。③ 此后,陆林对皖南旅游区居民展开了调研,对旅游发展带来的经济、社会、环境各方面的变化态度进行了实证研究,研究发现,居民对旅游的影响基本持积极态度,有80%以上的居民支持当地旅游发展,其中近40%表示非常支持。④ 此外,这种支持态度与居民的不同文化程度、职业等社会特征差别不大,共性大于个性。进入21世纪以来,对于乡村旅游地居民态度和认知的研究逐渐增多。在案例地研究上,增加了更多选择。⑤ 同时,对于中国著名的乡村旅

---

① Wall, G., "Perspectives on Tourism in Selected Balinese Villages", *Annals of Tourism Research*, 1996, 23(1), pp.123-137.

② Lepp, A., "Residents' Attitudes towards Tourism in Bigodi Village, Uganda", *Tourism Management*, 2007, 28(3), pp.876-885.

③ 刘振礼:《旅游对接待地的社会影响及对策》,《旅游学刊》1992年第3期。

④ 陆林:《旅游地居民态度调查研究——以皖南旅游区为例》,《自然资源学报》1996年第4期。

⑤ 郎富平:《基于态度感知的乡村旅游社区可持续发展研究》,浙江大学硕士学位论文,2006年;黄洁、吴赞科:《目的地居民对旅游影响的认知态度研究——以浙江省兰溪市诸葛、长乐村为例》,《旅游学刊》2003年第6期。

游地,比如皖南地区[①]、阳朔[②]等地的研究密度、深度加大。此外,对于环境[③]、生活质量[④]等单项感知的研究案例数量增加,旅游地之间的比较和中外比较,以及理论的讨论增多。以上研究表明,乡村居民对于旅游的发展,开始出现比20世纪90年代初更加多元化、理性的态度选择,教育水平、职业、年龄、与旅游业关系亲疏等人口社会特征,对于居民态度和认知的影响也表现出更大的差异。不过,在总体上,对于旅游发展持正面态度的居民依然居多,而主要是出于发展当地经济的考虑。总之,20世纪90年代以来的国内乡村旅游地居民态度和认知研究表明,在国内的乡村旅游地从萌芽走向发展的过程中,居民对于乡村旅游发展所持的态度也在变化,与国外居民态度的实证研究相比,态度以正面居多,这与旅游地所处的生命周期有关,也与中外发展乡村旅游不同阶段的特点有关。

(二)旅游影响研究

旅游影响研究于20世纪60年代开始于英语国家,并逐渐成为旅游研究中一个范围广阔且意义深远的领域。[⑤] 乡村旅游中的旅游影响研究是一个重要内容,主要集中在经济、环境和社会文化三个方面。研究内容从关注经济影响到注重环境,直到20世纪

[①] 章锦河:《古村落旅游地居民旅游感知分析——以黟县西递为例》,《地理与地理信息科学》2003年第2期;刘昌雪:《农民对农村发展旅游业的认知与态度研究——以皖南古村落西递和宏村为例》,《商业研究》2008年第9期;卢松、陆林、王莉等:《西递旅游地居民的环境感知研究》,《安徽师范大学学报(自然科学版)》2005年第2期;苏勤、林炳耀:《基于态度与行为的我国旅游地居民的类型划分——以西递、周庄、九华山为例》,《地理研究》2004年第1期。

[②] 刘炳献:《旅游对阳朔社区居民影响的实证研究》,广西大学硕士学位论文,2005年;张文:《审视阳朔旅游的发展:社会文化影响的调查与比较》,《旅游学刊》2003年第5期。

[③] 卢松、陆林、王莉等:《西递旅游地居民的环境感知研究》,《安徽师范大学学报(自然科学版)》2005年第2期。

[④] 郭英之、姜静娴、李雷等:《旅游发展对中国旅游成熟目的地居民生活质量影响的感知研究》,《旅游科学》2007年第2期。

[⑤] 王子新、王玉成、邢慧斌:《旅游影响研究进展》,《旅游学刊》2005年第2期。

90年代对社会文化影响的密集讨论。在案例地的选择上,呈现出从发达国家向发展中国家转移的倾向①,并且出现了不同国家、地区的比较研究②。

主客关系是一个互动的过程。与国际上对主客关系的双向研究不同,就国内而言,对于居民态度的直接研究数量偏少,但是客对主这一方向上的旅游影响研究更为深入。

国内对于乡村旅游影响的研究,考虑到旅游发展对乡村经济的正面影响,主要观点也偏向正面。这可能与我国尚处于发展中阶段,乡村旅游被作为扶贫措施用于增加农民收入有关。关于这些正面影响的讨论主要集中在经济、环境、社会生活以及文化保存方面。

(1) 经济:增加农民收入(旅游扶贫),改善农民生活状况,加快产业调整,增加劳动就业;

(2) 生态环境:交通改善,环境清洁,乡村风貌得到保存;

(3) 社会生活:农村文明化,农民的见闻增长,精神面貌以及自豪感增强;

(4) 文化保存:乡村旅游的开发,对于传统少数民族风俗文化的保留有积极作用。

笔者在实地访谈中也感受到了乡村旅游给乡村带来的经济、社会和文化的正面变化:

> 我们这里两山夹一沟,没有农田,砍木头、烧炭来维持生活,或者外出打工,只要有饭吃就可以。2003年我们开始搞

---

① Gu, H. and Ryan, C., "Place Attachment, Identity and Community Impacts of Tourism-The Case of a Beijing Hutong", *Tourism Management*, 2008, 29(4), pp.637-647;曾军:《近期国外旅游影响研究综述——〈Annals of Tourism Research〉文献分析》,《云南地理环境研究》2006年第6期。

② Nyaupane, G. P., Morais, D. B. and Dowler, L., "The Role of Community Involvement and Number/Type of Visitors on Tourism Impacts: A Controlled Comparison of Annapurna, Nepal and Northwest Yunnan, China", *Tourism Management*, 2006, 27(6), pp.1373-1385.

村庄建设,现在叫作新农村建设,评上了"旅游特色村",环境改造了,客人也多了。现在我们村65%以上的收入靠农家乐。好的纯收入一年有三四十万,一般最少的人家也有一年五万的纯收入。

——2008年6月15日,临安某村村支书访谈记录

我们这个小村原来是浙江省最小的自然村,生活很苦,我们没有田地种,都被征走了,只有办旅游这一条路可以走。如果要靠山,山核桃要20年才有收成,靠笋也要四到五年才有收成。

——2008年6月23日,临安某村农家乐协会会长访谈记录

村里很苦,近几年开了农家乐才有好转。现在村里有20多户人家过得去,一般年收入3万~5万元,好的一年收入30万,少的也有15万元一年,但是也有四五家是亏本的。我们这里老百姓本来很凶,看起来很穷,很脏,脾气很大,不讲究卫生。现在讲话服务态度好了,素质提高了,各个方面都有了提高,不会随地吐痰,不乱弹烟灰,现在看到家里有烟头都会捡掉。

现在我们还捐款。钱来得容易了。地震我捐了1 000元,同情也要讲条件。我现在欠债50万,资产有两三百万,不到两年可以还清了。我们这里老百姓确实富了,一般不干活。脾气好了,吃得卫生了,还互相纠正不好的地方,注意身体保养了,对人也敬重了,我们不砍树了,要多种花。现在我们拼命建房,将来我们要绿化,要保护生态环境。

——2008年6月23日,临安某村农家乐经营户访谈记录

此外,还有研究认为乡村旅游的开发为城里人提供了更大的

游憩空间以及更多的游憩机会。也有一些研究从政策角度提出,乡村旅游对于构建和谐社会做出了贡献。

但是,随着乡村旅游在全国各地的蓬勃发展,近年来,学术界开始出现对于乡村旅游开发中负面影响的反思。比如乡村旅游对于自然环境和原生传统文化的破坏①、乡村旅游地发展中的外部不经济性②、难以解决的公地方面的"软悲剧"③,以及乡村旅游中出现的城市化、商业化和飞地化等不良倾向。④

由于在活动空间上,乡村旅游发生在乡村居民的生活、生产的家园,乡村旅游对于乡村社区的影响在近年来受到了很多学者的关注。林锦屏等观察到,丽江有80%的本地居民其实已经迁出了大研古镇。⑤ 尹戟认为,乡村旅游的开发造成了农民阶层的分化,这些分化会加剧农村贫富差距,从而给农村社会带来不稳定因素等后果。⑥ 还有学者特别提到,乡村旅游发展中需要关注到农民的利益。⑦ 而邹统钎等则提出了在乡村旅游开发中,以社区主导的开发模式作为保护当地社区利益的建议。⑧

在本书的案例研究地临安,政府、农民和游客都有着各自不同的困扰。

---

① 程遂营:《中国乡村旅游:现状、热点与薄弱环节》,《旅游学刊》2006年第4期。

② 史清莲:《乡村旅游开发的外部不经济及其内化探析》,《生产力研究》2006年第3期;孙艳红:《乡村旅游开发效率机制分析》,《河南师范大学学报(哲学社会科学版)》2006年第3期。

③ 池静、崔凤军:《乡村旅游地发展过程中的"公地悲剧"研究——以杭州梅家坞、龙坞茶庄、山沟沟景区为例》,《旅游学刊》2006年第7期。

④ 邹统钎、马欣、张昕玲等:《乡村旅游可持续发展的动力机制与政府规制》,《杭州师范学院学报(社会科学版)》2006年第2期。

⑤ 林锦屏、周鸿、何云红:《纳西东巴民族文化传统传承与乡村旅游发展研究——以云南丽江三元村乡村旅游开发为例》,《人文地理》2005年第5期。

⑥ 尹戟:《乡村旅游中的农民阶层分化研究》,《北京第二外国语学院学报》2006年第7期。

⑦ 朱华:《乡村旅游利益主体研究——以成都三圣乡红砂村观光旅游为例》,《旅游学刊》2006年第5期。

⑧ 邹统钎、王燕华、丛日芳:《乡村旅游社区主导开发(CBD)模式研究》,《北京第二外国语学院学报》2007年第1期。

我们有一系列成绩、发展的同时,也存在很多问题。比如农民建房、环境污染、项目丰富性问题。目前最关键的集中在两个问题上:一个是环保问题。在山区,所处自然环境优美,但是也很脆弱,有些村还是水源保护地,比如白沙村。我们解决了一部分环境问题,比如白沙村的床单洗涤,要求统一到城里洗涤,但是还有很多没有解决的问题,比如污水排放。当然,白沙正在建设污水统一纳管处理,但是还有很多村没有落实。另外一个就是合法经营问题。只有合法经营,才能统一管理,对游客负责,包括食品卫生、治安和消防等方面。但是,很多经营户违章建房、房子又达不到消防办证的要求。我们认为环保问题和合法经营问题的解决,才能保证乡村旅游发展的品质。

——2008 年 6 月 12 日,杭州市旅游委员会某官员访谈记录

我们这里的客人太多了。自己村子只有几十户人家,夏天最热的时候,傍晚马路上黑压压全是上海人,可能有一两千人。这么多人,看着更热了。

——2008 年 6 月 24 日,临安某村经营户访谈记录

我们每年到这个村子度假一两个月,大概有七八年了吧,现在来的人越来越多。如果有其他新发展的地方,我们愿意去看看,如果好的话,可以考虑换地方。

——2008 年 6 月 22 日,临安某村游客
(60 多岁,女性)访谈记录

这里晚上什么活动也没有,住一两个晚上可以,时间长了肯定待不住。

——2008 年 6 月 28 日,临安某村游客
(20 多岁,男性)访谈记录

总之,政府面临着乡村旅游规模迅速扩大,从而产生管理上的压力的问题;居民则面临着旅游发展带来的负面影响;而游客对于休闲度假体验,也有许多不满。

以上对于乡村旅游负面影响的研究,其实很多已经站在主对客的态度这一立场上,只是还是采用观察与经验等从学者、政府角度出发的、自上而下的研究方法。而未来自下而上的研究方法的引入,将对主客关系以及旅游可持续发展带来更深刻的影响。

只有基于对主客互动关系的理解,才能最终达成乡村旅游的可持续发展。无论中外,在关注乡村社区的农民、乡村景观、乡村文化等角度上,乡村旅游开发的可持续发展已成研究者的共识。

三、研究特点与展望

从上述研究综述中可知,英文文献中所反映的国外乡村旅游研究的特点,主要集中在以下四个方面。

(1) 研究背景主要集中在欧美国家,缺乏对发展中国家的研究。很多西方学者已经感受到这些不足,从而要求更多的发展中国家,尤其是亚洲国家的研究成果。[1]

(2) 研究内容与国内不同,比如乡村旅游供给层面的研究,重视具体经营,而国内重视开发等。此外,在选题上较国内多元化,除了上述内容外,还包括更多市场营销、品牌形象、女性主义角度的研究成果。[2]

(3) 研究方法上定性、定量相结合,写作规范。因为旅游现象

---

[1] Page, S. J. and Getz, D., "The Business of Rural Tourism: International Perspectives", in S. J. Page and D. Getz, eds., *The Business of Rural Tourism: International Perspectives*, International Thomson Business Press, 1997, pp.3-37.

[2] Cai, L. A., "Cooperative Branding for Rural Destinations", *Annals of Tourism Research*, 2002, 29(3), pp.720-742;何景明:《国外乡村旅游研究述评》,《旅游学刊》2003年第1期。

的复杂性,定性研究显得非常重要。《旅游研究纪事》(Annals of Tourism Research)中,定性文章的数量从20世纪70年代的3.3%增加到20世纪80年代的16.4%[1],这一趋势继续在该刊物中增强。另外,《旅游管理》(Tourism Management)和《旅游分析》(Tourism Analysis)中也一再提倡定性、定量的结合。[2] 一般来说,一个全新的领域初期比较适合定性研究,因此在早期的乡村旅游研究文献中,存在大量定性研究。随着研究的深入,近些年来,定量研究开始大幅增加。王素洁等发现,国外乡村旅游研究中,较多地进行实证研究,运用大量的定量分析方法,如因子分析、结构方程模型、聚类分析、数理统计法等。[3] 不过,在定性和定量方法论的选择上,也存在地区差异:相对于美国,对于乡村旅游的研究,很多欧洲和英联邦国家依然偏向定性研究。另外,国外研究视角中倡导多学科交融,跨越多学科樊篱,综合运用社会学、生态经济学、政治经济学、旅游学、心理学、文化经济学、统计学等视角展开跨学科研究。而论文写作的规范性,则非常值得国内乡村旅游研究学习和效仿。

(4)研究结果缺乏归纳性。有学者认为,由于实证主义研究的盛行,更由于乡村旅游植根于不同的国家和文化背景,表现出不同的形态和演进规律,有关乡村旅游的术语、基本概念和理论仍然莫衷一是,很多研究结果在理论概括和提升上缺乏可归纳性、可比较性、可检测性和可信度。[4]

同样,本研究总结出中国乡村旅游研究的四大特点。

---

[1] Dann, G., Nash, D. and Pearce, P., "Methodology in Tourism Research", *Annals of Tourism Research*, 1988, 15(1), pp.1-28.

[2] Faulkner, B. and Ryan, C., "Editorial: Innovations in Tourism Management Research and Conceptualisation", *Tourism Management*, 1998, 20(1), pp.3-6; Hollinshead, K., "The Tourism Researcher as Bricoleur: The New Wealth and Diversity in Qualitative Inquiry", *Tourism Analysis*, 1996, 1(1), 67-74.

[3] 王素洁、刘海英:《国外乡村旅游研究综述》,《旅游科学》2007年第2期。

[4] 王素洁、刘海英:《国外乡村旅游研究综述》,《旅游科学》2007年第2期。

(1) 在供需动力机制上，侧重供给方面的研究。不过，对于需求的关注已经成为一个新的趋势，文章数量也在短期内大量增多。

(2) 在研究方法上，国内还缺乏更多自下而上的研究。国内的传统研究习惯对于乡村旅游研究的内容选择、研究方法有着深刻的影响，普遍存在定性研究不够规范，而定量研究深度不够的问题。

(3) 国家政策的方向对于学术界的研究有着非常大的影响，这方面也比较具有中国特色。

(4) 国内的乡村旅游研究深受西方的影响，这种影响反映在研究的各个方面，甚至研究方向也会随之发生阶段性的变化。

针对以上对中外研究内容和特点的总结，本书认为，未来的中国乡村旅游研究可以集中在以下几个方向。

第一，基于游客的需求的研究。近年来，国内的研究出现了从资源导向型向市场导向型的转变，尤其在 2006 年以后，从发表的文章中就可以看出这个方向转变。只有对于游客需求的了解，包括对印象、认知、消费偏好和行为特征等的深入研究，才有利于乡村旅游产品和发展模式的定位，达到供需的信息平衡。

第二，基于乡村居民和社区的研究。乡村旅游是一种生活方式[①]，它比一般的旅游形式更加需要对"主人"（hosts）——居民和社区的关注。乡村社区，除了是游客的旅游目的地以外，更重要的是乡村居民的生活家园和生产空间。由于目前国内乡村旅游开发和实践已经发展到一定阶段，乡村旅游开发对于乡村旅游地的负面影响开始出现，因此如何从居民和社区的角度进行自下而上的研究，保持学者的独立精神和人文关怀，对国内旅游界是一种挑战，也将成为一种趋势。

---

① Nilsson, P., "Staying on Farms: An Ideological Background", *Annals of Tourism Research*, 2002, 29(1), pp.7-24; Molera, L. and Pilar Albaladejo, I., "Profiling Segments of Tourists in Rural Areas of South-Eastern Spain", *Tourism Management*, 2007, 28(3), pp.757-767.

第三,国际化视野下的中国特色研究。中国作为文明古国,有着自己独特的乡村文化底蕴。与英国的田园牧歌[①]对欧洲社会的影响相似,桃花源、"采菊东篱下,悠然见南山"等乡村意境也是中华文化的乡村理想。今日的中国虽然步入现代化进程,但农业依然是立国之本。14亿人口中,有9亿生活在农村,并且人多地少的国情很突出。这样国情下发展的乡村旅游,势必和其他国家具有不一样的特色。在乡村旅游的国际研究中,有一个重要的内容就是介绍世界各国的发展情况,并进行国际对比。[②] 通过这些文献,我们可以了解英国、美国、德国、以色列、新西兰、日本、韩国等很多国家的乡村旅游研究、发展情况。因此,国内学者需要拥有国际视野,同时,更需要致力于挖掘具有中国特色的乡村旅游研究和理论,并增加世界乡村旅游研究的话语权。

第四,基于政府角色和政策的研究。政府和游客需求,是乡村旅游的两大最主要的发展动因。作为乡村旅游的密切利益相关者,政府在乡村旅游发展中需要扮演的角色,及其在制订政策等方面的作用,都将成为研究的方向。

---

① Gunnarsdottir, G. P., *History and Horses: The Potential of Destination Marketing in a Rural Community: A Study from Iceland*, unpublished M. B. A. dissertation, University of Guelph, Canada, 2006; Page, S. J. and Getz, D., "The Business of Rural Tourism: International Perspectives", in S. J. Page and D. Getz, eds., *The Business of Rural Tourism: International Perspectives*, International Thomson Business Press, 1997, pp.3-37; Rye, J. F., "Rural Youths' Images of the Rural", *Journal of Rural Studies*, 2006, 22(4), pp.409-421.

② Busby, G. and Rendle, S., "The Transition from Tourism on Farms to Farm Tourism", *Tourism Management*, 2000, 21(6), pp.635-642; Fleischer, A. and Pizam, A., "Rural Tourism in Israel", *Tourism Management*, 1997, 18(6), pp.367-372; Hong, S., Kim, S. and Kim, J., "Implications of Potential Green Tourism Development", *Annals of Tourism Research*, 2003, 30(2), pp.323-341; Oppermann, M., "Rural Tourism in Southern Germany", *Annals of Tourism Research*, 1996, 23(1), pp.86-102; Unwin, T., "Tourist Development in Estonia: Images, Sustainability, and Integrated Rural Development", *Tourism Management*, 1996, 17(4), pp.265-276; Weaver, D. B. and Fennell, D. A., "The Vacation Farm Sector in Saskatchewan: A Profile of Operations", *Tourism Management*, 1997, 18(6), pp.357-365.

第五，中国乡村旅游研究需要研究方法的更新，以及多学科理论的融合。中外的乡村旅游研究都显示出理论不足的问题，只是程度的差别而已。国际研究成果表明，乡村旅游的研究需要吸收各相关学科的理论营养，从而形成自己独特的理论基础。在研究方法方面，中国除了继续发挥归纳、概念化的传统学术优势之外，还要加强科学的定性研究，以及自下而上踏实的计量实证研究。

第三节 小 结

本章首先界定了乡村旅游研究的两个基本概念：乡村和乡村旅游。本书所研究的乡村，不仅是乡村变迁的历史观下、和城市相对应的乡村，同时也被看作位于城市-乡村连续谱中的社区。而乡村旅游的概念，没有停留在常规的概念辨析之上，而是基于对中外文献的大量掌握和阅读，重新提炼，将其表述为：发生在乡村地区，以吸引城市游客为主，依托乡村居民日常居住、生活、劳动和活动的空间，围绕乡村经济、文化和景观进行的各项旅游活动的总称。并且，本章还提出，乡村旅游的概念可以构建成为由研究空间（space and place）、游憩机会（opportunities of rural activities）、主人（hosts）、客人（guests）和乡村性（rurality）这五大核心内涵组成的概念框架（图2-3）。

随后，文章对过去20多年间的中外乡村旅游研究进行了述评。研究回顾正是基于以上创新的乡村旅游概念框架之上，即根据乡村旅游的研究对象、主人、客人三大内涵，概括出两大主要研究体系："旅游产品和活动的供需研究"，以及"基于主客关系的研究"，避免了文献评述流于混杂罗列之诟。评述采用全球视野，对中外研究进行了特点、差异的比较，进而在此基础上提出了今后中国乡村旅游的研究趋势：

(1) 基于游客需求的研究；
(2) 基于乡村居民和社区的研究；
(3) 国际化视野下中国特色研究；
(4) 基于政府角色和政策的研究；
(5) 研究方法的更新及多学科理论的融合。

由此可知,本书对于中国乡村旅游中基于游客需求的乡村性研究,无论是在选题还是在研究方法的设计上,也都符合了以上趋势。这突出表现在注重从游客角度的研究,深入乡村旅游地进行基于社区的田野调查,并严格遵守学术规范,采用定性与定量相结合的方法,探索全球视野下中国乡村旅游的特点,以寻求理论突破。

在下一章中,笔者将继续使用以定性为主的方法,进入理论创建过程。本书将进一步探讨理论基础,以及基于此之上的内涵认知,并将其指标化。

第三章
乡村性理论基础与内涵认知

第一节 理 论 基 础

旅游研究具有多学科性,需要从交叉学科(crossdiscipline)、多学科(multidiscipline),或者是跨学科(interdiscipline)的角度来进行研究。夏洛特·埃特纳(Charlotte M. Echtner)和坦齐姆·贾马尔(Tazim Jamal)[1]为此做过专门的综述,使我们可以从中了解到格雷厄姆·丹(Graham Dann)、丹尼森·纳什(Dennison Nash)和菲利普·皮尔斯[2],贾法尔·贾法里(Jafar Jafari)[3],菲利普·皮尔斯[4],道格拉斯·皮尔斯(Douglas G. Pearce)和理查德·巴特尔(Richard Butler)[5],以及史蒂芬·维特(Stephen Witt)、迈克尔·布鲁克(Michael Brook)和彼得·巴克利(Peter Buckley)[6]

---

[1] Echtner, C. M. and Jamal, T. B., "The Disciplinary Dilemma of Tourism Studies", *Annals of Tourism Research*, 1997, 24(4), p.870.

[2] Dann, G., Nash, D. and Pearce, P., "Methodology in Tourism Research", *Annals of Tourism Research*, 1988, 15(1), pp.1-28.

[3] Jafari, J., "Research and Scholarship: The Basis of Tourism Education", *Journal of Tourism Studies*, 1990, 1, pp.33-41.

[4] Pearce, P. L., "Defining Tourism Study as a Specialism: A Justification and Implications", *TEOROS International*, 1993, 1, pp.25-32.

[5] Pearce, D. G. and Butler, R. W., *Tourism Research: Critiques and Challenges*, Routledge, 1993.

[6] Witt, S., Brooke, M. and Buckley, P., *The Management of International Tourism*, Unwin Hyman, 1991.

等著名学者对于从交叉学科的角度来探索旅游研究的倡议。尼尔·雷珀(Neil Leiper)[①]也阐释了多学科、跨学科角度的研究视角,并推崇多个学科知识一起碰撞产生旅游研究的新思想。

贾法里和 J. R. 布伦特·利奇(J. R. Brent Ritchie)也早在1981年就撰文特别强调经济学、社会学、心理学、地理学和人类学对于旅游研究的贡献(图3-1)。

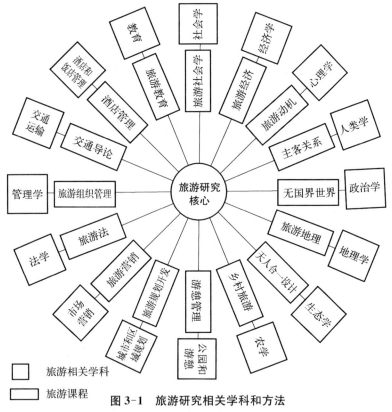

图 3-1 旅游研究相关学科和方法

* 资料来源:Jafari, J. and Ritchie, J. R. B., "Toward a Framework for Tourism Education: Problems and Prospects", *Annals of Tourism Research*, 1981, 8(1), p.23.

---

① Leiper, N., "Towards a Cohesive Curriculum in Tourism: The Case for a Distinct Discipline", *Annals of Tourism Research*, 1981, 8(1), pp.69-84.

此外,克莱尔·甘恩(Clare Gunn)[1]也列出了他心目中的十大旅游相关学科,分别是:市场营销、地理学、人类学、行为学、管理、人类生态学、历史学、政治学、规划和设计以及未来学派。1991年,《旅游研究纪事》出版专刊,介绍人类学、生态学、经济学、地理学、历史学、休闲/游憩学、市场营销管理、政治学、心理学和社会学这十大社会科学领域中,与旅游相关的研究情况。[2] 随着旅游研究现象的发展,埃特纳和贾马尔注意到,社会和社会心理学、地理学、人类学、组织和战略研究、市场营销和消费者研究等学科或者领域的学者对于旅游研究的兴趣变迁及其贡献。[3] 而约翰·特莱波(John Tribe)[4]则提出了旅游研究中的多学科交织模型(图3-2)。

由此可见,旅游研究理论来源丰富,包括社会学、地理学、历史学、经济学、管理学、心理学等众多学科,其中地理学占有特别重要的位置,一直是旅游研究重要的理论依托和产生土壤。

基于以上认识,本书汲取了环境保护界首先萌芽的可持续发展理论,和社会学、心理学紧密相关的旅游认知理论,以及地理学中的地方感理论、乡村旅游中的乡村性话语,作为本书研究的基本理论来源。

一、可持续发展理论

20世纪70年代以来,随着全球范围内环境恶化迹象的加剧,

---

[1] Gunn, C., "A Perspective in the Purpose and Nature of Tourism Research Methods", in C. Brennan, ed., *Higher Education and Preparation for Works*, Wiley, 1987, pp.134-195.

[2] Graburn, N. H. H. and Jafari, J., "Introduction: Tourism Social Science", *Annals of Tourism Research*, 1991, 18(1), pp.1-11.

[3] Echtner, C. M. and Jamal, T. B., "The Disciplinary Dilemma of Tourism Studies", *Annals of Tourism Research*, 1997, 24(4), pp.868-883.

[4] Tribe, J., "The Indiscipline of Tourism", *Annals of Tourism Research*, 1997, 24(3), pp.638-657.

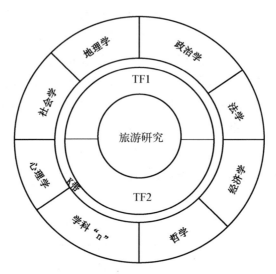

外圈：学科和分支学科　　　中圈：旅游研究领域
内圈：旅游学世界　　　　　TF1：管理相关研究领域
TF2：非管理相关研究领域　　K带：多学科交融圈

图 3-2　旅游研究领域

* 资料来源：据 Tribe, J., "The Indiscipline of Tourism", *Annals of Tourism Research*, 24(3), 1997, p.650 修改。

国际社会越来越关注经济发展对全球生态和人类社会带来的影响。自 1972 年联合国人类环境会议在瑞典首都斯德哥尔摩召开以来，可持续发展最初主要围绕环境问题展开。1983 年 12 月，联合国第 38 届大会决定成立世界环境与发展委员会，由当时的挪威首相布伦特兰夫人（Gro Harlem Brundtland）领导，主要任务是重新审视地球环境与发展的严峻问题，并提出解决这些问题的现实方案，以实现人类社会的可持续发展。

世界环境与发展委员会在布伦特兰夫人的领导下，经过三年多的努力，于 1987 年向联合国提交了一份报告，这就是《我们共同的未来》（*Our Common Future*）。该报告把可持续发展定义为"既满足当代人需求，又不对后代人满足其需求的能力构成危害的发展",强调代际公正和平等,第一次把发展瞄向了后代人,而不是仅仅局限于当代人这一狭窄的视野。可持续发展的基本要求是在实现经济发展的同时,保持社会和环境的可持续发展能力,实现资源的永续利用。

可持续发展理论是人类事关发展问题的一种全新认识,是一种社会运动过程及表现,也是一种高水平的发展理论。该定义目前是影响最大、流传最广的定义,包含了可持续发展的公平性、持续性和共通性三个原则,同时强调了两个基本观点:一是人类要发展,尤其是穷人要发展;二是发展要有限度,不能危及后代人的生存和发展。

此后,1992年6月,在里约热内卢举行的"联合国环境与发展大会"(UNCED)通过了《地球宪章》和《21世纪议程》这两个纲领性文件,标志着可持续发展从理论探讨走向实际行动。中国政府积极履行在1992年巴西里约热内卢国际环发首脑会议上的承诺,在1994年率先颁布《中国21世纪议程——中国21世纪人口、环境与发展白皮书》,将可持续发展确定为国家的基本发展战略之一。可持续发展理论成为国际社会,也成为中国的发展战略理论。同时,可持续发展理论还跨越了政治,引发了与发展有关的各个学科在理论上的反思。

在国际旅游研究领域,在"可持续旅游"(sustainable tourism)这一名词出现之前,就有了类似的思想,以彼得·墨菲(Peter Murphy)[1]和约斯特·克里潘道夫(Jost Krippendorf)[2]为代表。不过,前者把这种发展思想称为"基于社区的旅游"(community-based tourism),后者称其为"软旅游"(soft tourism)。而真正的可持续旅游发展在学术圈中形成共识,则同样是在布伦特兰夫人的报告之后。

---

[1] Murphy, P. E., *Tourism: A Community Approach*, Routledge, 1985.

[2] Krippendorf, J., *The Holiday Makers: Understanding the Impact of Leisure and Travel*, Heinemann, 1987.

20世纪90年代初,国际旅游研究界众多持可持续发展观点的文章如同雨后春笋般涌现[①],而最具有标志意义的事件是1993年《可持续旅游杂志》(*Journal of Sustainable Tourism*)的发行,吹响了可持续旅游研究的号角。

旅游学术界的这些反响,与相关国际组织的努力有关。1990年,温哥华全球旅游发展大会提出《旅游持续发展行动战略》,提出了旅游可持续发展的五大目标[②]:

(1) 增进人们对旅游所产生的环境效应与经济效应的理解,强化生态意识;

(2) 促进旅游的公平发展;

(3) 改善旅游接待地区的生活质量;

(4) 向旅游者提供高质量的旅游经历;

(5) 保护未来旅游开发赖以生存的环境质量。

1995年4月,联合国教科文组织、联合国环境规划署和UNWTO等,在西班牙共同召开了旅游可持续发展世界会议。会议通过了《旅游可持续发展宪章》及《旅游可持续发展行动计划》,明确旅游可持续发展的含义为:"在保持和增强未来发展机会的同时,满足旅游者和旅游地居民当前的需要,在保持文化完整性、基本的生态过程、生物多样性和生命维持系统的同时,满足经济社会发展和美学的需要。"该会议对旅游可持续发展的论述,概括起来主要包括

---

① D'Amore, L. J., "Promoting Sustainable Tourism-The Canadian Approach", *Tourism Management*, 1992, 13(3), pp.258 - 262; Dearden, P., "Tourism and Sustainable Development in Northern Thailand", *Geographical Review*, 1991, 81, pp.400 - 413; Inskeep, E., *Tourism Planning: An Integrated and Sustainable Development Approach*, Van Nostrand Reinhold, 1991; Lane, B., "Sustainable Tourism: A New Concept for the Interpreter", *Interpretation Journal*, 1991, 49, pp.2 -4; Nash, D. and Butler, R., "Towards Sustainable Tourism", *Tourism Management*, 1990, 11(3), pp.263-264; Pigram, J., "Sustainable Tourism: Policy Considerations", *Journal of Tourism Studies*, 1990, 1(2), pp.2-9.

② 林龙飞:《环境哲学与旅游可持续发展理论研究综述》,《求索》2006年第10期。

四个方面①：

(1) 认识旅游对经济发展的重要性还不够，还应该认识旅游对环境保护的依赖性；

(2) 发展旅游要立足长远，克服短期行为；

(3) 旅游和环境保护结合起来，才能获得持续发展；

(4) 旅游业的持续发展与经济、文化等其他领域发展相协调。

可持续旅游发展认识到，无论将可持续发展作为一个过程还是结果，旅游都会在其中产生重要的影响。如今，旅游可持续发展已经成为旅游研究的基本理论，甚至各种理论的前提——旅游发展，一样不只是为了满足现在的需要，也要满足下一代、将来的需要，才能保持长远的活力。②

关于旅游可持续发展，我国也有很多研究。主要内容包括：可持续发展在旅游研究中的运用，发现目前国内旅游实现可持续发展面临的问题，以及对于旅游可持续发展目标实现的指标探讨等。旅游发展在给当地带来经济利益的同时，也带来了环境、文化方面的负面影响，以上这些讨论都与之紧密相关。有学者指出，由于旅游业的迅猛发展，旅游景观遭到了破坏，甚至消亡；旅游道路、接待设施的建设则给旅游地带来了水土流失等常见自然灾害。③

笔者在进行田野调查时，发现了同样的问题。在案例地临安白沙村，因为开展乡村旅游的成功，该村获得了无数荣誉，自2002年以来就有45项省市乃至国家级的奖项。从早年依托太湖源发

---

① 王凯、鲁西奇：《论旅游业可持续发展战略的切入点和实施途径》，《热带地理》2003年第1期。

② Weaver, D. B., *Sustainable Tourism: Theory and Practice*, Burlington, MA: Elsevier Ltd., 2006.

③ 张二勋：《论可持续发展理论在旅游业中的应用》，《地理学与国土研究》1999年第2期。

展生态旅游开始①,到如今在社会主义新农村建设中大力开展乡村旅游,白沙村从贫穷落后的小山村成长为长三角地区著名的乡村旅游地,2006年即获得"浙江省农家乐特色示范村",2008年2月又获得"全国绿色小康村"荣誉。然而,笔者在白沙村实地考察时看到,随着乡村旅游的发展,出现了农民乱建房的问题。2005年以后,涌现出大量高达四五层的大体量楼房,占据了稀有的空地,甚至侵占了唯一穿过村子的河流。坐落在河流边上的人家,侵占了公共河道修建大体量的凉亭,明河渐渐成为暗沟。今日,在白沙村已经难以见到乡村的模样,而是高层民宅簇拥,失去了传统聚落景观,与周围的青山绿水极不相容。另外,在临安率先开展乡村旅游的西天目村,在对游客、经营者的访谈中,笔者感受到,无论是"主人"还是"客人",对于开展乡村旅游以来出现的环境污染问题都怨声载道。经营者不得不从遥远的山上接饮用水;居民则反映,到了盛夏,家里已经可以闻到河流中生活污水的臭味。很多游客在访谈中都提到,这里的乡村旅游开发已经超过了环境的承载力,将来他们可能会选择其他乡村进行夏日避暑和度假。并且,在临安乡村,游客也吃不到当地种植的蔬菜,而是和城市里一样吃着购买的蔬菜,对此,很多游客表示无可奈何。

因此,乡村性理论,无论供给导向还是需求导向,都必须以可持续发展理论作为理论前提。② 根据牛文元的研究,可持续发展的理论核心紧密地围绕两条基本主线:第一条主线是努力寻求人和自然的平衡,寻求人和自然的和谐发展,以及任何自然关系的合理性成长;第二条主线是努力实现人与人之间的关系的协调,达到

---

① 吴伟光、李兰英、程云行等:《生态旅游与乡村可持续发展实证研究——以临目乡太湖源生态旅游开发为例》,《林业经济问题》2003年第6期。

② Aronsson, L., "Sustainable Tourism Systems: The Example of Sustainable Rural Tourism in Sweden", *Journal of Sustainable Tourism*, 1994, 2(1-2), pp.77-92; Bramwell, B. and Lane, B., "Rural Tourism and Sustainable Rural Tourism", *Journal of Sustainable Tourism*, 1994, 2(1-2), pp.1-6.

人和人之间关系的和谐与公平。这两条基本主线也体现在《我们共同的未来》报告的结论部分:"从广义上来说,可持续发展战略旨在促进人与人之间以及人与自然之间的和谐。"①乡村的环境非常脆弱,无论从社会角度,还是自然资源角度而言都是如此。因此,本研究在讨论乡村性的时候,也将追寻这两条主线,寻求乡村中人与自然环境的平衡,寻求"主人"与"客人"之间社会文化的和谐。乡村性的研究,需要遵循可持续发展理论,包括旅游可持续发展,以及乡村的可持续发展。

二、旅游印象与认知

旅游地印象,或曰旅游目的地印象(Tourism Destination Image,TDI)是一个在旅游研究中被深入探讨了30多年的热门领域。自约翰·亨特(John Hunt)、甘恩和爱德华·玛由(Edward Mayo)20世纪70年代开始最初的研究②,到2002年,在《旅游研究纪事》和《旅游管理》中同年出现进行文献分析的研究笔记,以及探索在 TDI 文献综述基础上搭建概念框架的文章③,这在旅游研究的主题中并不多见。而此前十年,在20世纪90年代,肯尼斯·

---

① 牛文元:《可持续发展理论的基本认知》,《地理科学进展》2008 年第 3 期。
② Hunt, J. D., *Image: A Factor in Tourism*, unpublished Ph.D. dissertation, Colorado State University, Fort Collins, 1971; Gunn, C. A., *Vacationscape: Designing Tourist Regions*, Austin: Bureau of Business Research, University of Texas, 1972; Mayo, E. J., "Regional Images and Regional Travel Behavior: Research for Changing Travel Patterns: Interpretation and Utilization", in proceedings of the travel research association, fourth annual conference, 1973, pp.211-218. 以上转引自 Stepchenkova, S. and Morrison, A. M., "Russia's Destination Image among American Pleasure Travelers: Revisiting Echtner and Ritchie", *Tourism Management*, 2008, 29(3), p.549.
③ Gallarza, M. G., Saura, I. G. and García, H. C., "Destination Image: Towards a Conceptual Framework", *Annals of Tourism Research*, 2002, 29(1), pp.56-78; Pike, S., "Destination Image Analysis: A Review of 142 Papers from 1973 to 2000", *Tourism Management*, 2002, 23(5), pp.541-549.

全(Kenneth Chon)[1]、埃特纳和利奇[2]已经对西方最常用的 TDI 文献做过不同角度的研究综述。因此,在 2002 年旅行与旅游研究协会(Travel and Tourism Research Association,TTRA)年会上,约翰·亨特(John Hunt)比喻说,自己和玛由、甘恩三人当年好比三个农民闯进了一片全新的田地。[3] 而今,这块田地显然已经被前仆后继地耕耘了 30 多年。

TDI 的研究之所以受到那么多关注,究其原因,是其"核心假定在于,旅游地印象在个人的旅行购买行为(travel purchase)相关决定中起着重要作用,并且游客的旅行满意度,在很大程度上依赖他对目的地的期许(expectation),即对旅游地先前持有的印象与实地感受到的具体表现(performance)之间的比较"[4]。在市场营销学中,顾客决定购买商品的决策过程被称为一个"黑匣子"。因此,TDI 的研究不仅能够为旅游购买这个"黑匣子"提供一个探索方向,并且还可以为游客满意度等研究提供新的视角。

TDI 是一个基于社会和环境心理学、市场营销、消费者行为、社会学、人类学和地理学等多学科的交叉的研究领域。[5] 其理论

---

[1] Chon, K. S. "The Role of Destination Image in Tourism: A Review and Discussion", *The Tourist Review*, 1990, 45(2), pp.2-9.

[2] Echtner, C. M. and Ritchie, J. R. B., "The Meaning and Measurement of Destination Image", *The Journal of Tourism Studies*, 1991, 2(2), pp.2-12.

[3] Pike, S., "Destination Image Analysis: A Review of 142 Papers from 1973 to 2000", *Tourism Management*, 2002, 23(5), p.541.

[4] Chon, K. S., "The Role of Destination Image in Tourism: A Review and Discussion", *The Tourist Review*, 1990, 45(2), p.3.

[5] Bramwell, B. and Rawding, L., "Tourism Marketing Images of Industrial Cities", *Annals of Tourism Research*, 1996, 23(1), pp.201-221; Gallarza, M. G., Saura, I. G. and García, H. C., "Destination Image: Towards a Conceptual Framework", *Annals of Tourism Research*, 2002, 29(1), pp.56-78; Gartner, W. C., "Tourism Image: Attribute Measurement of State Tourism Products Using Multidimensional Scaling Techniques", *Journal of Travel Research*, 1989, 28(2), pp.16-20; Stepchenkova, S. and Morrison, A. M., "Russia's Destination Image among American Pleasure Travelers: Revisiting Echtner and Ritchie", *Tourism Management*, 2008, 29(3), pp.548-560.

范围来源之广,也反映了 TDI 的复杂性、主观性和难以把握。因此,TDI 的概念、研究内容显得非常多元化,被认为缺乏统一的概念框架。① 基于这一认识,玛蒂娜·加拉尔赞(Martina Gallarza)等②总结了比较有代表性的旅游印象定义,如下表 3-1 所示。

表 3-1　旅游地印象代表性概念

人们对于非居住州的感想印记(impression)。(亨特,1971)
我们对自己的所知持有的个性化的、内在的和概念化的理解。(马尔金,1974)
人们对特定物体或者地方的知识、印记感想、成见(prejudice)和想象的表达,以及情绪化的想法。(罗森、邦德博威,1977)
印象也许可以被定义为人们对目的地的信念(beliefs)、想法(ideas)和感想印记的总和。(克朗普顿,1979)
印象的概念可以被运用于一个政治候选人、一个产品和一个国家。它不是描述单项的特征或者特质,而是别人脑中呈现的整体感想印记和存在。(迪特尔,1985)
印象是由顾客基于大量感想印记中经过选择的部分形成的心理建构。它来自这些被选择部分被精美细化、修饰和组织过的创造性过程。(雷诺兹,1985)
印象是经过调查(investigation)对目的地获知的一些个人或者集体性的想法和概念。(伊姆巴彻尔、巴特尔,1989)

---

① Echtner, C. M. and Ritchie, J. R. B., "The Meaning and Measurement of Destination Image", *The Journal of Tourism Studies*, 1991, 2(2), pp.2-12; Fakeye, P. C. and Crompton, J. L., "Image Differences between Prospective, First-time, and Repeat Visitors to the Lower Rio Grande Valley", *Journal of Travel Research*, 1991, 30(2), pp.10-16; Gallarza, M. G., Saura, I. G. and García, H. C., "Destination Image: Towards a Conceptual Framework", *Annals of Tourism Research*, 2002, 29(1), pp.56-78; Gartner, W. C., "Image Formation Process", *Journal of Travel and Tourism Marketing*, 1993, 2(2/3), pp.191-215.

② Gallarza, M. G., Saura, I. G. and García, H. C., "Destination Image: Towards a Conceptual Framework", *Annals of Tourism Research*, 2002, 29(1), pp.56-78.

续　表

印象是由一些潜在游客,在大量的整体感想印记中选择部分所发展而成的心理建构。(法克耶、克朗普顿,1991)
对于地方的印象是指一个人对于一个地方所有的信念、想法和印象感知的总和。(科特勒尔,1994)
目的地印象由认知的(cognitive)、情感的(affective)和意动的(conative)三个等级分布但相互联系的成分组成。(加尔特纳尔,1993、1996)
印象是对一个产品的属性和利益诉求进行的一种心理表达。(桑特斯·艾瑞博拉,1994)
受众或者销售者对产品或目的地的一种或喜爱或厌恶的成见。(帕雷陶,1995)

* 资料来源：Gallarza, M. G., Saura, I. G. and Garcia, H. C., "Destination Image: Towards a Conceptual Framework", *Annals of Tourism Research*, 29(1), 2002, p.60.

从上表中可以看出,关于旅游地印象的定义虽然纷繁芜杂,但是都集中表达了印象是一种心理建构过程,主要来源于内心对于产品或者目的地总体印象的感知,是一种内心选择,进而形成个人或者集体性想法。这些想法经过大脑的思想和修饰,用于表达喜欢或者厌恶的自我成见。而威廉·高德纳(William Gartner)[1]的定义,既阐述了印象的组成成分,包括认知的、情感的和意动的三个部分,也说明了印象是随着与旅游地的现实接触增多而步步深入的。

在对印象形成机理的研究中,赛姆斯·巴罗古鲁(Seyhmus Baloglu)和肯·麦克利里(Ken McCleary)[2]的研究被认为是最成功的。他们认为 TDI 的形成可以分成静态和动态的过程。静态

---

[1] Gartner, W. C., "Image Formation Process", *Journal of Travel and Tourism Marketing*, 1993, 2(2/3), pp.191–215; Gartner, W. C., *Tourism Development: Principles, Processes, and Policies*, Van Nostrand Reinhold, 1996.

[2] Baloglu, S. and McCleary, K. W., "A Model of Destination Image Formation", *Annals of Tourism Research*, 1999, 26(4), pp.868–897.

指印象与游客行为,比如满意度、旅行目的地选择之间的关系;动态则指 TDI 本身的形成过程。基于前人的研究,他们指出,印象至少由两大相互联系又不尽相同的成分组成:认知(cognitive)印象和情感(affective)印象。认知印象,或曰感知(perceptual)印象,是指对旅游地的知识和看法(beliefs),而情感印象指对于旅游地的感觉(feelings)。巴罗古鲁和麦克利里的上述研究,在 TDI 形成领域影响很大,此后引起了许多学者的后续实证研究,不过史蒂芬·派克(Steven Pike)和克里斯·莱昂(Chris Ryan)[1]认为,大部分的研究还是集中在认知印象这一成分上。

派克[2]基于 142 篇主要的 TDI 文献研究,发现英文文献中关于 TDI 的研究内容、区域、研究方法等具有以下特征:

(1) 很少有文章涉及对特定旅行背景下的旅游地印象测量;

(2) 研究最集中的区域是在北美地区,其次是英国和欧洲大陆地区,然后才是亚洲和大洋洲;

(3) 超过一半的论文只是测量一个旅游地的印象和感知;

(4) 国家层面是 TDI 研究最多的旅游地层次,其次才是州、城市、度假区和省;

(5) 绝大部分的论文使用结构性的技术对于 TDI 进行操作化,很少有文章进行定性研究;

(6) 研究最常用的统计分析技术,集中在因子分析、t 检验、认知地图、均值分析和聚类分析等方法;

(7) 数据来源中,有三分之一来源于在目的地对游客进行的调查,三分之一来源于在客源地进行的调查,后者的好处是可以包含曾经访问过和未访问过的潜在游客;另外三分之一数据则来源

---

[1] Pike, S. and Ryan, C., "Destination Positioning Analysis through a Comparison of Cognitive, Affective, and Conative Perceptions", *Journal of Travel Research*, 2004, 42(4), pp.333-342.

[2] Pike, S., "Destination Image Analysis: A Review of 142 Papers from 1973 to 2000", *Tourism Management*, 2002, 23(5), p.542.

于专家、学生群体、目的地营销组织(DMO)和当地居民等;

(8)研究内容非常广泛,主要包括到访对印象的影响、不同群体对于印象认知的差距、距离对于目的地印象的影响等方面。

此外,在国内的一些学者对于英文 TDI 文献的综述研究中[1],也可以发现类似的研究成果。

由于游客的旅游地印象对于整个旅游行为的重要性[2],TDI 的运用也受到了广泛的关注。旅游地印象研究被认为对开发出管理旅游地形象的工具、旅游地定位战略,以及市场营销和政策指定都具有着很大的研究意义[3],甚至是整个国家在全球化视野下的形象定位[4]。

国内将旅游"形象"与英文中的"image"相对应,与此相关的研究起步于 20 世纪 90 年代后期。[5] 和国外相比,最主流的研究方向是旅游地的形象、设计和战略等研究。[6] 直到近年,尤其是 2006 年以后,和国外主流的 TDI 研究相类似的、以游客为导向的旅游"形象"研究才逐渐增多,并尝试讨论游客导向的旅游"形

---

[1] 毛端谦、刘春燕:《旅游目的地映象研究述评》,《旅游学刊》2006 年第 8 期;臧德霞、黄洁:《国外旅游目的地形象研究综述——基于 Tourism Management 和 Annals of Tourism Research 近 10 年文献》,《旅游科学》2007 年第 6 期。

[2] Chon, K. S., "The Role of Destination Image in Tourism: A Review and Discussion", The Tourist Review, 1990, 45(2), pp.2-9.

[3] Gallarza, M. G., Saura, I. G. and García, H. C., "Destination Image: Towards a Conceptual Framework", Annals of Tourism Research, 2002, 29(1), pp.56-78.

[4] Han, C. M., "Country Image: Halo or Summary Construct?", Journal of Marketing Research, 1989, 26(2), pp.222-229; Stepchenkova, S. and Morrison, A. M., "Russia's Destination Image among American Pleasure Travelers: Revisiting Echtner and Ritchie", Tourism Management, 2008, 29(3), pp.548-560.

[5] 李蕾蕾:《旅游目的地形象的空间认知过程与规律》,《地理科学》2000 年第 6 期;黎洁:《论旅游目的地形象及其市场营销意义》,《桂林旅游高等专科学校学报》1998 年第 1 期;黎洁、吕镇:《论旅游目的地形象与旅游目的地形象战略》,《商业经济与管理》1996 年第 6 期。

[6] 汪宇明、吕帅:《长江流域 12 省区旅游形象绩效评估研究》,《旅游科学》2008 年第 1 期;黄震方、李想:《旅游目的地形象的认知与推广模式》,《旅游学刊》2002 年第 3 期。

象"概念框架。① 由于这些研究都被统冠以"形象"一词,因此造成了概念的混乱。

毛端谦和刘春燕②指出,中外的 TDI 研究存在以下差异。在国内,主要从旅游供给者角度出发,以旅游目的地形象定位、设计、开发、塑造和策划为主,以定性方法为主,主要是为地方政府经济和社会的战略发展提出建议和对策。因此,他们建议将 TDI 翻译为"旅游目的地映象",以示中外之差别,指出国内从供给方角度出发的"旅游地形象"翻译形成了理论误区。而臧德霞和黄洁③也提出,国内的旅游地形象研究需要澄清概念,认为很多学者的旅游形象研究往往着眼于供给角度,借助地理学等相关学科理论,来研究旅游目的地的推广、设计等内容,而不是国外研究中主流的围绕着游客感知进行研究的 TDI 概念。此外,本研究还发现,国内有许多研究将居民对于旅游发展态度的研究也纳入"旅游地印象"的概念,这也是对于 TDI 术语理解过于宽泛、造成混用的表现。④

综上所述,本研究认为,国内近年涌现出的大量游客导向的旅游"形象"研究,其实就是国际上进行了 30 多年的 TDI 研究,这里的"image"应当译作"印象"。而国内早年偏向于供给方的研究,偏向研究相对有形的"形象",比如定位、设计等,更多属于 TDI 基础上的应用领域,在中文中当使用"形象"更为贴切。

---

① 白凯、马耀峰、游旭群:《基于旅游者行为研究的旅游感知和旅游认知概念》,《旅游科学》2008 年第 1 期;李巍、张树夫:《以认知心理测评解析南京旅游地形象》,《南京师大学报(自然科学版)》2008 年第 1 期;杨永德、白丽明、苏振:《旅游目的地形象的结构化与非结构化比较研究——以阳朔旅游形象测量分析为例》,《旅游学刊》2007 年第 4 期。
② 毛端谦、刘春燕:《旅游目的地映象研究述评》,《旅游学刊》2006 年第 8 期。
③ 臧德霞、黄洁:《国外旅游目的地形象研究综述——基于 *Tourism Management* 和 *Annals of Tourism Research* 近 10 年文献》,《旅游科学》2007 年第 6 期。
④ Gallarza, M. G., Saura, I. G. and Garcia, H. C., "Destination Image: Towards a Conceptual Framework", *Annals of Tourism Research*, 2002, 29(1), pp.56-78;周慧玲、闫宏艳、李双丽:《传统与新兴旅游城市居民的旅游认知差异研究——以承德和张家界为例》,《资源开发与市场》2008 年第 7 期。

因此，本书所依据的旅游印象与认知，是国际上主流、国内近年才比较多地出现的 TDI 研究。TDI 的理论、实证积累，为本书对游客导向的乡村性理论研究提供了从概念化到操作化的宝贵经验，提供了基本视点：游客导向的乡村性，其根本在于理解潜在游客对理想乡村地的印象、认知。因此，通过这样的概念转化，一方面可以让游客了解本研究需要他们提供的想法；另一方面，TDI 在西方的大量实证研究，也为本书的定量研究提供了分析思路。

正如 1991 年格思里和盖尔[①]所言，印象其实比有形的资源更为重要，因为正是无形的认知，更能刺激人们选择是否出游的行动。那么，游客心中的乡村性，将会影响他们对于乡村旅游地的选择，乃至游客的满意度评价以及再游率，并且，这对于乡村旅游地的管理、营销政策都将有所裨益。

三、恋地情结与地方感

乡村性理论的探究，还可以从人本主义地理学中找到思想来源。地理学是一门研究与人类相关的地域、空间关系，包括地域空间之间的关系以及人地关系的科学。其中，自然地理学研究与人直接相关的地理环境，人文地理学是以研究人地关系为理论基础[②]，区域地理学研究空间关系的规律。人本主义地理学（humanistic geography）作为地理学的分支，也研究人地关系，但不等同于经济地理或人文地理学（human geography）[③]。人本主义地理学推崇

---

① 转引自 Gartner, W. C., "Temporal Influences on Image Change", *Annals of Tourism Research*, 1986, 13(4), p.636.
② 李旭旦：《人文地理学的理论基础及其近今趋向》，《南京师大学报（自然科学版）》1982 年第 2 期。
③ Tuan, Y., "Humanistic Geography: A Personal View", 2005, retrieved Mar. 5, 2008, from http://humanities.cn/modules/newbb/viewtopic.php?viewmode=thread&topic_id=225&forum=1&post_id=448.

"以人为本"的研究视点,开启了地理学研究一代新风,也是本书基于游客视点来探讨乡村旅游中乡村性的理论基础之一。

(一)人本主义地理学

"上个世纪七八十年代始,西方许多地理学家认真对待了人的意志、情感的问题,形成一股学术潮流,汇合时代意识,开出新风。在这一来势相当猛烈的西方地理学术潮流中,一位领军人物居然是个瘦小的华人。这便是段义孚。"[1]人本主义地理学和段义孚的名字是联系在一起的。1976年,《人本主义地理学》[2]一文的发表,标志着地理学中新学术派别的诞生,也是地理学给予科学的新贡献。

按照段义孚的定义[3],人本主义地理学首要关注人类和他们所处的环境。通过研究人与自然的关系,以及与空间和地点有关的地理行为、人类情感和思想,最终获得对人类世界的理解。人本主义地理学将地理学研究重新拉回到对学科基本问题的思考:地理学研究人地关系,最终不是为了更好地为人类社会自身服务吗?如果按照以往科学主义的(scientific)地理学研究,人类的主观情感——人类与动物所不同的地方在哪里?

自从人本主义地理学产生以后,西方地理学家往往把地理学直接分成人本主义的地理学(humanistic geography)、科学主义的地理学(scientific geography)两个大类进行比较[4],事实上他们的确代表地理学领域的两类不同的研究方法和视角。

---

[1] 唐晓峰:《还地理学一份人情》,《读书》2002年第11期。
[2] Tuan, Y., "Humanistic Geography", *Annals of the Association of American Geographers*, 1976, 66(2), pp.266-276.
[3] Tuan, Y., "Humanistic Geography", *Annals of the Association of American Geographers*, 1976, 66(2), p.266.
[4] Mac, J. and Coffer, R., "Behavior and Humanistic Geography", 2003, retrieved Sep.11, 2008, from geog.tamu.edu/~coffer/Classes/essay4.htm.

段义孚认为,科学主义的地理学往往弱化人类在其中的角色和意识①;相反,人本主义地理学强调,地理活动和现象其实揭示了人类意识作用的性质。段义孚把动物和人放在生态学模型下考虑,选择了地理学家普遍关心的五大话题:地理知识、地域与地方、拥挤现象与独处、民生和经济以及宗教,考察动物与人在这五个话题上的差别,以指明"还地理学一份人情"②的重要性和必要性。在段义孚学术研究后期的演讲中,又把自己研究的人本主义地理学领域浓缩为三个主题:地方感受性质(The Felt Quality of Place)、奴役的心理学(The Psychology of Power)和文化与想象力(Culture and Imagination)。他指出,这些主题都是目前人文地理学家所忽略,但是被人本主义地理学所深入研究的领域。无论如何概括人本主义地理学的研究内容,人本主义地理学与科学主义地理学的核心区别都在于理解人类经验(human experience)的复杂和微妙,重质而不重量。③

在方法论上,人本主义地理学基于科学,基于科学知识,提出科学问题,用科学的研究方法进行研究程序。段义孚形象地比喻,人本主义地理学与一般社会人文学科的差别在于——人本主义地理学家的一种角色就像是智慧的中间人;他会提取出经验中的金块,并且把它们分解为更加简单的、能够被组织的主题。④ 一旦这些经验被简化并且形成一种简明扼要的结构,它们的成分就可以被科学所解释。人本主义地理学与科学的关系,还可以取段义孚非常喜欢的洪堡兄弟的案例来说明。众所周

---

① Tuan, Y., "Humanistic Geography", *Annals of the Association of American Geographers*, 1976, 66(2), p.267.
② 唐晓峰:《还地理学一份人情》,《读书》2002 年第 11 期。
③ Tuan, Y., "Humanistic Geography: A Personal View", 2005, retrieved Mar. 5, 2008, from http://humanities.cn/modules/newbb/viewtopic.php?viewmode=thread&topic_id=225&forum=1&post_id=448.
④ Tuan, Y., "Humanistic Geography", *Annals of the Association of American Geographers*, 1976, 66(2), p.274.

知,亚历山大·冯·洪堡(Alexander von Humboldt)是著名的自然地理学家、博物学家和探险家,是近代地理学开山之祖。长其两岁的哥哥威廉·冯·洪堡(Wilhelm von Humboldt)却是擅长人本主义方向的语言学家、教育家和外交家。在威廉的眼中,亚历山大还缺乏人本主义的眼光;在段义孚的眼中,继亚历山大之后,今天的地理学家依然缺乏人本主义对自己、对人的反思,而反思才是洞察力的源泉。[1]

本书对于乡村性的研究,就是跟随着人本主义地理学的根本立场,不只将乡村旅游地的空间作为自然地理意义上的区域,而是作为乡村旅游中"主人""客人"活动的"地方"(place)。乡村旅游地作为人本主义角度观察下的地方,就意味着被赋予了包含中华文化背景、展现我国特殊地理环境下生动的文化、生活现象的责任。同时,在乡村旅游地活动的人——包括游客,他们的经历(experience)相应地建构着"地方"。因此,本书的研究中选择从旅游需求者——游客的角度去理解乡村旅游地这样一个"地方",就存在着人本主义高度的意义。另外,人本主义地理学中对于"恋地情结"的阐释,也构成了本研究的思想来源。游客群体也存在着天然的"恋地情结",这种情结可能对他们的出游动机产生影响,从而直接影响到他们对乡村旅游地的选择。

(二) 地方理论与恋地情结

人本主义地理学对于"地方"(place)的阐释可谓经典,也是启发本研究跳出乡村性的常规定义,从游客需求角度——使用者角度来寻求乡村旅游中乡村性直接理论的源泉。和本书研究主题直

---

[1] Tuan, Y., "Humanistic Geography", *Annals of the Association of American Geographers*, 1976, 66(2), pp. 266-276; Tuan, Y., "Humanistic Geography: A Personal View", 2005, retrieved Mar. 5, 2008, from http://humanities.cn/modules/newbb/viewtopic.php?viewmode=thread&topic_id=225&forum=1&post_id=448.

接相关的内容主要集中在地方①，以及人类的恋地情结（topophilia）②的研究上。

地理学是研究空间和地方的学科。对于"地方"，地理学家从两个主要的角度来研究：一个是把地方作为区位来研究（place as location），把地方作为空间的一个尺度。代表性研究派别就是"中心地"理论及其追随者；另外一个是把地方作为独一无二的人造物品（artifact）来研究。同样，有很多地理学家致力于描述各具特色的地方特征，这些地方主要集中在城镇地区。③ 在人本地理学者看来，地方是由经历（experience）构建的。地方不只是通过眼睛、头脑来看到的，同时也是通过经历来获得的。从理论高度上看，地方是指一个空间系统。这个系统的一个极端远离经历和现实，另外一个极端却来自最近的五脏六腑的感受（feelings），这是一种深植于本地和情绪的情感。④ 因此，可以说恰恰是人的经历构建着空间的尺度。小到壁炉前、一个家是地方，邻里小区、城市是地方，大到一个国家也是地方。⑤ 因为有着人的情感，以及基于本地的认识，才有"地方"。

人本主义地理学的地方理论，对于地理学的其他分支具有很大的影响。比如，在文化地理学中，也开始强调空间（space）和地方（place）存在迥异的差别，以及地方与人类文化的关系。文化地

---

① Tuan, Y., "Place: An Experiential Perspective", *Geographical Review*, 1975, 65(2), pp.151-165; Tuan, Y., *Space and Place: The Perspectives of Experience*, University of Minnesota Press, 1977; Tuan, Y., "Rootedness versus Sense of Place", *Landscape*, 1980, 24(1), pp.3-8.

② Tuan, Y., *Topophilia: A Study of Environmental Perception, Attitudes, and Values* (Morningside Edition), Columbia University Press, 1990.

③ Tuan, Y., "Place: An Experiential Perspective", *Geographical Review*, 1975, 65(2), p.151.

④ Tuan, Y., "Place: An Experiential Perspective", *Geographical Review*, 1975, 65(2), pp.152-163.

⑤ Tuan, Y., "Place: An Experiential Perspective", *Geographical Review*, 1975, 65(2), p.153.

理学认为空间与地方的差别在于：空间是抽象的，地方是具体的；空间是均质的，地方是异质的；空间不随时间改变，而地方必然随着时间而发生变化。其中，两者最本质的差别在于第一点。一定的地方，不仅有确切的地理坐标，而且有具体的自然地理环境和人文地理环境。①

基于人本主义地理学的地方理论，为本书从游客角度来理解"乡村"这样的地方提供了有力的理论来源："乡村"对居民而言，是一种意义上的地方，对于游客（主要是都市人）而言，又是另外一种意义上的地方；在旅游时代，他们共同构建着乡村旅游地作为地方的存在。正如段义孚所言，对于都市人来说，城市是他们生活的地方，而农场和乡野对于他们来说具有审美和宗教的意义。② 文学和艺术家因此创造山水诗歌或者绘画，试图来抓住人们在乡村达到的经历之巅峰时刻。因此，从人本主义地理学角度而言，乡村是乡村旅游的主要消费地——都市人的"地方"，这个地方具有审美、情感特色。然而，乡村旅游中的开发和经营者往往又多是本地居民，他们难以把握城市人对于乡村地方的经历和感受，所以需要跳出常规，从"主人"角度思考乡村性，更需要从"客人"角度思考乡村性。

本研究在访谈中发现，比较成功的经营者已经开始从游客的角度换位思考：

　　问：阿姨，你们门口为什么要盖个大凉亭？
　　答：我觉得游客喜欢在门口乘凉，在凉亭里面喝茶、打牌。
　　问：游客真的喜欢吗？
　　答：是呀，我家的客人都特别喜欢在凉亭里待着。
　　问：这个亭子要花多少钱？

---

① 周尚意、孔翔、朱竑编著：《文化地理学》，高等教育出版社 2004 年版。
② Tuan, Y., "Place: An Experiential Perspective", *Geographical Review*, 1975, 65(2), pp.151-165.

答：大概三四万。

问：这么多钱值得吗？

答：这样可以吸引更多的客人到我家。

——2008年6月14日，临安白沙村某经营户非正式访谈资料

问：有没有想过今后生意做大了，你们家会发展到什么样子？

答：我现在的楼房是为了搞旅游特地造的，以前是土屋，土屋的时候就有很多游客来住。造的时候，就按照自己的想法，第一层养猪，第二层当客厅，三楼以上住人。我今后的想法是等到生意做大了，重新盖房子。

问：盖成什么样子的？

答：我想盖成徽派的房子，古式的样子。

问：为什么？

答：我想游客会喜欢住在这样的房子里，而不是我现在这个样子的楼房。

——2008年6月20日，临安浙川村某经营户结构性访谈录音整理

当地方场所被赋予人的情感、价值后，人便与地"合一"。段义孚指出，爱与怕是人类情感的基本内容，而被文化转化为种种形式。就"爱好"与"惧怕"这两个重要主题在人文地理中的表现，他各写了一部书，一部是《恋地情结》(*Topophilia*)[①]，另一部是《恐惧景观》(*Landscapes of Fear*)。其中《恋地情结》是他的成名作，此书至今仍是美国各大学景观专业的必读书。"Topophilia"一词不是段义孚首创的，却因他的详尽阐发而大获其名，成为人文地理

---

① Tuan, Y., *Topophilia: A Study of Environmental Perception, Attitudes, and Values*, Columbia University Press, 1990.

学中的重要术语,被收入词典。①《恋地情结》最早成书于 1974 年,其背景正值美国在 20 世纪六七十年代早期对环境大为关注的时代。段义孚认为,人对于环境有一种喜欢和依恋之情,可谓之"恋地情结"。恋地情结是把人和地方、安居乐业紧密联系在一起的纽带。②

理解一个人对环境的认识,需要研究他的遗传、成长经历、教育、工作和周边环境。从群体的层面上,需要了解一个群体的文化历史背景和自然环境上的经历。③ 在这个分群中,段义孚特别强调了本地人和外来者这两个不同的群体。访客(visitors)与本地人(residents)对于周遭环境的关注,具有非常不同的观察重点。在传统社会中,流动性的访客占据了人口总数的极少部分,因此他们对于环境的观点不会造成很大的影响。但是在现代的流动社会中,过往访客对于环境的认识就不容忽视。这些访客(visitors)尤其包括现代的游客(tourists)。对于游客来说,他们经常用自己的眼睛的观察去合成一个地方的印象,而本地人则对这周围的环境具有复杂的情感。

段义孚以美国社会学家赫伯特·甘思(Herbert Gans)④对意大利人聚居的城市街区研究为例,鲜活地再现了访客与居民对环境的不同认知。⑤ 甘思第一次见到的西区(the West End),是美国波士顿市一个意大利工人阶层聚居的街区,尚未被改造。这个社会学家第一次见到西区,他首先被西区的审美特质所震撼。一方面,西区所展现的欧洲风格本身就具有相当大的吸引力:高高的

---

① 唐晓峰:《还地理学一份人情》,《读书》2002 年第 11 期。
② Tuan, Y., *Topophilia: A Study of Environmental Perception, Attitudes, and Values*, Columbia University Press, 1990, p.2.
③ Tuan, Y., *Topophilia: A Study of Environmental Perception, Attitudes, and Values*, Columbia University Press, 1990, pp.63-66.
④ Gans, H. J., *The Urban Villagers: Group and Class in the Life of Italian-Americans*, Free Press, 1962.
⑤ Tuan, Y., "Place: An Experiential Perspective", *Geographical Review*, 1975, 65(2), pp.151-165.

建筑坐落在狭窄弯曲的街道两旁,还有意大利人和犹太人的商店、餐馆,好天气下簇拥在人行道上的人们,赋予街区一种异域风格。另一方面,甘思还发现了很多关闭的店面、废弃的房屋,以及充斥小巷的垃圾。然而,在西区生活了几个星期之后,他的观点改变了。他开始有选择地观察,发现和表面上显露出来的衰败不同,人们在西区其实充满生机地生活着。[1]

纵然由于外来者的热情,以及他们所持的批评性立场,他们的观点也许显得单薄。比如,游客看到欧洲老城区中世纪的建筑和格局,会对黑暗的鹅卵石铺就的街道、隐蔽处和角落、特有的紧凑型房屋,以及有趣的商店感到欣喜,他们不会就此停顿下来,想想事实上这里的人们是如何生活的。一如游客在唐人街首先被视觉和嗅觉所刺激,忘却了这里的过度拥挤、倦怠的生活,以及光鲜亮丽的风景背后的赌博现象。然而,访客的判断经常是正确的——主要贡献在于提供了游人的印象。无论美与丑,人类都有强大的适应能力,因此在本地人习以为常的时候,游客更能去发现环境中的优点和缺点。就像上文提到的西区,访客会惊喜于那里的河岸、游泳池以及社区多种族文化的魅力,然而当地人不会把河岸和游泳池作为社区的一部分,也不会发觉民族多样性等魅力的存在。[2]

地方感理论在旅游研究中也得到了发现和运用。比如帕特里克·坎宁汉姆(Patrick Cunningham)成功地将段义孚的地方感理论运用到对日本小笠原诸岛原住民社会价值的研究中,对自然和社会环境进行考察。研究结果表明,对于当地原住民来说,小笠原诸岛作为一个"空间"和"地方",与第二次世界大战后美国海军驻扎时代(1945—1968)具有特殊的联系,反映了当地人

---

[1] Tuan, Y., *Topophilia: A Study of Environmental Perception, Attitudes, and Values*, Columbia University Press, 1990, p.64.

[2] Tuan, Y., *Topophilia: A Study of Environmental Perception, Attitudes, and Values*, Columbia University Press, 1990, pp.65-66.

一种强烈的怀旧情结,希望去保护文化遗产,也反映了他们对于未来的不确定感。①

人本主义地理学成功地通过以人为本的精神,把看似寻常的事物背后的关系、隐藏含义,以新鲜有力的语言揭示出来。人本主义地理学的地方研究以及恋地情结阐释,为本书提供了重要的理论支持。

首先,对于乡村性的理解,需要从不同人群的感知入手。因此,从游客需求角度出发,可以揭示本地人已经习以为常的乡村特性。

其次,因为文化和传统的不同,乡村性会根据地方而有所不同。中国拥有上下 5 000 年独立发展的东方文化,与西方的乡村性不同,中国的游客对于乡村有着自己的文化传统和认识。然而,人类对于环境具有共同的恋地情结,这种情结包括城市居民对于郊野的向往,这又构成了人类自身可以对话的平台和共同点。

再次,人类恋地情结的存在,是乡村性存在的必然。虽然乡村性会随着时间的变化而变化,即使传统意义上的农村最终消失,人们对于乡村的阐释依然具有独特的乡村特性。

最后,《恋地情结》的成功出版,与美国 20 世纪 60 年代以后的环境运动有关。目前中国正处于快速城市化的时期,在这样的背景下探讨乡村性,也是一个很好的契机。

四、地理学的乡村性研究

乡村性的研究,贯穿了西方乡村地理的整个研究发展过程。乡村性,与其说是理论,不如说是现代乡村地理研究中的一个重要话语(discourse)。乡村性话语对很多以乡村作为研究对象的相关

---

① Cunningham, P., "Social Valuing for Ogasawara as a Place and Space among Ethnic Hosts", *Tourism Management*, 2006, 27(3), pp.505-516.

学科贡献了宝贵的理论基础,包括乡村地理学。很多乡村地理的理论都是围绕着乡村性这个话语展开的。同时,乡村性话语的开展,也验证了上述乡村地理学的发展内容和阶段。所以,在深入讨论乡村性之前,进行乡村地理学的回顾,可以更好地了解乡村性这一话语的背景。

(一) 乡村地理学研究进展

1. 乡村地理学

乡村地理学(rural geography)这一名称是由皮埃尔·乔治(Pierre George)最早在其1963年所著的《乡村地理学概论》一书中采用的。不过,围绕乡村地理学的概念,一直众说纷纭,比如英国学者休·克洛特(Hugh Clout)认为,乡村地理学是研究乡村区域内发生的社会、经济、土地利用空间及其变化的科学[①];而罗纳德·约翰斯顿(Ronald Johnston)在其主编的《人文地理学词典》中提出,乡村地理学是从地理学角度研究非城市地区人文组织与活动的科学[②]。

国内的情况也很类似,对于乡村地理并没有统一的定义。如果从研究理论的视角来分类,比较具有代表性的概念主要有三类:一类以其上层学科——人文地理的理论基础来定位的乡村地理学,以李旭旦先生为代表。李旭旦先生在20世纪80年代初认为,农村地理学是探讨农村环境的经济、社会、人口聚落、文化与资源利用许多问题的、一门界线很不明确的学科,是研究非城市地区的人文组织与活动的地理方面问题的统称。并且,和人文地理学理论核心一致,它以协调农村地区的人地关系为研究核心。[③] 第二

---

① Clout, H. D., *Rural Geography-An Introductory Survey*, Pergamon Press, 1972.
② [英] R. J. 约翰斯顿主编:《人文地理学词典》,柴彦威等译,商务印书馆2004年版。
③ 金其铭编著:《中国农村聚落地理》,江苏科学技术出版社1989年版。

类以李诚固教授为代表,认为农村地理学是以系统思想为理论基础,从区域综合出发来研究农村社会、经济系统的形成、发展及空间变化规律的科学。① 第三类以郭焕成教授为代表,指出乡村地理是从区域角度,研究乡村地理经济、社会、人文资源与景观的形成条件、基本特征、地域结构、相互联系及其时空变化规律的一门学科。②

事实上,随着社会的发展,包括城乡关系、乡村社会、经济和文化这些新课题不断涌现,乡村地理的概念和研究内容也在不断地更新。金其铭教授综合了以上人地关系、系统论和区域研究三种观点,认为乡村地理学是以乡村地区作为研究对象,以协调乡村人地关系为核心,以乡村聚落、土地利用、经济、文化、人口与城市化、社区、景观、规划和发展为主要研究内容的分支学科。③

2. 研究内容和发展阶段

乡村地理学中的乡村性话语,经过了传统向社会文化转向,以及后现代主义的变迁。因此,想彻底了解这一变迁,需要首先了解乡村地理学学科自身的研究内容、发展阶段之变迁。

乡村旅游研究内容非常丰富,郭焕成认为,乡村地理研究具有五大特性:(1)区域性,因此是以乡村居民点带动区域性面的研究;(2)综合性,乡村地理学研究超越了具体的一个部门,而是整个乡村地域社会经济发展与人文组织活动问题;(3)动态性,除了空间,还研究时间上的变迁;(4)边缘性,乡村地理学研究涉及地理,还与社会学、经济学、人口学及技术科学等多学科密切相关;

---

① 王仰麟、祁黄雄、陈忠晓等:《乡村地理与乡村发展》(城市与环境学院内部未刊教材),北京大学,2007年;李润田、袁中金:《论乡村地理学的对象、内容和理论框架》,《人文地理》1991年第3期;李诚固:《我国农村地理学若干问题探讨》,《经济地理》1987年第4期。

② 郭焕成、冯万德:《我国乡村地理学研究的回顾与展望》,《人文地理》1991年第1期。

③ 金其铭、董昕、张小林编著:《乡村地理学》,江苏教育出版社1990年版。

(5) 实践性,乡村地理学是解决乡村发展中现实问题的应用学科。①

国内外乡村地理的研究内容,随着学科和社会发展不断变化。基于张小林、石忆邵、王丽华等学者的研究成果②,以及本书对于国内外乡村地理的文献整理,可以把乡村地理研究划分为以下四个阶段。

(1) 阶段一　第二次世界大战以前的萌芽期

这一阶段,乡村地理学的研究内容以农村聚落的历史分析、土地利用为主。国内也出现少量关于乡村聚落的研究。③

(2) 阶段二　第二次世界大战后—20世纪60年代的衰退期

在西方,战后的城市重建掀起了城市地理的研究热潮,相应地,乡村地理遭到了忽略,因而导致了暂时的衰退。英国地理学家保罗·克娄克(Paul Cloke)称这个阶段是乡村地理的"休耕期"。④在中国,由于受苏联影响,国内人文地理学发展停滞,地理学主要划分为自然地理和经济地理。其中,由经济地理中的农业地理片面地一统乡村地理研究。

(3) 阶段三　20世纪七八十年代的复兴和再生期

这一阶段,在西方国家,由于城市郊区化——回归土地思潮

---

① 郭焕成:《乡村地理学的性质与任务》,《经济地理》1988年第2期。
② 王丽华、张小林、俞金国:《我国乡村社会地理研究述评》,《地理与地理信息科学》2005年第6期;石忆邵:《乡村地理学发展的回顾和展望》,《地理学报》1992年第1期;李旭旦:《人地关系的回顾与瞻望——兼论人文地理学的创新》,载中国地理学会、《世界地理集刊》编委会主编:《世界地理集刊》(第二集),商务印书馆1981年版,第3—7页;周心琴、张小林:《1990年以来中国乡村地理研究进展》,《人文地理》2005年第5期;周心琴、张小林:《我国乡村地理学研究回顾与展望》,《经济地理》2005年第2期;郭焕成:《乡村地理学的性质与任务》,《经济地理》1988年第2期版;张小林:《乡村空间系统及其演变研究:以苏南为例》,南京师范大学出版社1999年版;张小林、盛明:《中国乡村地理学研究的重新定向》,《人文地理》2002年第1期;陆翔兴:《乡村发展呼唤着地理学——关于开展我国乡村地理学研究的思考》,《人文地理》1989年第1期。
③ 指朱炳海和严钦尚先生的"西康山地村落之分布"、李旭旦先生的"白龙江中游地区乡村聚落和人口之分布"等研究。
④ Cloke, P. J., "Whither Rural Studies?", *Journal of Rural Studies*, 1985, 1(1), pp.1-9.

(back-to-the-land movement)盛行①,以及全球范围内的环境意识的兴起②,乡村研究重新得到地理学者的重视。整个 20 世纪七八十年代,乡村地理学一直成为国外地理学研究的一个热点。这个时期的西方学术界,乡村地理研究学术组织开始建立,出版物增多,研究内容得到了拓展,涉及乡村社会的各个方面,包括农业、非农业、游憩与旅游、环境、人口、聚落、健康与福利、发展与规划等各个方面。

在中国,由于历史原因,直到 20 世纪 80 年代后期,乡村地理才随着人文地理的复兴而复兴。纵观整个 20 世纪 80 年代,国内出现了大量关于乡村地理学学科性质、研究内容等学科理论基础方面的讨论,并出现了试图建立乡村地理学框架的著作,如《中国乡村地理》《乡村地理学》等。此外,乡村聚落和乡村城市化,以及区域性乡村地理研究得到了重视和发展。③

但是,比较中西乡村地理研究在第三阶段各自取得的成果,可以看到正是从这个阶段开始,中国的乡村地理与西方的乡村地理走向了不同的方向。国内研究执着于地理的传统——空间角度的研究,而西方的乡村地理研究开始转向以乡村空间为背景的多元化、综合性研究。

(4) 阶段四 20 世纪 90 年代以来的多元化时期

在这个阶段,国际上乡村地理研究开始出现两个明显的转向。一个是社会文化的转向,这和 20 世纪人文地理学的文化转向④相

---

① Halfacree, K., "Back-to-the-land in the Twenty-first Century: Making Connections with Rurality", *Tijdschrift voor economische en sociale geografie*, 2007, 98(1), pp.3-8.

② Tuan, Y., *Topophilia: A Study of Environmental Perception, Attitudes, and Values*, Columbia University Press, 1990.

③ 马湘泳、虞孝感等:《太湖地区乡村地理》,科学出版社 1990 年版;金其铭:《农村聚落地理研究——以江苏省为例》,《地理研究》1982 年第 3 期;金其铭:《我国农村聚落地理研究历史及近今趋向》,《地理学报》1988 年第 4 期;郭焕成主编:《黄淮海地区乡村地理》,河北科学技术出版社 1991 年版。

④ 王兴中:《社会地理学社会——文化转型的内涵与研究前沿方向》,《人文地理》2004 年第 1 期。

一致——从传统的分类、空间分析向社会人文转型。第二个是后现代的转向,表现为多样化视角和对乡村"被忽视方面"(the other)的研究。国外的乡村地理分化为乡村社区、乡村景观、城乡关系以及乡村社会问题。西方乡村地理的这两个主要转变,导致乡村地理研究重点发生了重要变化。与其说是乡村地理研究,不如说是以乡村地理学者为主、融合了多学科的"乡村研究"。

在国内,总体上还是继续着围绕空间系统的研究。比如,石忆邵重视乡村社会经济活动的地域分异及乡村与外围城市相互作用的规律[①],张小林对于乡村地理的研究重视空间结构[②]。虽然近年出现了一些关注社会、文化的研究,包括对乡村文化、农民本身,对乡村景观、乡村社区地理,以及乡村社会地理方面的研究,不过还没有构成"转向"这样的大环境。

(二) 乡村地理学的乡村性话语

乡村性(rurality),是乡村地理学研究领域重要的研究话语(discourse)。在乡村旅游的研究中,最早由莱恩引入乡村地理学中关于乡村性的讨论,并成为乡村旅游基础研究中的经典之作。[③]而在国内乡村旅游研究中,对于乡村性比较深入的讨论,大多具有地理学的背景。因此,乡村地理学中的乡村性话语成为乡村旅游的重要理论来源。并且,从第二章对中外乡村旅游的研究述评中可以知道,国内众多研究发现,乡村旅游开发中面临严峻的乡村性保护、保存等问题。因此,无论在理论还是实践上,都有必要了解乡村地理中乡村性话语的进展和内涵。

---

① 石忆邵:《乡村地理学发展的回顾和展望》,《地理学报》1992年第1期。
② 张小林:《乡村空间系统及其演变研究:以苏南为例》,南京师范大学出版社1999年版。
③ Lane, B., "What Is Rural Tourism?", *Journal of Sustainable Tourism*, 1994, 2(1-2), pp.7-21.

乡村性之所以成为乡村地理学的重要学术话语,是因为很长时间内存在着"乡村"概念的分歧。若乡村概念不能得到界定,将直接导致乡村地理研究内容的纷乱。如克娄克所言,"乡村"一词是那么容易从舌尖说出,以至于人们难以把握词汇背后严格的学术含义。[1] 在长期的学术讨论过程中,"乡村性"话语渐渐取代了"乡村"概念的讨论,即乡村性话语的讨论核心可以用"乡村性＝乡村指标"(rural＝index of rurality)这一等式来表达。20世纪90年代后期,张小林在国内首先提出了"乡村的定义应让位于乡村性"[2]这一概念。

随着西方乡村地理学研究的文化转向,以及后现代主义思潮的影响,乡村性话语开始突破单一的乡村定义描述,转向多元化、多利益相关者的乡村认识/感知及其内部细分。因此,这个阶段的乡村性话语,更多地表现为"乡村性＝乡村认知指标"(rural＝index of the user's perception/image of rurality)这样一个等式。

一言以蔽之,无论乡村性与乡村概念的关系如何转变,乡村性话语本质上是基于乡村概念讨论的发展而来,从1980年底及以前侧重空间立场使用指标来量化乡村特性,渐渐发展成为20世纪90年代后基于文化和多元化角度,侧重使用者认知,用变量和指标来表达乡村变化中的特性。

1. 传统的乡村性话语

传统的乡村性话语是指在乡村地理学发展到第三阶段(20世纪80年代)及此前的研究。传统的乡村性话语围绕着乡村定义的测量展开,主要目的是定义什么是"乡村",即乡村性话语讨论的核心是"乡村性"应该由哪些变量和指标来操作化。

什么是乡村？如何定义和测量乡村？根据克娄克对20世

---

[1] Cloke, P. J., "Whither Rural Studies?", *Journal of Rural Studies*, 1985, 1(1), pp.1-9.
[2] 张小林:《乡村概念辨析》,《地理学报》1998年第4期。

70 年代西方学界对乡村定义的整理①,发现存在三大主题方向的分类(见表 3-2)。

表 3-2　西方 20 世纪 70 年代对乡村的代表性定义

相对型定义	(乡村)是本书所关注的占据英国大约十分之九的非城市用地的区域。 乡村规划活动的焦点包括所有城市相应职责之外的权限
直接型定义	乡村地理也许可以被定义为研究人口分布相对稀疏、视觉上具有"郊野"特点的地区,在近期发生的社会、经济、土地利用和空间变化。 乡村社会地理学家首先关注的也许应该是从孤立的农场一直到市场集镇这些居民点的形态。 乡村——这个词汇描述了一个国家中能够明确无误地显示近期或者过去进行粗放式土地利用的那些部分
认知型定义	村庄就是那些可以被人们看到的郊野和城镇接壤的地方,以及城市和农村之间明显存在差别的地方。 一个村庄就是大部分居民都觉得是村庄的地方

* 资料来源：Cloke, P. J., "Whither Rural Studies?", *Journal of Rural Studies*, 1(1), 1985, p.4.

克娄克对以上三类定义类型的阐释是：

(1) 第一类,乡村作为非城市的同义词出现。这一视角没有关注乡村自身的特征,而是将其作为城市之外的剩余部分出现。

(2) 第二类,乡村可以直接由一个或者多个变量来定义。

(3) 第三类,以使用者的认知(perception)作为城市与乡村区别的关键点。②

笔者赞成第二种定义方法,认为这类直接、正面的定义在勾勒乡村研究焦点上非常成功。这样使得在学术上可以用"乡村性"来

---

① Cloke, P. J., "Whither Rural Studies?", *Journal of Rural Studies*, 1985, 1(1), pp.1-9.
② Cloke, P. J., "Whither Rural Studies?", *Journal of Rural Studies*, 1985, 1(1), pp.1-9.

取代"乡村",即乡村量化成乡村性指标(index of rurality),实现乡村空间界定从定性描述到定量测量的转变。①

目前国内对于乡村的主流定义以及国外行政管理的操作性定义,都属于克娄克总结的第二类。② 乡村性主要的构成指标如下。

首先,人口规模和人口密度是最常见的乡村性指标。国内的乡村地理研究,大多把研究地域限定在县域范围之内,而县城本身作为城市研究范围,是乡镇之首、城市之尾。这种传统上对乡村区域的界定,其实是建立在政区管理的基础上的。在中国,县以下行政区划有乡、镇、街道等,相对应的未设建制的居民地名称则包括自然镇、自然村、片村和临时性居民点。而行政区划的划分,主要建立在人口规模、是否设置行政建制标准之上。在国际上,出于行政管理和统计的需要,居民点的定级和我国也是相通的———一般按照人口规模、密度来确定乡村和城市的差别。在美国,把居民点人口在 2 500 人以下、人口稀少的地区叫乡村;在英国,把居民点人口在 2 000 人以下,以及人口密度在 150 人/平方千米以下的广大地区叫乡村;在法国及德国,把居住人口在 2 000 人以下的居民点,以及人口密度小的地区称为乡村。③

其次,经济构成和社会文化传统是学术上重要的乡村性指标。学术上的乡村性指标除了人口规模、密度之外,更重视其经济构成、社会文化传统和自然景观,以及乡村与城市相对的特征。比如罗德菲尔德认为,美国的乡村是"人口稀少、比较隔绝、以农业生产为主要经济基础、人们生活基本相似,而与社会其他部分,特别是城市有所不同的地方"④。英国学者 H. D. 克路特认

---

① Cloke, P. J., "Rurality and Change: Some Cautionary Notes", *Journal of Rural Studies*, 1987, 3(1), pp.71-76.
② Cloke, P. J., "Whither Rural Studies?", *Journal of Rural Studies*, 1985, 1(1), pp.1-9.
③ 陈兴中、周介铭主编:《中国乡村地理》,四川科学技术出版社 1989 年版。
④ 见罗德菲尔德:《美国的农业与乡村》,转引自陈兴中、周介铭主编:《中国乡村地理》,四川科学技术出版社 1989 年版。

为,农村是指人口密度低,景观上与城市存在较大差异的区域。戈登·彻里(Gordon Cherry)和约翰·达维(John Dower)以土地利用等作为主要指标,把农村看作人口密度低,并以农业为土地利用的主体的地区。[①]

另外,英国学者基思·霍佳特(Keiht Hoggart)与亨利·布勒(Henry Buller)指出,乡村性的三类指标分别是:(1)社会-文化角度,乡村与固守传统的价值观相联系,该指标基于人口密度存在差异(城乡之间)的居民之间的行为和态度差异。(2)职业角度,认为乡村地区以第一产业,特别是农业与林业为主;(3)景观生态角度[②],指出乡村是聚居规模小的地区,这些小聚落之间存在着开阔的乡村空间。以上三类指标对于乡村性的概括在20世纪80年代的西方乡村地理研究界得到了很多认可。罗伯特·比埃尔(Robert Bealer)等也提出,乡村性可以用"生态、职业和社会"三个维度来衡量,并得到很多西方学者的支持。[③] 在我国,由于对"以农为本"思想的片面理解,长期以来纯农业成为乡村的主导产业,乡村与农村等同[④],故也存在着从职业角度确定乡村性指标的传统。

20世纪90年代末期,张小林教授首先在国内明确提出"乡村的定义应让位于乡村性这一概念",指出任何单一的乡村性指标都难以涵盖乡村的有机整体(见表3-3),所以需要从职业、生态和社会-文化三个不同侧面共同来描述乡村性。[⑤]

[①] 李诚固:《我国农村地理学若干问题探讨》,《经济地理》1987年第4期。

[②] Hoggart, K. and Buller, H., *Rural Development: A Geographical Perspective*, Croom Helm, 1987.

[③] Matthews, A. M., "Variations in the Conceptualization and Measurement of Rurality: Conflicting Findings on the Elderly Widowed", *Journal of Rural Studies*, 1988, 4(2), pp.141-150.

[④] 林亚真、孙胤社:《论乡村地理学的开创与发展》,《北京师范学院学报(自然科学版)》1988第4期。

[⑤] 张小林:《乡村概念辨析》,《地理学报》1998年第4期。

表3-3 片面的乡村性指标特征及缺点比较

定义角度	主要特征	缺点
职业与功能属性角度	乡村等于农村	以农业生产为主体,但是含义模糊; 由于农业人口兼业化的发展,"农业人口＝农民＝农村人"等式不成立; 无法解释农村城市化现象
生态角度	乡村人口空间分布状况,包括单个聚落人口规模较小的地方,以及聚落之间较大的开敞地带; 一种地域概念,指城市建成区以外的地区的空间地域系统,与作为一个产业部门的农业有本质的差异; 由于特殊的土地利用类型而形成的乡村型景观; 从生态构成上看,乡村不但用来指居民少的地方,而且也指与人口多的地方来往较少的隔离开的定居区	分级界限的相对性、可变性,不同国家采用的标准不一样,国际可比性较差; 静态的人口密度统计指标,由于依赖于计算密度单元的大小,容易产生误差; 没有反映出城乡在社会经济特征方面的差别,以及本质上社会的结构与功能方面的差异
社会文化角度	城乡居民之间行为与态度上的差异性。主要包括: 社会接触多为直接的、面对面的关系,人与人之间关系密切; 社会行为标准比较单一,风俗、道德的习惯势力较大; 社会生活以家庭为中心,家庭观念、血缘观念要比城市为重,居民以从事农业生产活动为主要谋生手段,经济活动简单; 地域辽阔,人口数量少、密度低、变动慢,因而人们具有保守心理; 物质文化设施较城市差,居民的物质文化生活水平一般较城市低	无法解释大量城乡过渡型、中间型地区; 乡村地区的非同质性; 实际应用中难以进行空间地域划分

* 资料来源:据张小林《乡村概念辨析》,《地理学报》1998年第4期。

可惜在总结出乡村性测量维度之后,张小林并没有再深入探讨乡村性的可操作性量化与测量。① 在计量方向上,反而从克娄克所谓的第二类直接型定义转向第一类的相对型定义②,希望能够利用城市性通过单一公式求解,认为"(乡村性)在一定地域内考察乡村性质的强弱(从对立面来看,就是城市性的弱强),比起不断划分过渡地带的做法更可操作,更具有可比性"③。他据此提出乡村性指数的理论计算模型:

$$RI^{st} = 1 - UI^{st}$$

$$UI^{st} = \frac{1}{n}\sum_{i=1}^{n} R_i^{st}$$

式中,RI^{st} 表示 t 年份 s 区域的乡村性指数;UI^{st} 表示 t 年份 s 区域的城市性指数;R_i^{st} 表示 t 年份 s 区域城市型的第 i 个特征比值,可以用下式计算:

$$R_i^{st} = \begin{cases} E_i^{st}/E_i^{\sigma t}, & \text{如果 } E_i^{st}/E_i^{\sigma t} \leqslant 1 \\ 1, & \text{如果 } E_i^{st}/E_i^{\sigma t} > 1 \end{cases}$$

式中,$E_i^{\sigma t}$ 表示第 i 个反映 t 年份城镇特征的标准值($i=1$, 2, ..., n);E_i^{st} 表示反映 t 年份 s 区域城镇特征的第 i 个指标值($i=1$, 2, ..., n)。

该研究首次在国内提出希望通过计量方法计算乡村性,具有探索性意义。但该公式的基本假设基于将整个区域看作城市性与乡村性的统一体,因此把乡村性与城市性合计为1。由于该公式基于第一类定义,与文章中对于乡村性的第二类直接描述不能对接,因此公式在理论上成立,但在操作上遇到了很多困难,表现在:

---

① 张小林:《乡村概念辨析》,《地理学报》1998 年第 4 期。
② Cloke, P. J., "Whither Rural Studies?", *Journal of Rural Studies*, 1985, 1(1), pp.1-9.
③ 张小林:《乡村概念辨析》,《地理学报》1998 年第 4 期。

（1）作为城市性与乡村性的统一体的区域较难划定，缺乏统一标准；

（2）乡村性在不同国家、地域的表现也不同，不是一个均质概念，因此无法进行地域差异性大的乡村之间的比较；

（3）指出地理学者可以综合社会、经济、地理特征加以选择，但是缺乏具体的建议。

因此，笔者也认为，该公式只是从理论上初步探讨了乡村性这一概念，是一种推论。此后，在乡村地理研究中，至今还没有对乡村性可操作性定量研究做出更深入的尝试。

在西方，对于乡村性指标的定量探索早在20世纪70年代就已进行，并且计量化表达直接按照对于乡村特征的描述。上述著名的英国地理学家克娄克等学者，曾围绕着选择乡村性指标，进行英格兰和威尔士乡村空间变化的系列长时段研究，成为传统乡村性话语探讨的典型研究案例。

克娄克利用人口普查数据，对英格兰和威尔士的乡村测量开发了一个乡村性变量表（见表3-4）。[①] 从量表中可以看到，乡村性指标由人口密度、人口结构、乡村生活方式、职业结构等主要变量组成，力图全方位地囊括生态、职业和经济文化生活三个维度。

表3-4 克娄克乡村性指标

乡村性衡量指标	
10年间人口变化量	人口密度
家庭条件	65岁以上人口
15—45岁的妇女人口	与5万人口以上城市的距离
外出通勤方式	职业结构
5年内人口迁入量	

* 资料来源：据 Cloke P. J.,"An Index of Rurality for England and Wales", *Regional Studies*, 11, 1977, pp.31-46 整理。

[①] Cloke, P. J., "An Index of Rurality for England and Wales", *Regional Studies*, 1977, 11, pp.31-46.

克娄克对此进行了 20 年的跟踪研究①,研究数据跨度长达 30 年。这一乡村性指标在 20 世纪 80 年代被许多乡村研究者使用,以解决乡村的不同问题。② 此后,由哈灵顿和欧多诺胡在此基础上继续进行了 1991 年的纵贯跟踪研究(longitudinal study),将英格兰和威尔士的乡村空间变化格局又往后推了 10 年。不过,后两者在指标选择上明显强化了文化,以及后现代思潮的影响。

然而,在对乡村性进行空间界定的指标化研究后十年,克娄克和帕克对于乡村性再次给出了定义,这次同样属于第二类的直接定义,但是显然综合了更多信息,并展示了乡村性话语的新方向。他们认为,乡村是具有以下三个特征的地方:

(1) 用地方式上以粗放型为主导(无论当前还是近期),特别是农业和林业用地;

(2) 包括体量小、低阶层的居民点,这些居民点显示出建筑和粗放景观之间的紧密关联,并且被大部分当地居民自认为是乡村;

(3) 形成的生活方式具有内在一致的特性,这些特性建立在环境和作为粗放景观之一部分的行为方式上。③

根据以上新定义,可以看到除了传统的用地方式、生活方式、景观生态环境之外,还增加了当地居民对于乡村的认知。

值得一提的是,克娄克等在重新定义乡村性之前特别强调,要做出一个囊括一切、跨越长时段的乡村性定义非常困难,这受到三方面原因的影响:

(1) 命名者对乡村的功能所指有所不同。

---

① Cloke, P. and Edwards, G., "Rurality in England and Wales 1981: A Replication of the 1971 Index", *Regional Studies*, 1986, 20, pp.289-306; Cloke, P. J., "An Index of Rurality for England and Wales", *Regional Studies*, 1977, 11, pp.31-46.

② Harrington, V. and O'Donoghue, D., "Rurality in England and Wales 1991: A Replication and Extension of the 1981 Rurality Index", *Sociologia Ruralis*, 1998, 38(2), pp.178-203.

③ Cloke, P. J., "Whither Rural Studies?", *Journal of Rural Studies*, 1984, 1(1), pp.1-9.

（2）乡村地区正在经历着时间维度上比较大的变化，这些变化来自社会、经济和技术发展的影响，因此乡村性的定义本身是动态的，以应对这些变化。

（3）乡村性在国家内部的地区之间、国际上的国家之间，以及跨文化间都存在差异。乡村性的定义必须考虑到不同尺度上空间和文化的差异。

因此，克娄克曾经的乡村性指标也只是建立在 20 世纪 60 年代至 80 年代的英格兰和威尔士背景下的，笔者也没有寄希望于其普适性。然而，克娄克的定义对于乡村性进行指标测量的方法，以及笔者对于乡村性定义上的提醒，值得后来者借鉴。并且，从克娄克在 20 世纪 80 年代中期对乡村性定义进行的更新来看，显然比 20 世纪 70 年代更加重视社会、乡村生活方式的影响，尤其增加了社会居民的认知这一维度，而在这个维度上，国内还缺乏充分讨论，不能不说是一个缺憾。

乡村性话语并没有到此停止。上文提到，西方乡村地理学在 20 世纪 80 年代复兴的另外一个标志，就是新的研究刊物不断出现。1985 年，《乡村研究》(*Journal of Rural Studies*)发刊。多年来，该刊物一直由克娄克这位英国地理学家掌舵，其编辑团队也都是来自西方国家的地理或者环境科学家，因此成为西方乡村地理研究的重要阵地。在 1985 年主编克娄克为刊物撰写的发刊词中，对于乡村性的讨论竟占据了三分之一的篇幅。就是在这篇发刊词中，不仅抛出了乡村性话语上述三个困难点，并同时代表该刊物发出邀请，呼吁继续开展更多关于乡村性话语的讨论，无论是定性的还是定量的。[①]

2. 文化转向和后现代的乡村性话语

通过上文对乡村地理学发展阶段的研究可以知道，到了 20 世

---

① Cloke, P. J., "Whither Rural Studies?", *Journal of Rural Studies*, 1985, 1(1), pp.1-9.

纪90年代以后,西方乡村地理学经历了文化转向,并且受到后现代思潮的影响,研究内容从空间分析转向社会生活,以及很多"被忽略的其他部分"(the others)。对于乡村地理学中乡村性这一重要研究话语也是如此。非常具有代表性的是,早年运用地理指标定量化乡村性的学者,也在20世纪90年代专门阐述了文化转向和后现代对于乡村性研究的重要性。[1]

乡村性话语的研究视角在变化,除了学术思潮的进步之外,乡村性本身的变化也是一个根本的原因。露易丝·梅洁琳(Louise Meijering)等对西方世界乡村社区的数据研究显示,近30年来,西方乡村发生了很大变化。进入乡村生活的人有不同的目的,也正在创造一种新的乡村性。[2]

因此,围绕乡村性话语的讨论还在继续,但是视角已经不同。基思·哈尔法克里(Keith Halfacree)从后现代角度着眼,认为乡村性一方面可以定义为有形的概念,正如以克娄克对英格兰和威尔士乡村性为代表的描述性研究,或者是社会文化角度的定义,后者强调人口密度对于行为、态度等文化维度的影响;但是另外一方面,也可以从后现代主义出发,抛开有形概念,在认知上将其定义为无形的本地化(locality)。[3] 安迪·布拉特(Andy Pratt)认为,乡村性的研究直击乡村研究的心脏,对它的探讨可以提醒研究者,不能理所当然地认为"乡村"存在,而应该关注可以被观察到的乡村景观与社会、经济之间的联系。[4] 虽然乡村可以由乡村性来指标

---

[1] Cloke, P. J., "Country Backwater to Virtual Village? Rural Studies and 'The Cultural Turn'", *Journal of Rural Studies*, 1997, 13(4), pp.367-375.

[2] Meijering, L., van Hoven, B. and Huigen, P., "Constructing Ruralities: The Case of the Hobbitstee, Netherlands", *Journal of Rural Studies*, 2007, 23(3), pp.357-366.

[3] Halfacree, K. H., "Locality and Social Representation: Space, Discourse and Alternative Definitions of the Rural", *Journal of Rural Studies*, 1993, 9(1), pp.23-27.

[4] Pratt, A. C., "Discourses of Rurality: Loose Talk or Social Struggle?", *Journal of Rural Studies*, 1996, 12(1), pp.69-78.

化,但乡村性更是乡村的"文化阐释"。布拉特承认自己的乡村性讨论思想源于"新文化地理学",注重后现代的、后结构主义的分析。

由以上分析可知,乡村性的讨论不仅限于乡村的定义。① 在文化转向和后现代思潮的影响下,乡村性所依托的自然,也不再是纯粹的自然环境,而是经过社会建构的自然,因此特别重视对社会、文化维度的研究。比如克娄克和米尔伯恩观察到,文化维度上的乡村性与乡村生活方式紧密相关,这特别重要,但是经常被遗忘,他们的研究显示,乡村研究不能离开文化维度的考虑。②

同时,乡村性研究更加关注使用者的认知维度,这继承了 20 世纪 80 年代后期的乡村性话语发展趋势。学者们关注与乡村性直接发生关系的人群,研究人们如何认知和感受乡村③,包括容易被忽略的"其他"(the other)部分④。哈尔法克里通过对英格兰六个乡村教区的研究,考察本地村民对乡村性的看法。他发现,乡村居民阐述中的乡村田园生活与学术研究的表述很接近,但他们不是简单幼稚地接受乡村田园诗歌般的生活,而是更多地介入和反思,并不断融入与城市有关的特征。⑤ 同样,穆科约德通过对于挪威北部乡村移民乡村性话语的研究,发现了学者和乡村移民对于乡村认知不同:学者眼中的乡村,只具有纯粹传统乡村的特点,而在乡村移民的眼中,美好的乡村应该是城市和农村二元的结

---

① Hoggart, K., "Let's Do away with Rural", *Journal of Rural Studies*, 1990, 6, pp.245-257.
② Cloke, P. and Milbourne, P., "Deprivation and Lifestyles in Rural Wales-II. Rurality and the Cultural Dimension", *Journal of Rural Studies*, 1992, 8(4), pp.359-371.
③ Richardson, T., "Discourses of Rurality in EU Spatial Policy: The European Spatial Development Perspective", *Sociologia Ruralis*, 2000, 40(1), pp.53-71.
④ Liepins, R., "Exploring Rurality through 'Community': Discourses, Practices and Spaces Shaping Australian and New Zealand Rural 'Communities'", *Journal of Rural Studies*, 2000, 16(3), pp.325-341.
⑤ Halfacree, K. H., "Talking about Rurality: Social Representations of the Rural as Expressed by Residents of Six English Parishes", *Journal of Rural Studies*, 1995, 11(1), pp.1-20.

合——除了具备风景秀丽、户外活动丰富、安全、轻松平和、节奏缓慢等乡村田园诗歌般的要素之外，他们也加入了"城市元素"，如聚居、咖啡社交、性别平等、高流动性等。因此笔者建议，需要从现代乡村的日常生活中去了解乡村性和城市性（urbanity）的交织，而不是对立。[1] 马修斯对美国和加拿大乡村小镇的鳏寡老人的乡村性指标研究，说明乡村性的测量在小众人群运用中需要精确、细化。[2] 而乔安·莱伊（Johan Rye）通过对挪威乡村青少年的乡村认知研究，发现青少年眼中的乡村性存在被其命名为"乡村田园"（rural idyll）和"落后乡村"（rural dull）的二元结构。[3]

综上所述，现代乡村地理研究中的乡村性话语，主要由生态、经济职能与土地利用、社会文化以及使用者认知四个维度共同组成（见表3-5），也可以表达成为图3-3所示的模型。

表3-5 乡村地理研究中的乡村性构成

维度	分类	主要特征
生态	人口规模和人口密度	地域广阔、人口稀少
	生态景观	地广人稀；农田水利；乡村聚落和建筑
经济	经济和职业	从事第一产业为主，商品经济不发达
	土地利用类型	人口密度低，以第一产业，尤其耕地、林地为主
文化	—	传统乡村生活、行为方式，以及价值观
认知	—	不同利益相关者具有不同的认知

[1] Munkejord, M. C., "Challenging Discourses on Rurality: Women and Men Immigrants' Constructions of the Good Life in a Rural Town in Northern Norway", *Sociologia Ruralis*, 2006, 46(3), pp.241-257.

[2] Matthews, A. M., "Variations in the Conceptualization and Measurement of Rurality: Conflicting Findings on the Elderly Widowed", *Journal of Rural Studies*, 1988, 4(2), pp.141-150.

[3] Rye, J. F., "Rural Youths' Images of the Rural", *Journal of Rural Studies*, 2006, 22(4), pp.409-421.

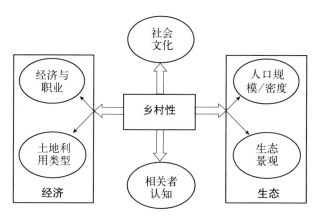

图 3-3　现代乡村地理学中的乡村性内涵

第二节　内涵认知

在第二章第一部分关于乡村旅游内涵框架的构建中,可以知道乡村性是乡村旅游概念的内涵之一,并且是乡村旅游的本质和核心,存在于其他四大内涵要素之中。然而,乡村性又是一个抽象的概念,如何在华丽辞藻的描述之外,能够将其简化、落实成理论模型,使之更具有推广性,从而为需要更精确测量乡村旅游地乡村性的人们更好地服务,值得深入的思考——无论是政府管理人员、政策制订者、协会和组织,还是一线的经营者、市场营销者。

这部分研究内容基于上文多学科的理论,讨论游客导向的乡村性内涵认知及观测指标,以此构建游客导向的乡村性内涵概念框架。因此本部分内容是本书中人文主义方法论向实证主义方法论转变的重要一节,通过概念框架的构建,为之后两章从实证主义方法论入手,进行游客导向的乡村性理论模型探索、发现和验证,提供了最直接的理论来源。

一、旅游研究中的乡村性

(一) 国际研究

莱恩在旅游界首次借用传统乡村地理测量乡村性的变量,对乡村性进行了人口规模和人口密度、经济和土地利用,以及传统的社会和社会结构三个维度的研究,并指出以往的乡村旅游相关研究成果与乡村性的内涵相吻合。[①] 从此,乡村性作为乡村旅游的本质和核心,以及乡村旅游发展需要围绕和凸显乡村性这一看法在国际上获得了公认。下表总结了莱恩观察到的乡村性与乡村旅游中应用的互相对照关系(表3-6)。

表3-6 乡村旅游研究成果与乡村性要求对照表

乡村性观测维度	乡村旅游中的应用
人口规模和人口密度	大多数的乡村旅游者来自人口稠密和规模大的居住地,他们希望在假期的时候,寻找和感受到不同的景观——人口规模小、人口稀疏。这与旅游动机中的逃逸理论(escapism)相符合
经济和土地利用	由于乡村土地利用结构,旅游会把乡村和大自然、野生动植物联系在一起; 虽然现代西方的乡村从事农业的农民数量减少,但是游客心目中仍然保留着乡村中的农民从事和第一产业有关的经济活动的印象; 由于传统乡村中妇女工作机会少,而发展乡村旅游是提供妇女自就业的一种特殊的重要途径。而乡村妇女的就业,也带来了乡村家庭社会的变化
传统的社会和社会结构	乡村吸引游客的优势在于传统的乡村文化、与城市不同的景观,以及乡村的游憩活动三者合一。乡村传统文化,包括乡村社会生活方式、价值观这些社会特征,以及乡村遗产——物质遗产和无形遗产,后者包括人工造物以及大自然的鬼斧神工

* 资料来源:Lane, B., "What Is Rural Tourism?", *Journal of Sustainable Tourism*, 2(1-2), 1994, pp.11.

---

① Lane, B., "What Is Rural Tourism?", *Journal of Sustainable Tourism*, 1994, 2(1-2), pp.7-21.

莱恩认为,乡村旅游的优势在于乡村游憩活动、与城市不同的景观,以及乡村传统的社会、文化三者合一。① 他同时指出,乡村旅游中的乡村性集中在乡村自然景观和社会文化两个方面。其中,自然景观包括大自然、野生动植物,以及农业生产经济带来的景观,而社会文化则包括乡村生活方式、价值观和无形遗产。布罗汉姆也指出,乡村旅游会在发展中国家形成趋势,发展的关键在于保持乡村性。②

除了莱恩系统地对乡村性进行了辨析之外,国外许多研究也都提到了乡村旅游中乡村性的重要性,以及各自对乡村性的理解。比较有代表性的包括以下四种。

1. 乡村性是一种本地性

莱恩认为,由于不同地方的文化、自然环境以及乡村游憩方式不同,因此乡村性在某种程度上是一种本地性,难以在世界范围内统一。③ 乡村旅游的发展,需要依赖不同国家的游憩/旅游资源、旅游基础设施、游客印象、市场进入,以及其他旅游产品的发展情况。④ 吉布森在研究澳大利亚的乡村旅游时,提出大洋洲的乡村性与其他西方国家不同,并进行地理与文化方面原因的探究。⑤ 也有学者认为,乡村旅游的开发机会和环境质量和自然遗产一样,是呈现地理空间分布的。⑥

---

① Lane, B., "What Is Rural Tourism?", *Journal of Sustainable Tourism*, 1994, 2(1-2), pp.7-21.

② Brohman, J., "New Directions in Tourism for Third World Development", *Annals of Tourism Research*, 1996, 23(1), pp.48-70.

③ Lane, B., "What Is Rural Tourism?", *Journal of Sustainable Tourism*, 1994, 2(1-2), pp.7-21.

④ Kastenholz, E., Davis, D. and Paul, G., "Segmenting Tourism in Rural Areas: The Case of North and Central Portugal", *Journal of Travel Research*, 1999, 37(4), pp.353-363.

⑤ Gibson, C. and Davidson, D., "Tamworth, Australia's 'Country Music Capital': Place Marketing, Rurality, and Resident Reactions", *Journal of Rural Studies*, 2004, 20(4), pp.387-497.

⑥ Courtney, P., Hill, G. and Roberts, D., "The Role of Natural Heritage in Rural Development: An Analysis of Economic Linkages in Scotland", *Journal of Rural Studies*, 2006, 22(4), pp.469-484.

2. 乡村性是一种乡村生活方式

在第二次世界大战后的日本,乡村被看作历史文化的宝库,也是生活方式的资源——那是一个令人感到舒适的地方,通过参加与乡村生活方式有关的各种活动,都市游客能够放松自己,重新获得一种内心的平静、平和,而这些在都市里面是难以获得的。①

在欧洲,今日依然还有很多都市人怀有 18 世纪对于自然的浪漫观点,那是一种与文明社会对立的平静和美好。在 20 世纪六七十年代,乡村失去了物质的富有,却获得了精神上战斗的成功:在今天,乡村生活被视为一种休闲游憩的方式,乡村生活方式越来越被视为比都市生活更加优质。② 因此,乡村旅游需要得到主人与客人之间的交往和互动,乡村旅游经营者出售的就是一种乡村的生活方式,是乡村背后的人们,而不只是一些活动形式。③

3. 乡村性是一种生活理想

乡村性与"过去美妙的日子"(the good old days)这样传统而浪漫的理想紧紧联系在一起,意味着淳朴而简单的生活方式,未经玷污的大自然,以及完美的"天人合一"境界。因此,对于人类本源的怀旧、渴望恢复与自然的联系,和生活"基本的"必需品,这一切以一种综合、高度组织的、莫名的、拥塞的、充满压力的、"非人性的"环境方式,组成了乡村地区对人们的主要吸引所在。④

4. 乡村性是一种民族精神和文化

乡村性还是一种文化。在英文文献中,无论是乡村社会学家、

---

① Thompson, C. S., "Host Produced Rural Tourism: Towa's Tokyo Antenna Shop", *Annals of Tourism Research*, 31(3), 2004, pp.580-600.

② Nilsson, P., "Staying on Farms: An Ideological Background", *Annals of Tourism Research*, 2002, 29(1), pp.7-24.

③ Nilsson, P., "Staying on Farms: An Ideological Background", *Annals of Tourism Research*, 2002, 29(1), p.10.

④ Kastenholz, E., Davis, D. and Paul, G., "Segmenting Tourism in Rural Areas: The Case of North and Central Portugal", *Journal of Travel Research*, 1999, 37(4), pp.353-363; Krippendorff, K., *Content Analysis: An Introduction to Its Methodology*, Sage, 2004.

人文地理学家的研究,还是乡村旅游研究中,都有将乡村直接表达为文化的描述。克劳奇指出,在英国当代文化中,人们把乡村视为一种民族特征,甚至把乡村的日常生活看作真正的英国风格(Englishness)。由此,自然(nature)成为文化和民族性(nationality)的组合,乡村成为英国的特征符号,是拥有同样理想的一群人的文化财富。① 在美国,乡村是与美国精神联系在一起的。芬恩·威利兹(Fern Willits)通过宾夕法尼亚州的乡村研究,指出美国乡村保存了亲密、友好,以及荒野处女地等美好感觉和美国乡村意象,因而乡村被人们接受为美国良好文化之基本元素,兼有反城市的文化情绪。②

(二)国内研究

虽然国内乡村旅游研究起步较晚,但是对于乡村旅游中乡村性的研究却比西方更加丰富。这可能与中国旅游研究中有强大的地理学背景和传统有关。

在何景明和李立华首次在国内介绍莱恩关于乡村旅游中乡村性的系统研究之前,中国学者已经具有同样的观察,认识到乡村性应当成为乡村旅游的本质和核心,但是最初只是局限在乡村旅游概念的界定中。

姚素英提出,乡村旅游发生在"农村地域"中③;熊凯引入与城市迥异的乡村"意境"概念,包括景观意境和文化意境,并认为乡村旅游是以乡村社区为活动场所,以乡村独特的生产形态、生活风情和田园风光为对象系统的一种旅游类型④。而杜江和向萍则首次从供需角度进行定义,认为"乡野农村的风光、生活和活动等是乡

---

① Crouch, D., "Popular Culture and What We Make of the Rural, with a Case Study of Village Allotments", *Journal of Rural Studies*, 1992, 8(3), pp.229-240.
② Willlits, F. K., "The Rural Mystique and Tourism Development: Data from Pennsylvania", *Journal of the Community Development*, 1993, 24(4), pp.159-165.
③ 姚素英:《浅谈乡村旅游》,《北京第二外国语学院学报》1997年第3期。
④ 熊凯:《乡村意象与乡村旅游开发刍议》,《地域研究与开发》1999年第3期。

村旅游的吸引力所在","目标市场是有别于乡村的城市,特别是高度商业化的大都市"。① 这些早期的定义,对于本书界定的乡村旅游五大内涵都有涉及。可以说,乡村性(rurality)作为乡村旅游本质的提炼,正是在学科交融、中西学术交流基础上得到了最简洁的概括。

林刚和石培基从国内学术刊物中提到的众多乡村旅游概念中,筛选出20个定义,对每个定义按照19个既定标准进行词频统计,最后得出乡村田园风情、民俗文化、农业生产活动、农家生活体验、乡村地域、休闲观光游览度假活动六项,作为最能体现乡村旅游概念的共性。② 这六项中,尤其是乡村田园风情、乡村地域出现频次最高,反映了国内学者对于乡村旅游特性的共同理解(见表3-7)。

表3-7 乡村旅游定义关键要素词频统计表

定义要素	频次	定义要素	频次
乡村田园风情为吸引	85%	服务城市居民	10%
乡村地域为依托	80%	规划与设计	10%
休闲观光度假游览活动	75%	经营与消费	10%
民俗文化为吸引	60%	不过多依赖资本和技术	5%
农业生产活动为吸引	50%	较少使用专门接待设施	5%
农家生活体验为吸引	45%	可持续发展	5%
乡村建筑为吸引	25%	受当地控制	5%
农业文化资源为吸引	20%		

* 资料来源:据林刚、石培基《关于乡村旅游概念的认识——基于对20个乡村旅游概念的定量分析》,《开发研究》2006年第6期,第73页。

---

① 杜江、向萍:《关于乡村旅游可持续发展的思考》,《旅游学刊》1999年第1期。
② 林刚、石培基:《关于乡村旅游概念的认识——基于对20个乡村旅游概念的定量分析》,《开发研究》2006年第6期。

除了最初从定义辨析中挖掘乡村性内涵之外,近年来,国内旅游界关于乡村性的研究反映了更加宽阔的视野,包括从乡村旅游实际开发角度、社区的供给方角度以及游客的需求方角度,来探讨乡村性及其指标构成。

也有很多从乡村旅游开发角度的研究。刘小莉等认为,只有保持乡土气息、提供以乡土文化为核心的乡村旅游产品,才可以作为解决乡村性处理不当的对策。① 成升魁等认为,休闲农业属于乡村旅游范畴,因此根植于乡村性,其特点和卖点也来自乡村性。成氏等由此推演出,休闲农业的乡村性应该包括生态和资源的原生性、农业生产过程的易参与性、风俗民情和生活方式的乡土性、传统文化的悠久性和浓郁性、市场的定势性,以及旅游产品的地方性、体验性、文化性等。②

邹统钎等提出,乡村旅游发展中存在一种围城现象,表现在乡村旅游目的地的客源主要是城里人,受乡村的文化景观吸引才希望到乡村去,然而,经营者(乡下人)又向往城市生活,一旦有钱,就想过城里人的生活,或者按照城市的方式改造乡村文化景观。③ 这样,城里人到乡下经营,形成乡村旅游经营的飞地化,而乡下人对乡村景观按照城市化方式改造,形成了乡村旅游景观的城市化。因此,为了解决围城效应的两大问题,关键在于建立当地乡村居民利益分享机制——"产业链本地化"和"经营者共生化",从而获得保存乡村性——乡村旅游可持续发展之根本的动力。邹统钎等从

---

① 刘小莉、杨俊博:《乡村旅游的开发与乡村性的保持探析》,《青少年日记(教学交流版)》2008年第1期。
② 成升魁、徐增让、李琛等:《休闲农业研究进展及其若干理论问题》,《旅游学刊》2005年第5期。
③ 邹统钎、王燕华、丛日芳:《乡村旅游社区主导开发(CBD)模式研究》,《北京第二外国语学院学报(旅游版)》2007年第1期;邹统钎、陈序桄:《乡村旅游经营者共生机制研究——以北京市怀柔区北宅村为例》,《北京第二外国语学院学报》2006年第9期;邹统钎、马欣、张昕玲等:《乡村旅游可持续发展的动力机制与政府规制》,《杭州师范学院学报(社会科学版)》2006年第2期。

社区的供给方角度,提出"产业链本地化""经营者共生化"作为乡村性的指标,由冯淑华和沙润作为定量化衡量乡村性的观测指标。他们通过文献综述,选取了5个潜在因素,以及其下的17个观测因子(表3-8),建立二级验证式因素分析(confirmatory factor analysis,CFA,即本书中的验证性因子分析)测评模型(图3-4),通过对江西婺源5个乡村的实证研究来验证模型的可行性,为乡村性指标体系建立、定量测量做出了很好的尝试。[①] 该模型是国内不多见的从定量角度来验证乡村性的测评模型,不过该模型属于基于乡村社区角度测评的范畴,而没有考虑到游客市场的需求。

表3-8 乡村性测评指标体系

目标层 (二级潜在因素)	因素层 (一级潜在因素)	指标因子层 (观测变量)	展开层
乡村旅游的乡村性(ξ_1)	地域条件(η_1)	为非城市地区(y_1) 拥有多数永久性居民(y_2) 小规模居民点和人口(y_3) 以农业用地和林业用地为主(y_4)	展开为抽样调查问卷上的问题
	旅游资源基础(η_2)	聚落及其他建筑物的地方风格保持(y_5) 地方风俗民情的保留(y_6) 传统农耕文化的保存(y_7) 友好、热情、淳朴和真实的氛围(y_8)	
	社区参与(η_3)	社区自主管理(y_9) 社区居民参与决策(y_{10}) 社区居民与投资者实现利益共享(y_{11})	

---

① 冯淑华、沙润:《乡村旅游的乡村性测评模型——以江西婺源为例》,《地理研究》2007年第3期。

续 表

目标层 （二级潜在 因素）	因素层 （一级潜在 因素）	指标因子层 （观测变量）	展开层
乡村旅游 的乡村性 (ξ_1)	旅游产业本地 化(η_4)	资源为本地人所有(y_{12}) 经营本地化(y_{13}) 建立本地产品供应链(y_{14}) 收益最大限度地留在本地(y_{15})	展开为 抽样调查 问卷上的 问题
	可持续发展 (η_5)	原生文化保护与传承(y_{16}) 生态环境保护(y_{17})	

* 资料来源：据冯淑华、沙润《乡村旅游的乡村性测评模型——以江西婺源为例》，《地理研究》2007 年第 3 期，第 618 页整理。

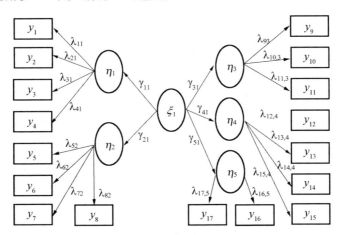

图 3-4 乡村性 CFA 测评模型

* 资料来源：据冯淑华、沙润《乡村旅游的乡村性测评模型——以江西婺源为例》，《地理研究》2007 年第 3 期，第 618 页整理。

刘庆友构建了乡村旅游地评价模型，以外围吸引物、可进入性、乡村资源、设施和乡村性作为五大构成因子。[1] 其中乡村性包

---

[1] 刘庆友：《乡村旅游资源综合评价模型与应用研究》，《南京农业大学学报（社会科学版）》2005 年第 4 期。

含了乡村就业、人口结构、人口密度、人口迁移、居住条件、土地利用和偏远性七项观测指标。从观测指标构成上可以看出,该研究中的乡村性测量主要是从乡村地理的供给方角度进行选择的,和旅游研究关系不大。

然而,纯粹的供给方角度研究,或者直接借用其他学科的观测指标,并不能从根本上解决乡村旅游研究中乡村性的挖掘及其保护问题。据研究,在国内学术界受到好评的天龙屯堡模式遇到了可持续发展的困难——乡村居民收入迅速增加以后,却更加快速地改变乡村传统风貌,走向建筑等景观的城市化,从而引起了学者们的忧虑。[①] 但是,如果考虑了游客需求方的要求,可能更能促使供给方进行乡村性的维护。李开宇认为,面向旅游和旅游者的乡村性,可以从空间与景观两个方面来认知。[②] 在空间上,乡村旅游开展的空间,即"乡村性"空间由部分城郊空间、乡村生活社区和主要生产空间、乡村向自然空间延伸空间等组成;在景观上,"乡村性"景观意象包括乡村景观意象和乡村文化意象两部分。因此,在重视乡村性的乡村旅游发展中,在乡村旅游产品开发实践方面,要摆脱大兴土木、破坏乡村自然生态的误区,要用乡村性的本质要求来指导,开发具有"乡村性"的旅游产品;在旅游供需上,注意供需空间的重叠和差异,注重空间的可进入性;在乡村社区旅游开发中注意乡村社区参与等问题。

经过以上对于中外乡村旅游中乡村性研究的回顾,本书发现:

首先,乡村性的研究要结合旅游供需动态平衡,即不能只是片面地从资源开发、产品设计或者单纯地从社区的供给方角度出发,还需要基于需求角度的研究——基于直接或者潜在的消费者,即游客的认知角度。

其次,乡村旅游中的乡村性研究尚处于前期摸索阶段,大部分

[①] 李乐京、陈志永、吴亚平:《贵州参与式乡村旅游发展研究——以郎德、天龙屯堡、镇山村参与式乡村旅游发展模式为例》,《贵州教育学院学报》2007年第2期。

[②] 李开宇:《基于"乡村性"的乡村旅游及其社会意义》,《生产力研究》2005年第6期。

研究还处于定性描述阶段,缺乏具体的指标体系、模型验证等定量方法的运用。而如能将指标细化,进行定量化的探索,则可将对乡村旅游的研究推进一步。

最后,乡村旅游活动是根植于本地、本区域的旅游实践活动,因此其产品形式、活动内容都有很大的本地特色,会受到本地自然环境、文化传统、游憩偏好的影响。因此,世界各地的乡村旅游中包含的乡村性具有很大的差异。因此,鉴于中西无论在文化背景、经济发展阶段,还是自然资源等方面都具有很大的差异性,我们更加需要探究基于中国旅游市场的乡村性研究,在理论和实证研究上取得更多国际学术话语权。

二、乡村性内涵认知

(一)乡村旅游中的乡村性

本书以现代乡村地理学中的乡村性构成内涵为基础(见图3-3),结合上述中外旅游研究中关于乡村性的内涵、构成研究,基于游客需求的视点,将乡村性概括为五大维度:乡村环境、乡村经济、传统生活方式、乡村游憩机会和乡村设施。其中,乡村环境相当于现代乡村地理乡村性中的"生态"维度,因此也包含自然、人文两大块内容,即乡村自然环境、乡村人文环境;社会经济相当于乡村地理学中的"职业"维度;乡村生活相当于"社会文化"维度,同时乡村经济、乡村社会都属于传统上乡村的社会、经济生活概念范畴;另外,根据旅游研究的自身特点,以及基于上文中外乡村旅游研究中关于乡村性的研究,从使用者认知角度增加了两个维度:游憩机会和乡村设施(见图3-5)。这两个新增维度,无论从游客需求角度考虑,还是从人本主义角度考虑,抑或是从后现代主义的乡村地理强调使用者"认知"的角度考虑,都是吻合的。

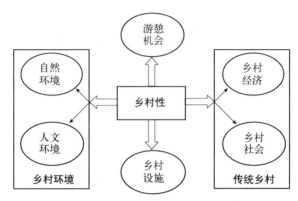

图 3-5　游客导向的中国乡村性内涵概念框架

基于以上认识,本书将乡村旅游中游客导向的乡村性理解为:是乡村旅游的本质和最主要特性。和普遍意义上的乡村性生态、职业、社会文化和认知四要素相比,乡村旅游中的乡村性更侧重于乡村特质的乡村环境(包括自然、人文)、乡村经济、乡村社会、游憩机会和基础设施五个方面。乡村性是乡村旅游资源的核心提炼,它与城市性形成的对比是游客出游的重要动机,因此也成为乡村旅游整体营销的核心。

(二) 乡村性内涵及观测指标

1. 乡村环境

乡村环境相当于乡村地理学中的"生态"维度,可以划分为自然环境与人文环境。乡村旅游是在乡村空间开展的,因此就与乡村所依靠的自然环境紧密相连。

自然环境主要强调乡村与城市相比,能够与大自然更加亲密地接触,甚至融于自然中的特点,因此大自然中清新的空气、自然山水就与乡村的自然环境特征紧密地联系在了一起。

除了自然环境之外,乡村旅游与户外运动所不同的地方,更在于人文环境。文化生态学认为,文化需要放到一定区域的整体环境(包括自然环境与社会环境)中,去探究它的生长规律,即人类如何适应环境,而创造了特殊形貌的文化模式。① 文化生态学强调文化与环境的双向影响,即"人绝非环境的奴隶,环境亦绝非人之附庸"②。因此,乡村的自然环境不是旷野,而是"文化了的环境"——乡村自然环境与低密度的人口分布、生产生活方式互相作用,产生了乡村独特的人文环境。这其实也与人本主义地理学中认为地方由人的经历而构建的思想有异曲同工之妙。

这样的人文环境,也与熊凯所谓的乡村景观意境和文化意境相似。③ 景观意境,包括人口低密度分布显示出的粗犷风景,与种植业联系在一起的农作物和农田水利,比如油菜花、梯田等景观,以及独特的乡村聚落和建筑。而文化意境则反映中国传统文化的审美观,比如乡村世外桃源,或者是惬意的"采菊东篱下"等中国式的乡村理想。文化意境反映出中国乡村性与其他国家,尤其是西方以英国为代表的田园文化存在不同的地方,这种文化的差别可能会造成游客理解和审美的不同。另外,韩丽和段致辉将乡村景观分为乡村田园景观、乡村聚落景观、乡村建筑、乡村农耕文化、乡村民俗文化景观等五个方面,这种划分也值得借鉴。④

根据以上内涵的理解,本研究在这个维度上选择了以下对于乡村性的衡量指标(表 3-9)。

表 3-9 乡村环境内涵构成及观测指标

内涵构成	观 测 指 标
自然环境	地广人稀(X_1) 远离城市的偏远地区(X_2) 绿色生态的自然景观(X_4) 空气清新(X_5) 野生动植物丰富(X_6)

---

① 周尚意、孔翔、朱竑编著:《文化地理学》,高等教育出版社 2004 年版。
② H. J. 德伯里:《人文地理:文化、社会与空间》,王民、王发曾、程玉申等译,北京师范大学出版社 1988 年版。
③ 熊凯:《乡村意象与乡村旅游开发刍议》,《地域研究与开发》1999 年第 3 期。
④ 韩丽、段致辉:《乡村旅游开发初探》,《地域研究与开发》2000 年第 4 期。

续 表

内涵构成	观 测 指 标
人文环境	乡村(田园)风光自然优美(X_7) 乡村建筑、街道和聚落景观保留传统乡土/民族特色(X_8) 听觉享受(鸡犬相闻/听取蛙声一片等意境)(X_9) 可以寻找到令人向往的传统乡村生活方式的地方("采菊东篱下,悠然见南山";桃花源等传统乡村理想生活)(X_{11}) 可以满足好奇,感受到当地与众不同民俗风情的地方(X_{12}) 让人感到轻松、放松、平和的地方(X_{13})

以上观测指标的设计,还基于国内其他研究在乡村旅游地发现的环境问题。比如,徐清发现了乡村旅游地的人工化危机,城市化景观正在蔓延;出现了山体被挖、古屋被拆的景观破坏;还有乡村景观的品质危机,包括小农意识下的人工造景,弯曲的乡村小道被笔直的大马路替换,菜园变成了停车场等。[①] 以上很多问题,都出于开发者、经营者是从供给方(supply-side)自身的角度考虑的,因此,本书也从这些问题出发,设计观测指标,考察游客和潜在游客作为需求方(demand-side)的观点,这样可以从结果中得到特别的比较意义。

2. 乡村经济

乡村经济维度相当于乡村地理乡村性内涵中的"职业"维度。工业化以来城市与乡村的二元化发展,造成了乡村相对于城市的贫穷落后。此外,传统的乡村(农村)以第一产业——农业为主要产业,经济活动简单,商品经济不发达。农村中的多数居民以农业为职业,农民占据人口的多数。相比之下,城市中的居民的职业为非农业,包括工业、商业等。平常我们对于农村这一名词的界定,经济和职能角度是最常见的视角。

然而,中国乡村的发展是不平衡的。自从改革开放以来,城市

[①] 徐清:《论乡村旅游开发中的景观危机》,《中国园林》2007年第6期。

近郊的乡村,或者是东部地区的乡村,拥有了更多向第二产业、第三产业转型的机会。在这样的地方,农村和农民已经不能成为乡村、村民的代名词。而许多乡村旅游地就是基于第二产业、第三产业而发展起来的。

因此,本研究设定了如下表所示的乡村经济这一维度的观测指标(表 3-10)。

表 3-10　乡村经济观测指标

内涵构成	观　测　指　标
乡村经济	乡村居民主要从事第一产业(农林牧渔业)(X_{24}) 乡村第一产业(农林牧渔)之外其他工作就业机会很多,如乡镇企业、做生意、农副产品加工等(X_{25}) 贫穷,经济落后(X_{19})

3. 乡村社会

由于不同国家和文化背景下的传统不同,不同国家的乡村保留了各具特色的传统。因此,乡村传统社会这一维度,也是乡村性具有"本地性"的一个表现点。根据乡村社会学,以及文化转向后的乡村地理学研究,中国的乡村社会传统主要表现在以下三个方面[①]:

(1) 人际交往范围狭窄,社会接触多为直接的、面对面的关系,人与人之间的关系密切;

(2) 社会生活以家庭为中心,家庭观念、血缘观念比城市为重;

(3) 乡村的物质、文化设施落后。

除了以上社会学角度的观察之外,李伟发现,在乡村旅游中还存在一种文化现象。[②] 他发现,在乡村旅游活动中,存在着乡村努力转变自己,来顺应城市游客的需求的倾向,而某些城市游客则把

[①] 张小林:《乡村概念辨析》,《地理学报》1998 年第 4 期;费孝通:《乡土中国》,生活·读书·新知三联书店 1985 年版;陈兴中、周介铭主编:《中国乡村地理》,四川科学技术出版社 1989 年版。

[②] 李伟:《论乡村旅游的文化特性》,《思想战线》2002 年第 6 期。

乡村作为显示自我优越性的舞台。因此,结合以上研究,本书所拟定的该内涵维度的观测指标如下表所示(表 3-11)。

表 3-11 乡村社会观测指标

内涵构成	观 测 指 标
乡村社会	村民对自己是农村人感到自豪(X_{10}) 可以体现城里人优越性的地方(X_{14}) 村民热情好客(X_{15}) 村民单纯,容易沟通(X_{16}) 村里邻里关系和睦亲密(X_{17}) 社会稳定,治安好(X_{20}) 生活简单,节奏慢(X_{21}) 村民文化低,见识短(X_{22})

4. 乡村游憩机会

乡村游憩机会是指游客前往乡村进行旅游、休闲时可能参与的活动。该项内涵可直接从现有的乡村旅游活动,以及人们对乡村旅游活动可能存在的动机两个方面进行综合考虑。

乡村游憩活动也存在着中西的差异。按照沙尔普利夫妇的分类,在西方,可以在乡村进行活动的主要内容如下表所示(表 3-12)。

表 3-12 乡村休闲活动范围

活 动 类 型	活 动 内 容
路线旅行(touring)	散步与徒步、自行车、骑马、骑驴、坐吉卜赛人大篷车或者四轮马车、跨国滑雪、摩托动力
亲水活动(water-related activities)	钓鱼、风帆冲浪、游泳、快艇、河流旅游(小驳船等)、航海、独木舟和漂筏
空中活动(aerial activities)	轻量级飞行器、热气球、悬挂式滑翔机
陆地活动(activities on dry land)	网球、高尔夫
极限活动(sporting activities)	洞穴探险、攀岩

续 表

活 动 类 型	活 动 内 容
探索活动(discovery-type activities)	参观当地工业、农业或者手工业经营
文化活动(culture activities)	考古、艺术课程、修复地、民间团体、手工艺课程、文化、烹饪或者其他之旅
养生活动(health-related activities)	健身训练、健康疗养

* 资料来源：Sharpley，R. and Sharpley，J.，*Rural Tourism：An Introduction* (First Edition)，International Thomson Business Press，1997，p.9.

然而在中国，游客对于乡村的出游动机及活动内容则有显著差别。如万绪才对南京客源市场进行乡村旅游动机的调查显示，乡村旅游的内容主要包括以下几项：(1)欣赏优美质朴的乡村风光(或田园风光)；(2)回归自然；(3)体验良好的生态环境；(4)欣赏独特的民俗风情；(5)体验与了解农村生活或独特手工艺制作；(6)从事野趣活动；(7)参观高科技农业园；(8)欣赏独特的自然与人文景观；(9)品尝地方土特产；(10)娱乐；(11)休闲度假。①

张兵等对北京郊区民俗旅游活动进行的调查则显示，其内容主要包括：(1)吃农家饭；(2)农活体验；(3)欣赏乡村；(4)欣赏风景；(5)农产品采摘；(6)健康疗养。②

因此，综合国内众多对乡村旅游活动、旅游动机的调查研究，以及其他博士论文中对韩国等的出游动机、活动内容调查③，本书根据中国乡村旅游活动特点，设计了如下观测指标(表3-13)。

---

① 万绪才：《基于客源市场的乡村旅游产品开发研究——兼论南京市江心洲乡村旅游产品开发的问题与对策》，《东南大学学报(哲学社会科学版)》2007年第5期。
② 王兵、罗振鹏、郝四平：《对北京郊区乡村旅游发展现状的调查研究》，《旅游学刊》2006年第10期。
③ Kim，M. K.，*Determinants of Rural Tourism and Modeling Rural Tourism Demand in Korea*，unpublished Ph.D. dissertation，Michigan State University，United States，Michigan，2005.

表 3-13　乡村游憩机会观测指标

内涵构成	观　测　指　标
乡村 游憩机会	适合进行各项户外活动(散步、爬山、钓鱼、骑马等)(X_{26}) 适合进行各项休闲活动(打牌、麻将、下棋、品茶等)(X_{27}) 可以找到乡村文物古迹或文化遗迹地方(X_{28}) 可以让人们去探索、探险的地方(X_{29}) 可以体验传统的交通工具(船、轿、驴、马等)(X_{30}) 传统的民俗节庆活动丰富(传统节日、婚丧嫁娶等)(X_{31}) 农村节事活动丰富(赶集、农产品节等)(X_{32}) 现代夜间娱乐活动丰富(卡拉OK、歌舞厅、酒吧等)(X_{33}) 传统的夜间娱乐活动丰富(篝火、夜谈等)(X_{34}) 特色的农家菜肴(X_{35}) 绿色有机的食物(野菜、家鸡等家禽、果蔬等)(X_{36}) 住宿的房屋有乡土特色(X_{37})

5. 乡村设施

在中国的乡村旅游活动中,基础设施不方便的问题比较明显。龙茂兴和张河清指出,当前制约乡村旅游发展的最大问题之一是基础设施落后。[1] 许多基础设施仍然适应不了游客的需要,例如道路、停车场、洗手间、工具室、电话亭等公共设施简陋、设备不足；客房、餐厅、茶楼等主要食宿设施条件差,卫生状况和设施设备条件难以让人接受,因此难以留住游客。刘爱服发现,京郊乡村旅游地,存在着许多和基础设施相关的问题,比如京郊乡村的一些道路设施不完善[2]；"客房卫生条件差,尤其是厨房和厕所的卫生条件与预期标准相差甚远",甚至"有些京郊乡村旅游经营者中有一个误区,仿佛农村旅游越是土得掉渣,就越能吸引旅游者；越是环境

---

[1] 龙茂兴、张河清:《乡村旅游发展中存在问题的解析》,《旅游学刊》2006年第9期。

[2] 刘爱服:《试论京郊乡村旅游发展中的问题与对策》,《旅游学刊》2005年第1期。

脏的地方,越是返璞归真",甚至连电视信号也不清晰。粟维斌等在广西龙胜也发现了"环境卫生存在着脏、乱、差现象"①。

此外,笔者在调研前期与诸多老年乡村游客访谈时,发现除了卫生条件之外,他们在基础设施方面提到最多的就是医疗条件和购物便利性;在与中青年游客访谈中,发现他们也关注购物,特别是当地土特产的购买条件。但是,在以往的研究中,这两条并没有被很多学者列入观察指标。

综上所述,本研究将乡村设施维度的观测指标设计如下(表3-14)。

表3-14 乡村设施观测指标

内涵构成	观 测 指 标
乡村设施	交通便捷(X_3) 卫生干净(X_{18}) 信息闭塞,报纸、电视、现代通信不发达(X_{23}) 医疗条件好(X_{38}) 购物方便(X_{39})

通过以上研究,本研究得到游客导向的乡村性具有39项观测指标。根据从极度不认同到极度认同的不同认可程度,将每个指标设计成1—5分的Likert量表,就构成了游客导向的中国乡村旅游乡村性测量量表(表3-15)。

表3-15 游客导向的中国乡村旅游乡村性观测指标

内涵构成	观 测 指 标
自然环境	地广人稀(X_1) 远离城市的偏远地区(X_2) 绿色生态的自然景观(X_4) 空气清新(X_5) 野生动植物丰富(X_6)

---

① 粟维斌、陈尚玲:《龙胜县乡村旅游发展中存在的问题与对策》,《桂林旅游高等专科学校学报》2005年第3期。

续 表

内涵构成	观 测 指 标
人文环境	乡村(田园)风光自然优美(X_7) 乡村建筑、街道和聚落景观保留传统乡土/民族特色(X_8) 听觉享受(鸡犬相闻/听取蛙声一片等意境)(X_9) 可以寻找到令人向往的传统乡村生活方式的地方("采菊东篱下,悠然见南山";桃花源等传统乡村理想生活)(X_{11}) 可以满足好奇,感受到当地与众不同民俗风情的地方(X_{12}) 让人感到轻松、放松、平和的地方(X_{13})
乡村经济	乡村居民主要从事第一产业(农林牧渔业)(X_{24}) 乡村第一产业(农林牧渔)之外其他工作就业机会很多,如乡镇企业、做生意、农副产品加工等(X_{25}) 贫穷,经济落后(X_{19})
乡村社会	村民对自己是农村人感到自豪(X_{10}) 可以体现城里人优越性的地方(X_{14}) 村民热情好客(X_{15}) 村民单纯,容易沟通(X_{16}) 村里邻里关系和睦亲密(X_{17}) 社会稳定,治安好(X_{20}) 生活简单,节奏慢(X_{21}) 村民文化低,见识短(X_{22})
乡村游憩机会	适合进行各项户外活动(散步、爬山、钓鱼、骑马等)(X_{26}) 适合进行各项休闲活动(打牌、麻将、下棋、品茶等)(X_{27}) 可以找到乡村文物古迹或文化遗迹的地方(X_{28}) 可以让人们去探索、探险的地方(X_{29}) 可以体验传统的交通工具(船、轿、驴、马等)(X_{30}) 传统的民俗节庆活动丰富(传统节日、婚丧嫁娶等)(X_{31}) 农村节事活动丰富(赶集、农产品节等)(X_{32}) 现代夜间娱乐活动丰富(卡拉OK、歌舞厅、酒吧等)(X_{33}) 传统的夜间娱乐活动丰富(篝火、夜谈等)(X_{34}) 特色的农家菜肴(X_{35}) 绿色有机的食物(野菜、家鸡等家禽、果蔬等)(X_{36}) 住宿的房屋有乡土特色(X_{37})

续 表

内涵构成	观 测 指 标
乡村设施	交通便捷(X_3) 卫生干净(X_{18}) 信息闭塞,报纸、电视、现代通信不发达(X_{23}) 医疗条件好(X_{38}) 购物方便(X_{39})

乡村性测量量表设计完成之后,笔者对包括教授、旅游专业博士生、硕士生组成的专家小组实行了小规模德尔菲法,获得了专家意见,以修改问卷的结构、语言和表达。此后,在北京、上海、新疆、山东、广州五个地方通过滚雪球(snowball)方式进行了网络和电话预调查,共获得25份预调查数据。

笔者通过用SPSS15.0对预调查数据进行Cronbach's Alpha信度分析,结果显示alpha系数达到0.832,说明整个量表内部一致性很高。同时,对于39个选项进行条目删除alpha检验,没有发现特别显著的提升或者降低。因此,表3-14显示的测量指标被确定用于本研究的最终量表。

第三节 小 结

本章主要进行了两部分研究。第一部分探讨了游客导向的乡村性概念框架建构的理论来源,包括:(1)可持续发展理论;(2)旅游印象与认知;(3)人本主义地理学;(4)乡村地理的乡村性话语。其中,可持续发展是本研究的理论前提;而旅游认知研究帮助阐明游客认知与印象在乡村旅游研究中的重要性,以及开展研究的可能性和最终目的;人本主义地理学思想可以加深对乡村旅游地的理解,为游客建构旅游地文化提供了理论解释;乡村地理学中的乡村性话语则提供了本研究中游客导向的乡村性概念框架之直接理论来源。

本章的第二部分研究是在乡村性内涵框架的指引下,通过大量文献综述,设计了围绕乡村性内涵五大类共 39 项测量指标。从指标到测量量表的最终确定,还通过小规模德尔菲法取得了专家意见,以及全国范围小规模的预调查。

综上所述,本章是构建游客导向的中国乡村性理论模型的重要一步。在这一步的研究中,本研究将抽象的游客认知中的乡村性进行操作化,实现从人文主义方法论向实证主义方法论的转变,从而完成了从概念化(conceptualization)到操作化(operationalization)这一科学研究范式中的关键一步,实现了研究的可测量化。[1]

下章将以本章的研究成果——游客导向的乡村性内涵概念框架以及测量量表为基础进行研究设计,并且进行数据分析。

---

[1] Singletion, J. and Straits, B. C., *Approaches to Social Research* (Fourth ed.), Oxford University Press, 2005.

第四章
研究设计与数据分析

从本章开始,本研究将在实证主义方法论的指导下,对第三章的研究成果——包含乡村环境(自然与人文)、乡村经济、乡村社会、乡村游憩机会和乡村设施板块,由共39项观测指标构成的乡村性内涵框架进行实证研究。

实证研究需要建立在数据和数理统计分析的基础之上,对理论进行验证、修正。这个理论可以是由此前定性研究产生的理论框架,也可以是成熟的理论模型。本研究进行的实证研究,是自上而下通过其他相邻理论推导、文献综述、推理归纳而获得的,还不是成熟的理论。因此,本书的实证研究更是一个理论模型探索、发现和修正、验证的过程,即探索、发现和验证第三章的概念框架(图3-5)是否可以成为中国乡村旅游中的游客导向的乡村性理论模型的过程。这一特点会在本章和第五章的研究设计、模型探索中突出体现。

本章研究内容涉及科学研究步骤图(见图1-2)中的三个重要环节:研究设计、资料收集和数据分析。在研究设计中会交代调查研究(survey)这一研究方式所需要确定的总体与样本;在资料收集中阐述调查问卷的设计以及方法、数据收集的详细过程;而数据分析将直接与模型的选择、检验紧密结合在一起。

本研究采用SPSS15.0及LISREL 8.7,进行定量数据分析、模型假设和模型参数验证。主要方法有如下四种:(1)描述性统计分析,以频次、百分比、平均数、标准差等参数了解样本结构,以及各变量集中、离散的分布情况;(2)单元方差分析(ANOVA),以了解量表各题项的分布针对人口社会特征是否存在显著差异;(3)探索性因子分析(EFA),运用于降维,通过数据自下而上产生因子(潜变量),并与第三章的概念框架进行对比,从而生成CFA需要验证的假设模型;(4)结构方程模型(SEM),运用SEM对因子(潜变量)和观测指标进行验证(CFA),并且探求因子间结构关系,最终将修正、验证理论模型。前三种方法使用SPSS15.0,最后的结构方程模型将运用LISREL8.7来运行。其中前两种方法及其运用将在本章内阐述,后两种方法和步骤将在第五章进行详细报告。此外,本章还涉及运用内容分析法对开放题项搜集的定性数据进行分析。

第一节 研究设计

研究设计是按照研究目的和任务,预先指定研究方案和计划,来确定研究的最佳途径,并选择合适的研究方法,指定具体的操作步骤、研究方法。[①] 在第一章中已经阐述过,本研究将综合运用文献法、案例法、田野调查、问卷调查、数理统计、内容分析和深入访谈七种研究方法。在不同的研究阶段,根据不同的研究内容有机结合使用。比如在理论建构之前(第二章),偏向于使用定性研究方法,包括田野调查、深入访谈和文献法;在建构概念框架的时候(第三章),集中使用文献法和理论推导;而在数据收集和分析,以及理论模型的探索、发现和验证过程中,集中使用数理统计,与内容分析方法结合使用(第四、五章)。因此,本章所述研

---

① 风笑天主编:《社会研究方法》,高等教育出版社2006年版。

究设计,主要针对本章和第五章围绕模型探索、假设(发现)、验证而进行的抽样设计、问卷收集以及数理分析方法这一整个过程的阐述。

一、抽样设计

抽样设计方案主要包括界定总体与目标总体,抽样方法选择,以及样本容量的确定。界定总体,是指对抽样总体的范围和特征加以明确的说明,特别是要明确目标总体的范围和特征,并且要根据目标总体,来选择合适的抽样方法,最后需要交代样本所需容量,即样本数量大小。

(一)总体与目标总体

本书的研究总体(population)是国内潜在的乡村旅游游客。这些被研究对象可能是曾经进行过乡村旅游的游客,也可能是从来没有经历过乡村旅游,但是将来有可能成为乡村旅游对象的游客。虽然总体可以与全国的人口相对应,但是乡村旅游的游客有着自己独特的人口社会特征,也就是说,乡村旅游的游客研究需要界定自己的目标总体(target population)。

关于乡村旅游与其他旅游活动游客所不同的社会人口特征,英文文献中研究非常之多。[1] 总结这些现有研究可以发现,乡村旅游的游客主要集中在三四十岁的群体,拥有相对较高的教育水平和收入,并且大多会带着孩子、家庭出游。此外,在相对落后的西方国家,也存在类似的市场结构。比如洛萨·约格-帕拉雷斯

---

[1] Fleischer, A. and Pizam, A., "Rural Tourism in Israel", *Tourism Management*, 1997, 18(6), pp.367-372; Garcia-Ramon, M. D., Canoves, G. and Valdovinos, N., "Farm Tourism, Gender and the Environment in Spain", *Annals of Tourism Research*, 1995, 22(2), pp.267-282.

(Rosa Yague-Perales)的研究发现,在西班牙,传统的乡村旅游以回乡探访(homecoming)为主要动机,这类游客对于当地乡村的经济影响不大。而从 20 世纪 80 年代开始,尤其是 20 世纪 90 年代以后,现代乡村游客(modern rural tourist)的出现使得乡村旅游走进现代形式。所谓的现代乡村游客就是年龄段集中在 25—45 岁的都市人,他们更具有选择到乡村地区度假的意愿。并且笔者认为,这一趋势在经合组织(OECD)国家也都普遍存在。① 即使在国内为数不多的关于乡村旅游特定人群的研究中,也可以看出类似的市场结构。

根据张兵等对北京市郊区乡村游客现状的研究,北京郊区乡村旅游游客年龄偏年轻,29 岁以下的占据 56.8%,而 30—49 岁的中青年也占据了 33.3%。②

另外,一项针对长沙市周边乡村旅游消费行为的研究发现,在其回收的 1 087 份有效问卷的数据中,乡村旅游的游客年龄近半数集中在 25—44 岁,并且大专以上学历的占据了超过 48%。③ 因此,本研究根据乡村旅游游客的情况,把目标总体确定为年龄偏年轻、教育程度偏高,以及收入偏高的都市人。同时,在当今老年化社会中,不能不考虑到乡村旅游中不容忽视的"老年候鸟"现象。研究发现,许多老年人在冬夏两季选择"候鸟式"旅游度假形式④,在本书预研究阶段,发现乡村是其中一类"老年候鸟"重要的旅游目的地。另外,日本的乡村旅游主要客源也主要集中在二三十岁

---

① Yague-Perales, R. M., "Rural Tourism in Spain", *Annals of Tourism Research*, 2002, 29(4), pp.1101-1110.

② 王兵、罗振鹏、郝四平:《对北京郊区乡村旅游发展现状的调查研究》,《旅游学刊》2006 年第 10 期。

③ 何学欢:《乡村旅游消费行为的文化程度分异研究——以长沙市周边乡村旅游为例》,《桂林旅游高等专科学校学报》2007 年第 4 期。

④ 冯清:《浅析老年旅游的新模式——"候鸟式"旅游》,《华东经济管理》2007 年第 3 期。

的年轻人[①]，也可以支持本研究对乡村旅游游客偏年轻的目标总体定位。综上所述，本研究的抽样目标群体偏向两极化，一端是年轻、收入高、教育高的群体，一端是都市"老年候鸟"。

(二) 抽样方法

目标总体确定之后，需要进行抽样。抽样的原因，主要是出于研究成本和研究可行性的考虑。经费是对研究的一项硬约束，为了能将经费支出控制在可支付的范围内，必须进行抽样。其次，对于一些太大的总体，比如所有潜在的乡村旅游游客，对其进行逐个问卷，这也不现实。而抽样能够克服这些困难。因此，由于潜在的乡村旅游游客分布在全国各地，在时间、人力和经费等成本上，很难对目标总体进行实地全国性的简单随机抽样。

针对实际情况，出于可行性考虑，本研究针对目标总体设计了滚雪球(snowball sampling)和方便抽样(convenient sampling，又称为偶遇抽样，即 accidental sampling)这两种非概率抽样方法，以充分利用不同抽样方法的优点，克服各自的局限性。

当特定总体的成员难以找到时，滚雪球抽样是最适合采取的一种抽样方法。这种抽样程序是先收集目标群体少数成员的资料，然后再向这些成员询问信息，找出他们所认识的其他总体成员。这样，样本会随着受访者不断推荐其他名字，而像"雪球"一样越滚越大。[②] 根据这一抽样方法，研究者可以把问卷发给对乡村旅游感兴趣的朋友，然后由朋友发给他们的朋友，并一直这样滚动下去。由于研究者的朋友遍布各行各业，分布在全国各地，因此可

[①] Department of Agriculture, *The Direction of Needs of Urban Residents for Farm Inns in the Pursuit of Making Rural Areas Better Places*, Hokkaido Government, 1992. 转引自 Hong, S., Kim, S. and Kim, J., "Implications of Potential Green Tourism Development", *Annals of Tourism Research*, 2003, 30(2), pp.323-341.

[②] [美] 艾尔·巴比：《社会研究方法》，邱泽奇译，华夏出版社 2005 年版。

以通过这种抽样方式得到各行业、各地区的样本。并且,每一个样本都可以追溯到"朋友"或者"圈子"关系,这样相对而言,调查问卷获得的信息可信度相对较高。这一抽样方式还可以极大地减少调查问卷需要的礼品等经费支出。但是,每一种抽样方法在拥有独特优势的同时,也带来了局限性。既然滚雪球抽样依靠圈子和人际网络,它的优点同时也构成局限性:圈子内的被访者可能在年龄、职业等方面具有相似性。

为了弥补滚雪球抽样可能产生的抽样偏差(bias),本研究又设计结合了现场的方便抽样。问卷地点选择在浙江临安的多个乡村旅游点。临安,为杭州市下辖,是浙江著名的乡村旅游地。其乡村旅游发展规模和综合效益在浙江省处于领先地位,在华东地区具有较高的知名度。据官方统计,2007年,临安乡村共接待游客50.5万人次,直接经营收入3500万元;截至2008年4月30日,临安已经有13个乡镇,近30个村的500余农户在经营农家乐,总床位量已经达到11 128张。2008年1—5月,临安共接待游客18.08万人次,实现超过750万元收入。

农家乐乡村旅游已经成为临安旅游经济新的增长点和丰富临安旅游的一个重要业态。[①] 每年夏季,临安乡村会迎来大量"老年候鸟"的入住,成为上海、苏南地区老年人理想的乡村度假地。

> (我们村)周末有很多工矿企业的工作人员来,双休日团队客人很多,到了节假日,老少都有,七八月的时候,老年人最多,一住就是一两个月。现在最多的,最后定位的在老年人身上。
> ——2008年6月23日,临安某村农家乐协会会长访谈记录

---

① 临安市农家乐发展工作领导小组办公室:《关于临安市农家乐乡村旅游发展情况的汇报》,2008年6月17日。

我们的客源结构以老年人为主,尤其在夏季的常客,数量非常稳定。青年人市场也有,但是居住时间不长,毕竟农村基础设施差,参与性活动少,待不住。

——2008年7月7日,临安旅游局某官员访谈录音资料

因此,临安可以作为目标总体中,由滚雪球抽样和网络问卷方法所难以涵盖的老年人,以及相对接触网络较少的另一端样本来源。同时,由于临安乡村旅游地的客源覆盖了以上海为核心的长三角地区这一重要的旅游客源地,因此,选择临安作为现场问卷地点具有很好的代表性。

(三) 样本容量

本书对样本容量的确定,主要考虑了统计方法的要求。

首先是因子分析的要求。一般来说,因子分析要求样本容量N与项目数之比大于5。本问卷有39个选项,则最低样本人数不得少于195人。若按照哲玛·纳诺利(Jum Nunnally)经常被他人引用的建议,被试人数应是变量的十倍,那么本量表有39个选项,则被试最少为390人。[①] 其次,需要考虑结构方程的需要。结构方程模型分析方法要求样本量越大,理论模型与样本数据的拟合情况就越能反映因素间的相互关系,信度越高。罗伯特·布姆司马(Robert Boomsma)建议N最少大于100,但大于200更好。简单而言,容量小于100的样本,所产生的相关矩阵不够稳定,使得结构方程分析结果的信度(可重复性)低;若需要依据性别或者其他变量进行分组分析,N则需要更大。

并且,由于本书的研究属于理论创新性研究,需要在概念框架上去探索、发现基于数据的理论假设模型,并随后对其进行修正和

---

① Nunnally, J. C., *Psychometric Theory*, McGraw-Hill, 1967.

验证。因此,根据交互效度(cross-validation)的要求,最终数据会被随机分成两份,一份用于探索性因子分析,另外一份使用结构方程方法进行验证性因子分析。因此,将 N 定在 800 份为宜,考虑到回收率的问题,初始样本容量 N 需要达到 1 000 份。

二、数据收集

针对上述滚雪球与方便抽样的抽样设计特点,本书采用能够使得两种抽样方式达到最大效果的数据发放、收集形式。第一种是利用互联网开展滚雪球抽样,进行全国性大样本的收集,从而获得大部分数据。第二种是通过在浙江临安的现场调查,进行有计划的偶遇抽样,来获得能够弥补网络调查容易缺失的另外一部分目标人群样本。

由于计算机和互联网技术的发展,电子调查方式(electronic survey)渐趋流行,包括电子邮件形式、在线形式、互动语音应答(Interactive Voice Response,IVR)和计算机化填写等形式。其中,电子邮件形式和在线形式是电子调查方式中重要的一类,这两种方式都需要通过网络,进行计算机对计算机之间的调查问卷传输,不过前者是以正文或者附件的形式发放,而后者是直接在线填写。通过网络进行调查有很多优点:首先,可以缩减费用。仅和最便宜的传统调查问卷方式——邮寄调查相比,电子调查就节约了印刷纸张、邮费以及数据录入的费用。其次,电子问卷的设计突破了传统纸张的限制,具有更多的灵活性。[1] 本研究设计的 Excel 问卷,就充分利用了软件优势,在排版、色彩等方面突破了纸张设计的局限。最后,由于电子问卷几乎实时可达,这样就节约了调查时间,并且给被访问者带来时间上的便利,使得他们可以在调查时

---

[1] Singletion, J. and Straits, B. C., *Approaches to Social Research* (Fourth ed.), Oxford University Press, 2005.

段内选择自己方便的时间进行填写。

对于本研究来说,电子问卷还可以克服滚雪球抽样中可能遭遇的圈子局限问题。在滚雪球抽样中,不排除"雪球"滚到一定数量的对象之后,样本就无法扩大了。这种情况通常由于"雪球"滚动到一定数量的对象后,人们互相介绍的对象都属于同一个圈子或者关系网络,当圈子里的人都被介绍过一遍之后,"雪球"也就滚不动了。[1] 因此,在问卷发放形式上借助互联网,在一定程度上就是为了避免这种情况发生,因为互联网可以把圈子联系到全国各地,从而扩大了各自的圈子。因此,电子调查问卷可以克服空间的局限,在短时间内将取样地点扩大到全国各地。

本书采用的基于互联网的滚雪球抽样方法,主要采用统一的电子问卷作为附件发送。被访者在邮件中被告知有两种填写方式:一种是匿名填写附件后,直接发送至本次调查问卷回收邮箱;另一种是点击在线问卷的链接,直接在线填写。在线填写方式,是由于一些被访者担心邮件发送不能完全做到匿名,因此特地设计的。在线问卷发布在国内最大的旅游研究网站:旅游研究网(www.cotsa.com),并在主页有明显的滚动提示。此外,关于在线填写方式的传播,除了电子邮件的方式之外,还可以通过 MSN 等即时通信软件,方便地发送链接,让被访者多了一种填写选择。

通过互联网进行的电子问卷滚雪球,除了在地域扩散性上有优势外,还在降低费用、减少录入误差、提高数据效度上具有很多优势。本研究中发放的 Excel 格式电子问卷回收后,通过执行事先编写好的 Excel 宏程序,自动读取所有文件中的数据,并汇总生成数据文件。而在线填写的问卷,当被访者结束问卷填写、点击"提交"的同时,该数据会被自动记录到网站后台的数据库,并按照格式汇总生成数据文件。

---

[1] 风笑天主编:《社会研究方法》,高等教育出版社 2006 年版。

一般来说，基于互联网的电子问卷可能造成调查误差。比如，互联网用户与非互联网用户之间的差别，可能造成涵盖误差（coverage error）。电子问卷发放方式需要被访者会使用电脑和网络，这也将使得一部分低收入、低教育水平、高年龄的乡村旅游潜在游客样本所获数量偏低。幸而对于本研究而言，这样的误差可能更加接近目标总体。另外，电子问卷还可能产生无应答误差（non-response error）。根据近年的研究，电子邮件问卷回收率在63%以下，比面对面调查问卷回收率要低。但是，本书因为采用朋友圈子介绍的方式，不仅能够避免第二个问题，而且获得结果可能更加可信。

为了弥补电子问卷发放可能产生的调查误差，本研究又设计了结合现场发放的面对面问卷调查。问卷方法地点选择在临安主要开展旅游的乡村，抽样地点涉及临安的不同地理区位。

本研究的调查问卷设计主要由两部分组成。一部分就是第三章设计，并通过预调查的游客导向乡村性测量量表，以及一道开放题；根据德尔菲法收集的专家意见，本研究问卷将乡村性量表打乱，按照游客喜欢的顺序排序。另外一部分设计了包括性别、年龄、教育程度、收入等在内的人口社会特征选项，其中包含居住环境等涉及地理、空间的选项。

调查问卷的发放和数据收集分成两个步骤完成。第一次是在2008年6月中旬，从6月14日到6月28日，持续两周时间。通过一对一面访的形式，对临安主要开展乡村旅游的村落进行游客调查。调查方式以对方自填形式为主，访问者在一旁对被访者可能不清楚的信息进行解释。对于年龄较大或者有阅读障碍的被访者，则由访问者对被访者进行一问一答，直接帮助填写。现场共发放问卷399份，回收366份，回收率为91.7%。第二次集中在7月15日到8月初。采用电子邮件形式的问卷，共回收532份，采用网络在线填写方式的问卷，共回收59份，因此通过互联网进行滚雪球方式，共回收问卷591份。因此，总回收问卷数量为N=957，达到了研究设计的要求。

最后,根据两个标准来确定是否有效问卷:(1) 关于乡村性描述的 39 个选项没有缺失值;(2) 没有规律性填写和互相矛盾之处。最终获得现场版有效问卷 288 份,回收问卷有效率为 78.7%。而通过互联网回收问卷有效率为 87.3%。因此,本研究所用最终回收问卷为 804 份,总体回收问卷有效率为 84.0%(见表 4-1)。

表 4-1 调查问卷收发情况

数据收集方式	发放数	回收数	回收率	有效数	有效率
现 场	399	366	91.7%	288	78.7%
滚雪球(电子邮件)	—	532	—	464	87.2%
滚雪球(在线)	—	59	—	52	88.1%
总 计	—	957	—	804	84.0%

第二节 数据分布及方差分析

一、潜在游客对乡村性指标评判总体评价

(一) 乡村旅游潜在游客社会特征分析

本研究设计了九项人口社会特征的选项,因此从中可以析出九项人口社会特征变量进行分析。在进行描述性分析之前,为了统计方便,对其中两个变量进行了处理:其一是将出生年一项简化为年龄段的定距变量;其二是将籍贯简化成为二分变量来处理,即以秦岭-淮河一线作为南北划分线,将被访的现常居住地划分为南方和北方两类。

从表4-3中可以看出,被试的男女性别差异不大,年龄段以18—35岁的中青年居多;教育程度偏高,大专以上学历占据了绝大部分,达85.2%。与这些特征相对应,可以发现单身与已婚被试基本各占据半壁江山,而在已婚群体中,已婚无子女或者子女已经独立的被试与子女未独立的群体约各占一半。

在职业一项上,被试最多的是专业技术人员,占据29%,另外还有15.3%的公务员/事业单位人员。另外,企业管理人员也占据了11.7%,学生占据了8.7%,自由职业和教师占据5.3%,离退休人员占2.7%。其余工人/农民工、下岗待业人员以及家庭主妇等甚少。

和职业的分布相对应,从表4-2中可以发现,被试收入和社会总体水平相比偏高。其中,家庭人均月收入低于1 000元的仅占5%,而家庭人均月收入在10 001元以上的达到了15.5%。不过,大部分被试的家庭人均月收入在1 001元到5 000元之间,占据56.91%。

在九项人口特征的缺失值中,年龄的缺失值最多。原因可能是问卷设计中没有直接采用国内常见的年龄段选择,而采用了西方社会科学研究中常见的填写出生年的形式,因此被很多被试以个人隐私原因而拒访。虽然这种设计方法损失了一部分数据,但是,可以根据研究需要进行灵活的年龄组分类,因此对于数据的重复利用提供了便利。

总之,从以上样本与社会人口构成来看,被试的潜在乡村旅游游客具有年龄偏年轻、收入偏高、教育程度偏高的特点。这与上述文献综述中获得的乡村旅游游客人口特征相吻合。

表4-3中还列出了被访者地理空间相关特征。可以发现,82.5%的被访者现在生活在城市市区,另外13.3%生活在城市郊区。这样的人口特征与乡村旅游以都市居民为主的特征也相吻合。在被访者中,有39.3%的被试在18岁以前生活在乡村、乡镇地区——这和我国年轻的城市化历程时代背景也相吻合。另外,在被试中,有62.3%常住在南方,33.8%常住在北方地区。南方比例的

相对偏高,与在案例地取样有关。不过,所有的样本囊括了全国大部分地区,也非常具有全国的代表性。综上所述,从以上总体样本的社会人口特征分析中可以看出,该样本符合目标总体的要求。

不过,从表4-3中可以看出,有些选项分类过于细致,反而不能符合统计上的简练原则,因此,本书将简化其中的四类变量水平,以实现简洁的目的,随后的方差分析也基于精简过的分类进行(见表4-2)。

表4-2 四项调整后人口社会特征选项水平及数据

人口特征变量		N	百分比(%)
职业	公务员/事业单位/自由职业者	161	20.0
	商业/服务业人员	136	16.9
	工人/技术人员	264	32.8
	企业管理人员	94	11.7
	学生	70	8.7
	其他	58	7.2
	缺失值	21	2.6
	合计	804	100.0

人口特征变量		N	百分比(%)
家庭人均月收入	1 000元以下	40	5.0
	1 001元~3 000元	244	30.3
	3 001元~5 000元	212	26.4
	5 001元~8 000元	104	12.9
	8 001元以上	176	21.9
	缺失值	28	3.5
	合计	804	100.0

人口特征变量		N	百分比(%)
现惯居环境	农村/乡镇	25	3.1
	城市/郊区	770	95.8
	缺失值	9	1.1
	合计	804	100.0

人口特征变量		N	百分比(%)
18岁前惯居环境	农村/乡镇	316	39.3
	城市/郊区	472	58.7
	缺失值	16	2.0
	合计	804	100.0

表4-3 潜在乡村旅游游客样本人口社会特征分析

人口特征		样本数	百分比(%)
性别	男	448	55.7
	女	350	43.5
	缺失值	6	0.7
	合计	804	100.0

人口特征		样本数	百分比(%)
年龄段	17岁以下	7	0.9
	18岁~35岁	569	70.8
	36岁~55岁	104	12.9
	56岁以上	20	2.5
	缺失值	104	12.9
	合计	804	100.0

人 口 特 征		样本数	百分比(%)
家庭结构	单 身	367	45.6
	已婚无子女	165	20.5
	已婚有子女,子女未独立	215	26.7
	已婚有子女,子女已独立	34	4.2
	其 他	14	1.7
	缺失值	9	1.1
合 计		804	100.0

人 口 特 征		样本数	百分比(%)
教育程度	初中以下	27	3.4
	高中/中专	79	9.8
	大专/大学本科	477	59.3
	硕士及以上	208	25.9
	缺失值	13	1.6
合 计		804	100.0

人 口 特 征		样本数	百分比(%)
职 业	商业/服务业人员	118	14.7
	公务员/事业单位人员	123	15.3
	工人/农民工	31	3.9
	专业技术人员	233	29.0
	企业管理人员	94	11.7
	自由职业者/教师	43	5.3
	个体工商户/私营业主	13	1.6
	学 生	70	8.7

续 表

人口特征		样本数	百分比(%)
职业	下岗/待业人员	4	0.5
	离退休人员	22	2.7
	家庭主妇	3	0.4
	其他	29	3.6
	缺失值	21	2.6
合计		804	100.0

人口特征		样本数	百分比(%)
现惯居环境	城市市区	663	82.5
	城市郊区	107	13.3
	乡/农村地区	15	1.9
	镇	10	1.2
	其他	3	0.4
	缺失值	6	0.7
合计		804	100.0

人口特征		样本数	百分比(%)
18岁前惯居环境	城市市区	373	46.4
	城市郊区	99	12.3
	乡/农村地区	237	29.5
	镇	79	9.8
	其他	7	0.9
	缺失值	9	1.1
合计		804	100.0

人口特征		样本数	百分比(%)
现常居南/北方	南方	501	62.3
	北方	272	33.8
	缺失值	31	3.9
合计		804	100.0

(二) 潜在游客对乡村性观测指标态度分析

通过对39个选项的平均值、标准差求解,按照其分布可以划分为四组,体现在表4-4中。所有39项中(观测指标具体指代,请参见附录三),平均值的范围从2.23分到4.70分。最低分是X_{22}:"村民文化低,见识短"项,最高分是X_5:"空气清新"项。

表4-4 潜在乡村旅游游客样本对乡村性观测指标态度分析

第一组		
变量	均值	标准差
X_{22}	2.23	0.96
X_{14}	2.27	1.15
X_{23}	2.36	1.04
X_{19}	2.40	1.00
X_{33}	2.52	1.04

第二组		
变量	均值	标准差
X_{25}	3.12	0.89
X_{39}	3.25	1.02
X_{24}	3.32	0.91

续 表

第二组		
变 量	均 值	标准差
X_1	3.35	1.05
X_{38}	3.54	1.02
X_{10}	3.54	0.99
X_2	3.58	0.99

第三组		
变 量	均 值	标准差
X_{31}	3.60	0.89
X_{27}	3.61	0.98
X_{34}	3.70	0.88
X_{29}	3.70	0.91
X_{30}	3.75	0.89
X_{21}	3.74	0.97
X_3	3.74	0.98
X_{28}	3.82	0.99
X_{32}	3.82	0.87
X_{37}	3.90	0.87
X_{15}	3.94	0.84
X_9	3.94	0.99
X_{16}	3.95	0.85
X_{17}	3.95	0.80
X_{12}	3.96	0.85
X_{18}	3.98	0.98

第四组		
变　量	均　值	标准差
X_{11}	4.08	0.92
X_{20}	4.11	0.88
X_{26}	4.18	0.80
X_6	4.18	0.92
X_{35}	4.20	0.76
X_8	4.28	0.87
X_{36}	4.28	0.77
X_{13}	4.47	0.71
X_7	4.51	0.76
X_4	4.60	0.69
X_5	4.70	0.67

第一组列出了平均值在2.0～2.6之间的一组,包括五项,分别是X_{22}、X_{14}、X_{23}、X_{19}和X_{33}。这五个选项散布在乡村经济、乡村社会、乡村游憩机会以及旅游设施四个范畴之内,代表人们最不喜欢之乡村特点。并且,这几项也是标准差很大的选项,其中有四个变量的标准差超过了1。

第二组列出了平均值在2.6～3.6之间的七项,分值从低到高分别是X_{25}、X_{39}、X_{24}、X_1、X_{38}、X_{10}和X_2。这七项和上述第一组相似的地方在于选项也散布在乡村自然环境、乡村经济、乡村社会和旅游设施上。无独有偶,这七项的标准差之值也很高,其中有三项超过1,另有两项达到了0.99。标准差大于1的变量都集中在平均分也较低的两组中,说明除了平均得分低之外,不同的人对于标准差偏高的选项的看法差异性也大。

第三组则列出了平均值在3.6～4.0之间的十六项,这是四组中选项最多的一组。平均值较高的这一组，主要集中了乡村游憩机会这一领域的变量。

其余平均值在4.0以上的十一项在第四组中列出。平均值最高的这组，主要集中在理论模型中的乡村环境板块，包括乡村的自然环境和人文环境。这表明对于游客而言，心目中最想去旅游的乡村需要具备相应的游憩活动机会，并且对于乡村美好的自然、人文生态环境的重视，甚至超过了游憩机会本身。

从标准差分值来看，相对于平均值较低的第一、二组而言，第三组和第四组在标准差上的分异更小，说明在这些选项上，人们的看法更加趋同。其中，第四组的十一项变量，占据了标准差最小的前七项，说明了人们对于乡村旅游地生态环境选择的相对一致性。

有趣的是第三组的选项，其中涉及乡村社会的大部分选项，标准差分值很低，仅次于乡村环境，而其中关于乡村游憩活动机会的选项则标准差分值相对较大，反映了不同人群选择的差异性。第二组的选项在标准差分值分布上很散，除了分值偏大之外，没有上述明显规律可循。而第一组所列选项，如上文所述，则位居标准差分值最大之前列。

综上所述，通过均值和标准差的分析，可以清楚地了解样本中理论概念模型中的39个选项产生数据的分布，以及隐藏在数据之后的意义。

第一，人们对于自己向往的乡村旅游地期望值最高、分歧最小的特征，集中分布在乡村性内涵概念框架中的乡村环境部分，包括自然环境和人文环境。人们对于乡村与城市不同的自然、人文环境的诉求，从数据上看，竟然超过了乡村旅游地能够提供的游憩机会本身。

第二，乡村旅游地中提供的游憩活动机会、旅游设施也受到了人们的关注。人们希望有多样化的，和乡村社会、文化和传统紧密联系,有乡村所特有的旅游活动。从"推拉"(push-pull)的理论视角,乡村游憩机会和上述乡村地理环境构成最大的拉力。

第三,作为乡村地理、乡村社会以及乡村经济这些主要从"供给方"研究乡村性的学科角度,乡村的社会、经济特征是构成乡村性的核心内容。但是,乡村一旦被视为旅游地,人们的看法就会发生很大的改变。事实上,游客可能对于这些特征并不是很在意。因此,这些数据表明了多角度研究的必要性——当乡村作为游憩场所的时候,人们对于它的特征属性的认知与乡村作为生活场所的时候具有显著的不同。因此,从"需求方"角度来研究乡村旅游地的乡村性,就具有特别的意义。

第四,对于现代社会发展初期,人们对于城乡出现的明显"二元化"特征——乡村和村民在信息、经济、文化上,甚至心理上对于都市人、都市文化存在落差的负面特征,普遍抱着不欢迎的态度。不过,这里也体现了仁者见仁、智者见智的差别,因为除了均值最低之外,标准差呈现最大的差异。不过,是否不同人群表现出来的偏好不同,可以从随后的方差分析中得到答案。

二、潜在游客对乡村性指标评判与社会特征关系分析

除了平均值和标准差这些特征值分析之外,初步的数据分析还包括通过对人口社会特征对应39个变量的单因素方差分析方法,来探究人口社会特征指标对于每一项变量是否存在显著影响。如果显著,则会通过方差的描述性分析,或者用LSD方法进行事后检验(Post Hoc),来判断选项受该项人口社会特征中的哪个、哪几个特定水平的影响。

以下为了便于叙述,将九项人口社会特征变量分成三类,显示单元多因素方差分析结果。从总体来看,性别、年龄和教育程度这三项人口社会特征是对乡村性量表变量影响最大的因素。

(一) 人口社会特征变量

1. 性别

表 4-5 显示了以"性别"作为自变量,以 39 项乡村性指标为因变量进行方差分析(ANOVA),最后得到在 95% 置信水平上达到显著的 18 项观测指标量表。

表 4-5 因性别产生显著差异的乡村性观测指标

所属板块	指标	df	均值平方	F	Sig.
人文生态环境	X_7	1	3.935	6.758	0.010*
	X_{11}	1	4.522	5.319	0.021*
	X_{12}	1	2.863	3.949	0.047*
	X_{13}	1	2.684	5.395	0.020*
乡村社会	X_{10}	1	4.306	4.441	0.035*
	X_{15}	1	2.808	3.984	0.046*
	X_{16}	1	6.544	9.169	0.003**
	X_{22}	1	5.036	5.516	0.019*
乡村游憩机会	X_{27}	1	7.431	7.873	0.005**
	X_{30}	1	4.613	5.883	0.016*
	X_{31}	1	22.571	29.343	0.000**
	X_{32}	1	17.695	23.910	0.000**
	X_{35}	1	2.522	4.357	0.037*
	X_{36}	1	2.872	4.800	0.029*
旅游设施	X_{18}	1	9.364	9.831	0.002**
	X_{23}	1	10.082	9.339	0.002**
	X_{38}	1	8.438	8.151	0.004**
乡村经济	X_{25}	1	3.413	4.460	0.035*

注:* 表示 0.05 水平上显著,** 表示 0.01 水平上显著。

也就是说,性别对于这18个选项来说,具有统计上的显著影响——男女潜在游客对于这些观测指标的选择存在显著不同。

由于性别自变量本身只存在男、女两个水平,因此我们可以通过观察呈显著关系的指标,从男女的评判分值的平均数来判读两个水平间的差异在哪里。通过分析,可以发现这18个选项中,"村民文化低,见识短"和"信息闭塞,报纸、电视、现代通信不发达"两项,男性比女性平均分高,说明男性比女性在统计上更不在意乡村旅游地的这两个特性。其余16项都是女性比男性平均分更高,说明乡村旅游地如果具有这些特征,可能更能吸引女性游客。

在这18个选项中,集中在概念框架的"人文环境""乡村社会""乡村游憩机会"和"旅游设施"四个板块。其中,"乡村游憩机会"中主要集中在与乡村传统民俗有关的活动,并且对于乡村与城市不同的餐饮更加关注。因此,可以发现,性别在乡村性选择上主要在人文活动方面存在差异,这些人文活动表现在对"人文环境"、人文相关游憩活动的关注。另外,女性对于带有现代城市生活特色的设施要求比男性更高。

2. 年龄

表4-6列出了在0.05的显著水平上,共有12项变量在年龄上有显著差异。这12个变量在概念框架中,主要处于"乡村游憩机会""乡村社会"的两个认知板块,并且可以看到,在"乡村游憩机会"板块中,主要是游客参与性的一些活动在年龄上具有显著差别。在乡村社会板块中,是与城市社会相反、反映城乡二元分化的选项在年龄上具有显著差异。

表4-6 因年龄产生显著差异的乡村性观测指标

所属板块	指标	df	均值平方	F	Sig.
乡村游憩机会	X_{28}	3	2.401	2.800	0.039*
	X_{29}	3	6.596	8.070	0.000**

续 表

所属板块	指标	df	均值平方	F	Sig.
乡村游憩机会	X_{30}	3	11.108	14.411	0.000**
	X_{32}	3	6.088	8.079	0.000**
	X_{33}	3	3.418	3.063	0.028*
	X_{37}	3	2.643	3.345	0.019*
乡村社会	X_{14}	3	5.111	3.861	0.009**
	X_{22}	3	2.713	2.931	0.033*
	X_{21}	3	5.827	6.032	0.000**
人文生态环境	X_{12}	3	3.654	4.926	0.002**
乡村经济	X_{24}	3	2.442	2.851	0.037*
旅游设施	X_{3}	3	3.865	3.864	0.009**

注：* 表示 0.05 水平上显著，** 表示 0.01 水平上显著。

由于年龄段自变量具有多个水平，因此借助方差事后检验查看具体哪个年龄段对选项造成显著影响（见表 4-7）。

表 4-7　因年龄产生显著差异的乡村性观测指标 LSD 事后检验

指标	(I)	(J)	均值差值(I-J)	标准误
X_{28}	1	2	-0.841 8(*)	0.352 16
		3	-0.865 4(*)	0.361 61
X_{29}	4	2	-0.968 0(*)	0.205 68
		3	-0.873 1(*)	0.220 74
X_{30}	1	2	-0.930 2(*)	0.333 87
		3	-0.796 7(*)	0.342 82
	4	2	-1.187 3(*)	0.199 73
		3	-1.053 8(*)	0.214 36

续 表

指标	(I)	(J)	均值差值(I—J)	标准误
X_{32}	1	2	−1.282 7(*)	0.330 11
		3	−1.294 0(*)	0.338 96
	4	2	−0.604 1(*)	0.197 49
		3	−0.615 4(*)	0.211 95
X_{33}	1	2	0.971 6(*)	0.401 74
X_{37}	4	2	−0.570 9(*)	0.202 21
		3	−0.515 4(*)	0.217 01
X_{14}	2	1	−1.067 8(*)	0.437 54
		3	−0.272 5(*)	0.122 70
X_{22}	1	4	−0.835 7(*)	0.422 53
	2	3	−0.216 7(*)	0.102 61
X_{21}	1	2	−1.346 5(*)	0.373 75
		3	−1.177 2(*)	0.383 77
		4	−0.921 4(*)	0.431 62
X_{12}	4	2	−0.707 0(*)	0.195 93
		3	−0.584 6(*)	0.210 28
X_{24}	1	2	−1.025 4(*)	0.351 93
		3	−1.022 0(*)	0.361 36
		4	−1.064 3(*)	0.406 41
X_3	1	3	−0.980 8(*)	0.390 51
		4	−0.950 0(*)	0.439 19
	2	3	−0.279 5(*)	0.106 65

* I,J 栏数字分别表示,1：17 岁以下；2：18 岁～35 岁；3：36 岁～55 岁；4：56 岁以上。

从表 4-5 中可以发现,17 岁以下的游客群是一个相对比较特殊的游客群。在现场问卷发放和收集过程中,笔者发现,这个群体主要是中小学生以及年轻的打工者。中学生一般与同学结伴而游,打工者通常由单位组织统一活动,而更小的游客则是随着年长的父母、祖父母或者其他亲戚出游,在乡村旅游地选择上缺乏发言权。而对于乡村的乡村特性评判,他们也和其他年龄阶段的人群在很多方面有显著差异。我们从表中看到,除了"可以满足好奇,感受到当地与众不同的民俗风情的地方"之外,在其余 17 个选项中,他们都与其他的年龄段存在显著差异。而好奇心也是孩子的天性,因此没有显著差异,这很容易理解。

此外,年龄在 56 岁以上、逐渐步入或者已经步入老年的群体,也是研究乡村旅游需要注意的另外一个群体。和小于 17 岁的群体类似,这个中老年群体在大部分选项上与其他年龄段存在着显著差异。特别对于"探索、探险""可以满足好奇,感受到当地与众不同的民俗风情的地方"这类需要好奇心以及充沛体力的选项,分数显著偏低,并且在体验类型的选项上,比如"住宿房屋有乡土特色""体验传统的交通方式"和参与"农村节事活动"和其他年龄段相比,分数显著偏低。

从文献中可以知道,乡村旅游的游客年龄偏年轻,那么 18 岁~55 岁这个群体之间的差异就更加值得注意。表 4-7 显示,18 岁~35 岁的人群与 36 岁~55 岁的人群,在三个选项上存在差别。"村民文化低,见识短"一项,18 岁~35 岁年龄的群体得分比 36 岁~55 岁的显著偏低,说明后者更能接受乡村和城市目前的二元差异,这也许和生活阅历相关。在"可以体现城里人优越性的地方"一项上,同样是前者分数显著偏低,说明在乡村村民面前,年轻人比中年的都市人在自我表现上愿望更弱。这与前项是相呼应的。另外,在"交通便捷"项目上,两个群体的差异显著,18 岁~35 岁的群体没有 36 岁~55 岁的群体那么在意交通的便捷性,这也许与两个群体的出游方式是否自驾车,以及能够支配的时间有关。

在经验上,后者工作、家庭事务更加繁忙,希望能够选择交通便利的乡村出游,并且也是自驾车一族的主要年龄段。

3. 教育程度

教育程度是对乡村性量表评价产生差异的第二大人口社会特征。一共有 15 个选项因为受访者教育程度的差异,而产生评价在 95% 置信水平上的显著差异(见表 4-8)。这 15 项主要集中在乡村游憩机会以及对乡村社会的认识上,其余则均匀分布在"乡村人文环境""乡村经济"以及"旅游设施"上。

表 4-8　因教育程度产生显著差异的乡村性观测指标

所属板块	指标	df	均值平方	F	Sig.
乡村游憩机会	X_{29}	3	3.482	4.206	0.006**
	X_{30}	3	7.245	9.540	0.000**
	X_{31}	3	4.193	5.355	0.001**
	X_{32}	3	3.838	5.162	0.002**
	X_{33}	3	5.299	4.933	0.002**
乡村社会	X_{10}	3	2.963	3.072	0.027*
	X_{14}	3	19.899	15.859	0.000**
	X_{17}	3	3.526	5.576	0.001**
	X_{21}	3	7.040	7.729	0.000**
人文环境	X_{8}	3	2.950	3.936	0.008**
	X_{9}	3	3.782	3.886	0.009**
乡村经济	X_{19}	3	5.390	5.406	0.001**
	X_{25}	3	9.893	13.477	0.000**
旅游设施	X_{38}	3	3.042	2.973	0.031*
	X_{39}	3	5.354	5.271	0.001**

注:* 表示 0.05 水平上显著,** 表示 0.01 水平上显著。

通过 LSD 方法进行的方差事后检验（见表 4-9），可以清楚看出这些显著差异表现在教育程度变量的哪个水平上。

表 4-9　因教育程度产生显著差异的乡村性观测指标 LSD 事后检验

指标	(I)	(J)	均值差值(I−J)	标准误	Sig.
X_{29}	1	2	−0.434 1(*)	0.202 83	0.033
		3	−0.600 3(*)	0.179 99	0.001
		4	−0.558 6(*)	0.186 13	0.003
X_{30}	1	2	−0.381 6(*)	0.194 27	0.050
		3	−0.749 8(*)	0.172 39	0.000
		4	−0.675 9(*)	0.178 26	0.000
	2	3	−0.368 2(*)	0.105 85	0.001
		4	−0.294 3(*)	0.115 17	0.011
X_{31}	1	2	−0.393 3(*)	0.197 28	0.047
		3	−0.600 3(*)	0.175 07	0.001
		4	−0.636 0(*)	0.181 03	0.000
	2	4	−0.242 7(*)	0.116 96	0.038
X_{32}	1	2	−0.474 9(*)	0.192 21	0.014
		3	−0.573 0(*)	0.170 57	0.001
		4	−0.668 6(*)	0.176 38	0.000
X_{33}	1	2	0.501 6(*)	0.231 06	0.030
		3	0.688 3(*)	0.205 04	0.001
		4	0.752 5(*)	0.212 02	0.000
X_8	1	3	−0.389 9(*)	0.171 24	0.023
		4	−0.486 1(*)	0.177 07	0.006
	2	4	−0.286 4(*)	0.114 40	0.013

续 表

指标	(I)	(J)	均值差值(I-J)	标准误	Sig.
X_9	1	2	-0.527 4(*)	0.219 93	0.017
	2	3	-0.368 2(*)	0.105 85	0.001
		3	-0.635 2(*)	0.195 16	0.001
		4	-0.657 1(*)	0.201 81	0.001
X_{38}	1	2	0.643 7(*)	0.225 49	0.004
		3	0.522 7(*)	0.200 10	0.009
		4	0.578 9(*)	0.206 91	0.005
X_{10}	4	1	-0.485 0(*)	0.200 90	0.016
		2	-0.267 0(*)	0.129 79	0.040
		3	-0.166 4(*)	0.081 60	0.042
X_{14}	1	2	0.762 8(*)	0.249 71	0.002
		3	1.093 6(*)	0.221 59	0.000
		4	1.394 4(*)	0.229 14	0.000
	2	3	0.330 9(*)	0.136 06	0.015
	4	2	-0.631 6(*)	0.148 04	0.000
		3	-0.300 8(*)	0.093 07	0.001
X_{17}	2	3	0.210 8(*)	0.096 59	0.029
	4	2	-0.401 4(*)	0.105 09	0.000
		3	-0.190 6(*)	0.066 07	0.004
X_{21}	1	2	-0.507 3(*)	0.212 75	0.017
		3	-0.719 8(*)	0.188 79	0.000
		4	-0.852 4(*)	0.195 22	0.000
	2	4	-0.345 1(*)	0.126 13	0.006

续 表

指标	(I)	(J)	均值差值(I−J)	标准误	Sig.
X_{19}	1	3	0.536 7(*)	0.197 54	0.007
	1	4	0.537 9(*)	0.204 27	0.009
	2	3	0.369 3(*)	0.121 30	0.002
	2	4	0.370 6(*)	0.131 97	0.005
X_{25}	1	2	0.437 9(*)	0.190 99	0.022
	1	3	0.508 7(*)	0.169 48	0.003
	1	4	0.862 4(*)	0.175 26	0.000
	4	2	−0.424 5(*)	0.113 23	0.000
	4	3	−0.353 6(*)	0.071 19	0.000
X_{39}	1	2	0.708 9(*)	0.224 67	0.002
	1	3	0.773 6(*)	0.199 37	0.000
	1	4	0.798 1(*)	0.206 16	0.000

* I、J 栏数字分别表示,1:初中及以下;2:高中、中专;3:大专、本科;4:硕士及以上。

表4-9显示,对于初中及以下教育程度的群体来说,在描述乡土性的变量中,与其他教育程度的群体差异很大。在"乡村游憩机会"板块中,对前四项与自然、乡村文化相关的选项的兴趣都比其他人群低,但是对于非传统乡村的夜间娱乐活动,却比其他人群打分都要高。其次,就是高中、中专教育程度的人群,在"体验传统的交通方式"和"传统的民俗节庆活动"方面,愿望也比高学历的人群要低。

在"乡村社会"板块中,表面上没有表现出以是否接受过大学教育为分野的特点,但是也可以看出,意愿高低呈两极分化的趋势。首先是初中及以下文化程度的受众,他们在是否认为乡村是"可以体现城里人优越性的地方"这点上,打分比高学历者显著偏高,说明他们对这一点的认可比其他学历程度的人群都要高。但是在"生活简单,节奏慢"这点上,打分比高学历者显著更低,显示出在该项上与后者对于乡村生活态度的差异性,同样,高中、中专学历的人群相比硕士及以上的人群,打分也显著偏低。其次是硕士及以上学历的受众,在"村民对自己是农村人感到自豪"项上,打分显著低于前三者,这与"可以体现城里人优越性的地方"一项打分同样显著偏低相对比,可能存在社会赞许性的影响。

在其余三个概念框架囊括的板块中,同样显示了高低学历之间的显著差异,而在大学和硕士及以上学历的人群中,不存在显著差异。比如在"人文环境"板块,高中及其以下学历的受众,和大学及以上的受众相比,对于传统的乡村聚落及意境相关选项打分显著偏低。在"乡村经济"板块中,高中及其以下学历者显著比大学及以上学历者更认为乡村更加贫穷,对于乡村在第一产业之外的其他的就业机会,看到的也比高学历者多,也许是低学历者更加贴近传统的乡村生活的缘故。

因此,对于相对低学历的游客来说,更倾向于选择富裕和第一产业之外的其他就业机会更多的乡村旅游,而对于大学及以上高学历的游客而言,传统而纯粹的乡村则更有旅游吸引力。最后,在旅游设施理论板块,初中及以下学历的受众显著比其他教育程度的人群更加愿意选择医疗条件好、购物方便的乡村。

4. 家庭结构

家庭结构对于乡村性理论指标和板块的影响,相对于性别、年龄和教育程度要小,主要表现在八项选项之上的显著差异(见表 4-10)。从表中可知,虽然只有八项,但是却依然分布在概念框架的五大板块中。

表 4-10　因家庭结构产生显著差异的乡村性观测指标

所属板块	指标	df	均值平方	F	Sig.
人文环境	X_8	4	2.056	2.729	0.028*
	X_9	4	3.669	5.144	0.000**
乡村游憩机会	X_{29}	4	3.180	3.856	0.004**
	X_{30}	4	7.352	9.743	0.000**
旅游设施	X_3	4	4.160	4.359	0.002**
	X_{39}	4	3.240	3.147	0.014*
乡村社会	X_{21}	4	3.197	3.435	0.009**
乡村经济	X_{25}	4	1.890	2.478	0.043*

注：*表示 0.05 水平上显著，**表示 0.01 水平上显著。

从家庭结构的总体来看（表 4-11），已婚且子女已独立人群与单身人群在更多的选项上表现出与其他人群的显著差异。在"人文环境"板块，已婚且子女已独立人群对于乡村传统景观与民俗好奇心都小于其他人群；在"乡村游憩机会"中，对于探险、体验有关的选项，打分也都显著低于其他人群；在"乡村社会"板块中，他们反而显著地不认为乡村社会生活简单和慢节奏。究其原因，在于在中国社会中，子女已独立人群通常年龄偏大，因此，他们表现出来的显著差异与年龄差异相一致。在另外一个人群，即单身受众中，对于传统交通方式的体验愿望，比已婚且子女未独立的人群兴趣显著偏高；在对于交通便利的要求上，单身人群比已婚人群（无论是否带有孩子）的要求显著偏低，并且，他们对于乡村中除了第一产业之外的村民还有更多就业机会更加感兴趣。

表 4-11 因家庭结构产生显著差异的乡村性观测指标 LSD 事后检验

指标	(I)	(J)	均值差值(I—J)	标准误	Sig.
X_8	4	1	−0.416 8(*)	0.155 6	0.008
		2	−0.528 9(*)	0.163 5	0.001
		3	−0.435 4(*)	0.160 2	0.007
X_9	4	1	−0.609 5(*)	0.151 3	0.000
		2	−0.623 7(*)	0.159 1	0.000
		3	−0.626 9(*)	0.155 9	0.000
X_{29}	4	1	−0.629 5(*)	0.162 8	0.000
		2	−0.537 8(*)	0.171 1	0.002
		3	−0.532 0(*)	0.167 6	0.002
X_{21}	4	1	−0.468 3(*)	0.172 9	0.007
		2	−0.602 0(*)	0.181 7	0.001
		3	−0.446 9(*)	0.178 1	0.012
		5	−0.878 2(*)	0.306 4	0.004
X_{25}	1	2	0.172 2(*)	0.081 9	0.036
		3	0.202 1(*)	0.075 0	0.007
X_{30}	1	3	0.212 9(*)	0.074 61	0.004
	4	1	−0.909 0(*)	0.155 7	0.000
		2	−0.858 8(*)	0.163 6	0.000
		3	−0.696 0(*)	0.160 3	0.000
		5	−0.630 3(*)	0.275 9	0.023
	4	1	0.426 9(*)	0.181 9	0.019
		3	0.408 3(*)	0.187 3	0.030

续　表

指标	(I)	(J)	均值差值(I−J)	标准误	Sig.
X_{39}	5	1	0.737 8(*)	0.276 3	0.008
		2	0.637 7(*)	0.282 4	0.024
		3	0.719 3(*)	0.279 9	0.010
X_3	1	2	−0.206 6(*)	0.091 6	0.024
		3	−0.307 5(*)	0.083 9	0.000
		5	−0.543 4(*)	0.266 0	0.041

* I,J栏数字分别表示,1：单身；2：已婚无子女；3：已婚且子女未独立；4：已婚且子女已独立；5：其他。

5. 职业

乡村性特征选项对于受众职业而言，在95%的置信水平上，存在着六项显著差异，并均匀分布在"自然环境""人文环境"和"乡村游憩机会"这三大板块上（见表4-12）。值得一提的是，职业和现常居环境是在自然环境理论板块上存在显著影响的仅有的两项人口社会特征。

表 4-12　因职业产生显著差异的乡村性观测指标

所属板块	指标	df	均值平方	F	Sig.
自然生态环境	X_2	5	2.432	2.551	0.027*
	X_6	5	2.517	3.085	0.009**
人文生态环境	X_8	5	2.279	3.047	0.010*
	X_9	5	2.981	3.105	0.009**
乡村游憩机会	X_{27}	5	2.633	2.771	0.017*
	X_{37}	5	2.245	2.974	0.011*

注：*表示0.05水平上显著，**表示0.01水平上显著。

通过 LSD 方差事后检验,可以发现职业变量上各个水平对于这些选项存在的显著差异。总体而言,技术人员/工人与学生两个群体表现出了显著不同的特点(见表 4-13)。技术人员/工人是许多都市技术人员拥有的职业,他们对于生态环境的兴趣显著偏高,同时在乡村人文环境的听觉环境上更加敏感,并且对于在乡间进行打牌、下棋之类的休闲活动兴趣更小。学生是另外一个具有显著特征的群体。学生明显不喜欢偏远的地理位置,对于乡村的传统聚落景观兴趣也更小。另外,企业管理人员在"自然环境"板块中对自然生态环境的诉求显著高于学生和其他人员,并且他们在乡土风格房屋的住宿方面,兴趣显著低于其他大部分人群。

表 4-13 因职业产生显著差异的乡村性观测指标 LSD 事后检验

指标	(I)	(J)	均值差值(I−J)	标准误	Sig.
X_2	5	1	−0.360 2(*)	0.139 78	0.010
		2	−0.456 9(*)	0.143 62	0.002
		3	−0.343 1(*)	0.131 26	0.009
X_6	3	5	0.382 0(*)	0.121 43	0.002
		6	0.362 3(*)	0.130 98	0.006
	4	5	0.337 4(*)	0.142 60	0.018
		6	0.317 7(*)	0.150 82	0.035
X_8	5	1	−0.303 7(*)	0.123 80	0.014
		3	−0.233 3(*)	0.116 25	0.045
	6	1	−0.438 2(*)	0.132 43	0.001
		2	−0.291 8(*)	0.135 61	0.032
		3	−0.367 8(*)	0.125 40	0.003
X_9	1	4	0.305 9(*)	0.127 19	0.016
		5	0.293 2(*)	0.140 28	0.037
		6	0.438 0(*)	0.150 05	0.004

续 表

指标	(I)	(J)	均值差值(I-J)	标准误	Sig.
X_9	3	4	0.254 4(*)	0.117 68	0.031
		6	0.386 5(*)	0.142 09	0.007
X_{27}	3	2	−0.320 9(*)	0.102 89	0.002
		6	−0.378 9(*)	0.141 36	0.008
X_{37}	4	1	−0.293 4(*)	0.112 79	0.009
		2	−0.279 9(*)	0.116 54	0.017
		3	−0.219 1(*)	0.104 36	0.036
	6	1	−0.368 3(*)	0.133 06	0.006
		2	−0.354 7(*)	0.136 26	0.009
		3	−0.293 9(*)	0.126 00	0.020

* I,J 栏数字分别表示,1：公务员、事业、自由职业者；2：商业、服务业工作者；3：技术人员、工人；4：企业管理人员；5：学生；6：其他。

6.家庭收入

家庭收入变量对于量表各个选项的影响相对较小,只表现在四项上,并均匀分布在"乡村经济"和"乡村社会"这两个板块(表4-14)。可见,人们对于乡村旅游地喜爱的程度,以及乡村旅游地提供的吸引力,对于人们来说,很大程度上并不受家庭收入的影响,其影响局限在对于乡村经济和社会特征的认识方面。

表4-14 因家庭收入产生显著差异的乡村性观测指标

所属板块	指标	df	均值平方	F	Sig.
乡村经济	X_{19}	4	3.631	3.609	0.006
	X_{25}	4	4.098	5.449	0.000
乡村社会	X_{21}	4	2.317	2.505	0.041
	X_{22}	4	3.552	3.896	0.004

注：*表示0.05水平上显著,**表示0.01水平上显著。

从事后检验的结果（表 4-15）来看，家庭人均月收入在 3 000 元～5 000 元之间的中等收入人群，在总体上与其他收入人群存在显著差异；其次是家庭人均月收入在 1 000 元～3 000 元，以及 8 000 元以上的人群。可见，收入差异虽然相对整个量表各选项差别不大，仅有四个选项，但是在对于乡村社会、乡村经济的认识上，存在着显著差异。

表 4-15　因家庭收入产生显著差异的乡村性观测指标 LSD 事后检验

指标	(I)	(J)	均值差值 (I−J)	标准误	Sig.
X_{19}	3	1	−0.517 5(＊)	0.172 90	0.003
		2	−0.288 4(＊)	0.094 17	0.002
		5	−0.224 3(＊)	0.102 28	0.029
X_{25}	3	2	−0.202 0(＊)	0.081 43	0.013
	5	2	−0.394 8(＊)	0.085 77	0.000
		3	−0.192 9(＊)	0.088 44	0.030
		4	−0.271 4(＊)	0.107 27	0.012
X_{21}	2	3	−0.234 7(＊)	0.090 30	0.010
		4	−0.231 2(＊)	0.112 63	0.040
		5	−0.237 8(＊)	0.095 12	0.013
X_{22}	3	1	−0.356 1(＊)	0.164 60	0.031
		2	−0.255 7(＊)	0.089 65	0.004
		4	−0.375 4(＊)	0.114 31	0.001
		5	−0.270 9(＊)	0.097 37	0.006

＊ I，J 栏数字分别表示，1：1 000 元以下；2：1 000 元～3 000 元；3：3 000 元～5 000 元；4：5 000 元～8 000 元；5：8 000 元以上。

收入在 3 000 元～5 000 元的群体，在对乡村"贫穷、经济落后"选项上的打分显著比低收入和高收入的群体低，但是与收入中等(5 000元~8 000元)人群相比,没有显著差别;在"村民文化低,见识短"项上,该群体比其他所有收入段的打分都要低;并且,在接受乡村旅游地具有第一产业之外的其他产业的程度上,显著比收入1 000元~3 000元的人群低。在乡村社会板块,家庭月均收入1 000元~3 000元的群体,在乡村社会"生活简单,节奏慢"方面的认可度,比3 000元家庭月均收入的群体都要显著更低。

二、人口地理特征变量

在九项人口社会特征变量中,其中三项与地理环境有关。单元多因素方差运算显示的结果表明,地理环境对于人们对乡村旅游地乡村性的认知的影响,并没有其他社会特征变量大:在95%的置信水平上,现居环境作为因变量,在五项测量选项具有显著差异;18岁成年以前是否居住在乡村的,存在四项显著差异;而至今居住在南/北方,存在着六项显著差异(表4-16)。

表4-16 因地理特征产生显著差异的乡村性观测指标

自变量	所属板块	指标	df	均值平方	F	Sig.
现常居环境	乡村社会	X_{14}	1	8.263	6.252	0.013*
		X_{22}	1	10.815	11.959	0.001**
	自然生态环境	X_4	1	2.079	4.382	0.037*
	乡村经济	X_{19}	1	4.912	4.878	0.027*
	乡村游憩机会	X_{31}	1	3.487	4.431	0.036*
18岁前常居环境	乡村游憩机会	X_{32}	1	4.303	5.809	0.016*
		X_{37}	1	4.470	5.901	0.015*
	人文生态环境	X_9	1	4.336	4.429	0.036*
	乡村社会	X_{14}	1	8.976	6.840	0.009**

续 表

自变量	所属板块	指标	df	均值平方	F	Sig.
现常居南/北方	乡村游憩机会	X_{26}	1	3.672	5.781	0.016*
		X_{30}	1	5.189	6.514	0.011*
		X_{34}	1	4.687	6.003	0.015*
	乡村社会	X_{14}	1	28.659	22.128	0.000**
		X_{21}	1	4.216	4.471	0.035*
	乡村经济	X_{19}	1	4.002	3.979	0.046*

注：* 表示 0.05 水平上显著，** 表示 0.01 水平上显著。

通过单元多因素方差的描述性结果，可以清楚地看到自变量内各水平的差异。对于现在居住在城市及其郊区的人群来说，在两项上的平均值高于居住在乡村、乡镇的人群，这两项分别是"绿色生态的自然景观""丰富的传统民俗节庆活动"，其他三项关于乡村旅游地的打分都低于居住在乡村、乡镇上的人群（见表 4-17）。这说明在乡村绿色生态、传统民俗节庆方面，都市人比乡村人拥有显著更高的期望。而针对乡村旅游地作为"可以体现城里人优越性的地方"这一评价，城市及郊区的人们显著不认可，但是乡村人却有这样的印象。这一方面也许是都市人受到社会赞许性的约束更多，另外一方面也可能是乡村人自身的看法，没有脱离以往城乡二元分化的影响。

表 4-17 因地理特征产生显著差异的乡村性观测指标事后检验

自 变 量	指 标	指标水平	均 值
现惯居环境	X_{14}	1	2.84
		2	2.26
	X_{22}	1	2.89
		2	2.21

续 表

自 变 量	指 标	指标水平	均 值
现惯居环境	X_4	1	4.32
		2	4.61
	X_{19}	1	2.84
		2	2.39
	X_{31}	1	3.24
		2	3.62
18岁前惯居环境	X_{32}	1	3.92
		2	3.77
	X_{37}	1	3.99
		2	3.83
	X_9	1	4.03
		2	3.88
	X_{14}	1	2.14
		2	2.36
现常居南/北方	X_{36}	1	4.27
		2	4.13
	X_{30}	1	3.84
		2	3.67
	X_{34}	1	3.80
		2	3.63
	X_{14}	1	2.00
		2	2.40
	X_{21}	1	3.85
		2	3.70

续 表

自 变 量	指 标	指标水平	均 值
现常居南/北方	X_{19}	1	2.29
		2	2.44

* 指标水平栏数字分别表示,现惯居环境和18岁前惯居环境,1：乡村、乡镇；2：城市、郊区。现常居南/北方,1：北；2：南。

中国目前还正处于快速城市化阶段,因此,现在居住在城市中的居民,很多在成年(或者上大学)之前生活在乡村。因此,本书通过对其18岁以前的生活环境进行考察,试图分析年少时候的生活环境,是否会对乡村旅游地的认知产生显著影响。表4-17中显示,对于充满传统乡村生产、生活活动的选项,如农村采摘等节事活动、乡土特色的房屋居住,以及乡村的听觉享受,少年时期生长在乡村、乡镇的人群在平均打分上,高于小时候成长在城市及其郊区的人群,这可能是由于他们对乡村生活更加熟悉,甚至怀旧。而在认为乡村是"可以体现城里人优越性的地方"一项上,他们的打分均值则小于城市及受教育人群。

中国幅员广阔,南北方的景观、生活习俗等存在很大差异。因此,现在惯常居住在南方还是北方,对于乡村性特点的认知和评价是否具有显著影响,也显得非常有意义。表4-17显示,在"贫穷,经济落后""可以体现城里人优越性的地方"两项上,南方人对于选项的打分均值高于北方人,其余四项则是北方人高于南方人。

综上所述,本研究通过方差分析,并对显著选项进行事后分析,结果表明以下四点。

第一,从概念框架来看,最不容易受到人口社会特征影响的选项集中在"自然环境"方面。在95%的置信水平上,这一方面很少产生显著差异,也就是说,不管人群的社会特征如何,对于乡村旅游地的自然环境诉求存在惊人的一致性。只有职业和现常居环境对个别选项产生显著影响：学生更不希望乡村旅游地在偏远地区，而以技术人员、企业管理人员为主的所谓的白领、金领群体，比其他职业群体更向往野生动植物丰富、生意盎然的乡村旅游地。而居住在城市及郊区的人们，则明显比惯常居住在乡村、乡镇的人们更加期待具有"绿色自然生态环境"的乡村旅游地。

第二，受到人口社会特征影响最大的乡村性特征，集中在"乡村游憩机会""乡村社会"两项。另外，"乡村经济""人文环境"也比较容易受到不同人口特征的影响。而对于"乡村旅游设施"，结合上文对于均值和标准差的分析，可以知道在乡村旅游设施方面，大家期望值普遍比较高，但是不同特征人群的差异不太显著。

第三，在九项可能对游客需求的乡村性特征衡量产生影响的人口社会特征中，以性别、教育程度、年龄和家庭结构产生的影响最大，对乡村性量表的 30.7%～48.7% 的选项产生影响；而职业、家庭收入以及现在和过往的居住环境相关的三个变量，相对而言，影响都不是很大，只对其中 10.3%～12.8% 的选项产生了显著影响。不过，从这个数据也可以看出，概念框架相对比较稳定，没有一项社会人口特征能够对基于量表的概念模型产生超出 50% 的差异影响——这也是本书希望寻求一般意义上的、基于游客需求的乡村性模型的有力佐证。根据其对乡村性量表选项的差异影响，以上九项人口社会特征除了在影响力上可以分成两类以外，在影响内容上也可以看出很大的差别。其中，性别、教育程度、年龄和家庭结构，对于概念模型中除了"自然环境"之外的其余五大板块都存在显著影响，而后五项变量对于"乡村设施"没有显著影响，但对于其余四大板块也都没有全部覆盖。

第四，具体到选项，本研究发现有 13 个选项对人口社会特征反应敏感，它们都受三个及以上人口社会特征影响，产生显著差异（见表4-18）。

表 4-18　易受潜在游客社会特征影响而产生显著差异的乡村性观测指标

所属板块	观测指标	人口社会特征自变量
人文环境	X_8	教育程度、家庭结构、职业
	X_{12}	性别、年龄、家庭结构
	X_9	教育程度、职业、18 岁前成长环境
乡村游憩机会	X_{30}	性别、年龄、教育程度、家庭结构、南北方差异
	X_{32}	性别、年龄、教育程度、18 岁前成长环境
	X_{31}	性别、教育程度、现惯居环境
	X_{29}	年龄、教育程度、家庭结构
	X_{37}	年龄、职业、18 岁前成长环境
乡村社会	X_{21}	年龄、教育程度、家庭结构、家庭收入、南北方差异
	X_{22}	性别、年龄、收入
	X_{14}	年龄、教育程度、南北方差异
乡村经济	X_{25}	性别、教育程度、家庭结构、收入
	X_{19}	教育程度、收入、现惯居环境、南北方差异

第三节　定性数据分析

本研究的调查问卷还设计了一道开放性题目。在被访者对 39 项乡村性量表打分之后,可以将在客观题中对乡村旅游地特性表达未尽的内容,填写在第 40 题中。最后,笔者得到了 88 项回复。本研究采用内容分析法(content analysis),对开放题的回答进行分析,包括基础的词频统计、分析,并且进行主题词编码[1],因

---

[1] Krippendorff, K., *Content Analysis: An Introduction to Its Methodology*, Sage, 2004.

为涉及内容不多,因此不需要适应定性方法软件的生硬操作。主题词的编码、分类主要基于第三章得出的概念框架(图3-5)进行。可以发现,这88项文字回复中的主题词主要集中在"自然环境""人文环境""乡村社会""乡村游憩机会"和"旅游设施"五大板块中,没有"乡村经济"项的内容,此外还涉及超出乡村性特征之外的其他旅游动机等杂项(见表4-19)。

表4-19 开放题项内容分析法数据编码

理论框架	主题词	原 始 文 字 数 据
乡村游憩机会	美食	当地有特色美食; 菜是本地种植; 农家的大锅饭菜; 有美食
	娱乐	娱乐太少; 有适合集体活动与个人活动相结合的项目; 刺激的,有挑战性的; 烟火; 晚上可以唱唱歌,跳跳舞的不太大的地方,但是不是太现代的; 与当地村民一起娱乐
	采摘	学习常识性的东西,比如种植绿色蔬菜的经验谈、插秧的技术技巧等; 水果蔬菜丰收的季节,亲朋好友结伴到农家去采摘果实,体验丰收的乐趣; 租住一个农家,院内有新鲜的蔬菜,自己采摘、食用
	特色	土特产有特色; 有地方特色的土特产; 赵本山到场; 特色旅游纪念品,非物质遗产方面的开发,如当地的手艺、绝活能人和具有地方特点的游客能拍照带走的文化精神和纪念品; 现代乡村风貌

续 表

理论框架	主题词	原 始 文 字 数 据
自然生态环境	环保	无任何污染源； 环境保护要好,尽量使其不受污染； 没有污染源； 游客要有环保意识,不要污染环境； 村民重视保护环境； 自然保护
	原生态	原生态； 既然是乡村,那越是天然的越好,而不是人为化的,否则跟公园和人造林没什么区别； 最关键的是保持原有的风貌,只是为了接待游客在住宿方面有所动作,而不是大建人造景点； 保持原风貌,人为加工成分少点
	自然条件	我喜欢有水的地方,自然风景美； 水好； 季节气候因素条件； 有山有水； 最好是有山有水有河流的地方
人文生态环境	大文化	文化与历史； 富含中华文化； 这个地方有过历史事件,或者名人故居等,可以多些人文信息,增强历史的鲜活性
	民俗特色	文化氛围要有特色； 没有地方特色； 旅游差异化优势、比较竞争优势； 有民俗特色
	非商业	保持当地本土特色,商业化气息不能太重； 最好是尚未完全商业化的地方,民风淳朴,保持原汁原味的地方最好； 商业气息少； 不要有太多的商业气息

续 表

理论框架	主题词	原始文字数据
乡村社会	—	村民的年龄构成,是老人多些,还是年轻人多些; 贫富差距大、外出打工人多对民风的负面影响; 语言能方便交流,无宰客行为; 对外来人员认可度、接受度; 民风淳朴; 厚重朴实的农民文化; 可以看到小童玩耍
旅游设施	卫生	卫生状况; 卫生和安全最重要; 住宿设施干净卫生; 住宿卫生干净; 有干净简洁的卫浴设施; 卫生条件必须到位
	信息	没有网吧,手机信号也不好; 配备网络设施; 手机必须能接受到信号; 可以上网; 要有宽带网络、手机信号,便于与外界保持联系
	住宿	住宿条件好,如卫生间、洗漱等; 住所要有大的玻璃窗,安静; 住好,吃好,休息好; 居住条件
	安全	安全; 在遇到麻烦的时候,能够得到迅速有效的救援和支持
	交通	道路; 交通要非常发达; 交通方便; 距离都市 0.5~1.5 个小时的车程最佳; 长短途旅游的差异

第一,乡村旅游游憩机会是人们关注最多的内容。"美食""采摘"和当地"特色"是集中的主题词。人们心目中的乡村美食是有

当地特色的,菜是本地种植的,甚至有受访者怀念"农家的大锅饭"。在采摘方面,人们希望可以采摘蔬菜、水果,甚至可以"学习(农业)的常识性东西,比如种植绿色蔬菜的经验谈、插秧的技术技巧等"。人们还希望能够感受到与特定乡村旅游目的地联系在一起的"非物质遗产方面的开发,如当地的手艺、绝活能人和地方特点",并希望能有购买到当地特色的土特产的机会。

此外,还有人提到,希望能够"与当地村民一起娱乐",或者感受到新农村的"现代乡村风貌"。同时,他们也感受到目前乡村旅游地的娱乐机会太少,希望增加娱乐项目,包括"将集体活动与个人活动相结合的项目""刺激的,有挑战性的"项目,也希望夜间有"烟火"等娱乐观赏内容,或者是"晚上可以唱唱歌、跳跳舞的不太大的地方,但是不是太现代的"地方。

以上提到的乡村游憩机会,大部分与其他旅游形式很不相同,带着乡村、乡土的气息——这也是本书要探寻的乡村旅游与其他旅游形式所不同的乡村性特点。从人们自填的反馈来看,在乡村游憩机会方面,乡村性特色需要包括饮食上的本地性,带有乡村第一产业特点的参与机会,还有融入村民、乡村社会的机会。

第二,人们对于乡村旅游地固有的自然环境给予了很多关注。潜在游客对这些内容的描述,可以纳入概念框架的"自然环境"之中。在乡村旅游地的自然环境上,人们希望是"有山有水"的地方,还注意到了气候、季节的影响。值得注意的是,除了本性上的乐山乐水之外,人们还特别强调自然保护与防止污染。人们不仅希望旅游地没有污染,注意自然保护,而且提到了希望作为外来者的游客,也要有环保意识。乡村固有的乡村性特点包含了自然、优美的自然生态环境,对于环境的诉求,是人们前往乡村旅游的"推力"之一。目前,某些乡村旅游地的过度开发与污染,引发了从城市延伸到乡村的环境忧虑。因此,人们希望心目中的乡村旅游地保持原生态的自然环境,尽量减少人为的加工,否则又将乡村变成了"公园和人造林"。

第三，人们希望乡村能够拥有属于乡村的文化氛围和特色，这与本书概念框架中的"人文环境"属于同一范畴。在乡村旅游地特有的人文生态环境范畴中，人们主要关注三方面的内容：(1) 文化的本土性，拒绝商业化。人们的这种期待，与传统乡村社会特点的原初印象相一致，而商业气息弥漫和"民风淳朴"不一致。(2) 深远的文化期待。这种文化希望根植于整个民族历史的文化，比如人们希望乡村"富含中华文化"，或者"有过历史事件"。(3) 当地民俗与特色。不是每个乡村旅游地都发生过对于整个民族或者历史都有深远影响的历史事件，或者出现过具有影响力的历史人物，因此，希望出现本地民俗特色与差异化特点，是更多人在文化上对于乡村旅游地的期待。

第四，乡村旅游根植于当地社区，因此乡村社会特点成为游客必不可少的关注点。这与概念框架中的"乡村社会"是一致的。人们看到了发展中的乡村社会与城市、与传统不同的特点，比如"村民的年龄构成"，"外出打工人多"。年轻人口流失，造成乡村和郊区的空洞化，这是现代乡村发展面临的社会问题。而这个问题，也是西方国家，包括日本采取多种形式发展乡村地区，乡村旅游措施受到政府大力支持的一个重要原因。[①] 在潜在游客的眼中，由于观察角度有所不同，人们对于这些新的特点最直接的反应是可能对旅游社会氛围造成影响，最直接的是"对民风的负面影响"。另外，当地社区对于"外来人员的认可度、接受度"，还有语言能否顺畅交流，这些社会特点也都受到了潜在游客的关注。从这些反馈看来，基于"乡村社会"角度，人们希望中的理想乡村旅游地还是拥有传统乡村社会特点的地方："民风淳朴"，"厚重朴实"，"可以看到小童玩耍"，一派其乐融融的田园牧歌式的乡村生活。

---

① 三田育雄：《日本道路服务区的规划、设计与经营——以群马县川场村为例》，北京大学学术报告(2008年3月20日)，北京大学旅游研究与规划中心。

第五,除了以上内容之外,其余与乡村性相关的内容,集中在概念框架的"乡村设施"角度,主要在"卫生""信息""交通"和"安全"这五大主题词之下。人们对于卫生的关注,主要集中在住宿和卫浴设施上;在信息方面,希望能够有网络和通信信号;在交通方面,开放题项反映的情况在乡村性量表中都有选项,填写者主要是期望交通能够方便、道路良好,起到了强调这些意愿方面的作用。另外,鉴于乡村在基础设施方面和城市的差异,人们提到了安全问题,希望"在遇到麻烦的时候,能够得到迅速有效的救援和支持"。很多西方的研究看到,乡村旅游者越来越期望在乡村旅游的过程中享受到和其他种类旅行、度假所相似的服务,甚至是相似的度假旅游产品。[①]

最后,其余的反馈主要集中"价格""动机""服务"与"开发"四大主题词中。在游客动机中,比较趋同的是希望乡村旅游的价格低,性价比高。消费偏低,是可以观察到的中国大部分乡村旅游的一大特点。其实这也是国际上乡村旅游的一大特点。有研究发现,和城市旅游目的地相比,乡村旅游的花费要相对减少 23%~30%。[②] 而其余的几类主题词所反映的游客需求,不一定是乡村旅游所独有的,这些需要放入整个乡村旅游系统考虑,因此不专门在游客需求的乡村性的方面做详细的分析。

综上所述,开放题项回收的数据所反映的基于需求的乡村性特点,在概念框架中分布在"自然环境""人文环境""乡村社会""乡村游憩机会"和"乡村设施"五大板块,独缺"乡村经济"。这可能说明,从游客需求角度看,更多带有"供给方"思考色彩的乡村经济可

[①] Cavaco, C., "Rural Tourism: The Creation of New Tourist Spaces", in A. Montanari and A. M. Williams, eds., *European Tourism*, 1995, pp.125-149; English Tourist Board, *A Study of Rural Tourism*, Rural Tourism Commission, 1987.

[②] Oppermann, M., "Rural Tourism in Southern Germany", *Annals of Tourism Research*, 1996, 23(1), pp. 86-102; Scottish Tourist Board, *British Tourism in Scotland 1996 - Environmental Location*, Scottish Tourist Board, 1996.

能并不在很多游客的关注视野内。总体而言,人们所自由反馈的乡村性特点,并没有脱离理论概念大框架所涵盖的内容,并且帮助本研究强调了自然环境、人文环境、乡村文化,以及乡村传统社会田园牧歌式的唯美追求这些乡村性的核心特点。

第四节 小 结

本章对实证主义方法论指导下的定量研究进行了研究设计,包括目标群体的确定、如何进行网络与现场结合的全国性抽样,总回收问卷数量为957份,有效回收问卷804份,总体回收问卷有效率达到了84.0%(见表4-1)。

本章还对问卷回收数据进行了初步的分析。主要通过三种方法获得乡村旅游潜在游客对乡村性指标的态度和评价:

(1)对样本的人口社会特征的描述分析,主要通过频次来获得乡村旅游潜在游客的社会特征。在社会特征中,还特别设计了地理环境变量来考察地理与环境是否对乡村性的判断产生显著影响。

(2)对样本的39项乡村性观测指标进行了描述性分析,主要通过均值、标准差来获得数据的总体分布和离散趋势,可以获得乡村旅游潜在游客对于这39项观测指标评判和态度。结果发现,人们对于这39项观测指标的态度可以分成四类(表4-4)。

(3)以样本的人口社会特征为自变量,以39项观测指标作为因变量,进行方差分析(ANOVA),来考察因变量是否会因自变量不同而显示出差异,并且对95%置信水平上呈显著差异的观测指标,进行了基于自变量内水平的事后分析,来考察水平间的差异。

另外,本章还对调查问卷开放题项所获得的定性资料进行了内容分析。发现:

（1）乡村旅游游憩机会是人们关注最多的内容；

（2）乡村固有的乡村性特点，包含了自然、优美的自然生态环境，人们对于自然环境的诉求，是前往乡村旅游的"推力"之一；

（3）人们希望乡村能够有属于乡村的文化氛围，特色乡村旅游应根植于当地社区。

分析发现，开放题项回收的大部分数据，可以被概念框架中的"自然环境""人文环境""乡村社会""乡村游憩机会"和"乡村设施"五大板块所囊括，而独缺"乡村经济"。这可能说明，从需求方的角度看，对于更多地从"供给方"角度思考的乡村经济，很多游客并不将其纳入关注范畴。通过本章的研究，读者不仅可以了解到本研究严格遵循实证主义研究方法，进行研究设计以及数据获得的过程，而且可以对问卷数据有综合而全面的了解，包括潜在游客样本的人口社会特征，以及不同类型的人们对于乡村性指标的态度、评判和分布。

第五章
游客导向的乡村性模型探索与验证

从数据分析和统计方法而言,本章继第四章之后,继续对定量为主的数据进行分析。在统计方法上,主要有两个步骤:运用 SPSS15.0 进行探索性因子分析(EFA),随后运用 LISREL8.7,基于探索性因子分析的结果,用结构方程模型(SEM)方法进行验证性因子分析(CFA)。而第四章的数据初步分析,是为了更加了解数据分布,更加深刻地了解数据的统计意义,是为了本章的深入分析做准备。

但是,从整个研究的逻辑顺序而言,本章更是对第三章研究的延续、递进。在第三章中,本研究通过定性研究方法,获得了旅游需求导向的乡村性概念框架(图 3-5),该框架由"乡村环境"(包括自然环境、人文环境)、"乡村经济"、"乡村社会"、"乡村游憩机会"和"乡村设施"几大板块组成,一共由 39 项观测指标构成。但是,概念框架还不是理论模型。由于对中国游客需求导向的乡村性理论之定量研究目前还属于空白领域,为了建立理论模型,本书接下来需要在概念框架的数据分析基础上,通过探索性因子分析,得到理论假设模型。最后,通过结构方程模型,对假设模型进行比较、修正、评价和验证。在这一理论模型的产生链条上,本章研究内容居于下游,并且也是本研究的核心内容。最后,本章将对理论模型的解释和运用做出探讨。

第一节 乡村性理论模型探索与发现

下文将在探索性因子分析(EFA)的基础上,围绕数据结果,对概念框架(图3-5)进行修正,并最终提出研究假设模型——游客导向的乡村性理论模型(以下简称乡村性模型)。

一、因子分析

(一) 因子分析原理和意义

因子分析(factor analysis),又称因素分析,是通过研究众多变量之间的内部依赖关系,探求观测数据中的基本结构,并用少数几个假想变量(因子)[①]来表示基本的数据结构的方法。[②] 因子分析始于20世纪初的心理测量学研究。1904年,斯皮尔曼(Charles Spearman)在研究"一般智力"(general intelligence)时,首次采用因子分析的数学模型方法,使得因子分析的方法真正成为现实。此后,随着计算机和统计软件的发展,因子分析已经成为社会科学中最为常用的统计方法之一。[③]

[①] 关于提取的假想因子,在一般因子分析,或者是探索性因子分析(EFA)中是指公因子,简称因子;在结构方程模型(SEM)中,称为潜变量。SEM 的潜变量分为内生潜变量和外源潜变量,如果只是进行验证性因子分析(CFA)运算,没有外源潜变量。在本研究中,最后由 SEM 进行修正、验证的模型是二阶模型,因此在 SEM 中,会将原来 EFA 的因子称呼改为"潜变量",其中一阶潜变量就是 EFA 中的因子,而二阶潜变量是外源潜变量,因 EFA 方法中缺乏对因子间结构性研究,因而需要 SEM 进行验证。简而言之,在 EFA 中称呼的"因子"将在 SEM 进行的 CFA 中称呼为"潜变量",后文不再做详细说明。

[②] 郭志刚:《社会统计分析方法——SPSS 软件应用》,中国人民大学出版社 1999 年版。

[③] 孙晓军、周宗奎:《探索性因子分析及其在应用中存在的主要问题》,《心理科学》2005年第6期。

因子分析的数学模型如式：

$$x_j = \sum_{k=1}^{p} a_{kj} f_k + u_j \varepsilon_j \quad (j=1, 2, \cdots, m; k=1, 2, \cdots, p)$$

式中，f_1、$f_2 \cdots\cdots f_p$ 和 ε_1、$\varepsilon_2 \cdots\cdots \varepsilon_p$ 理论上是待求的新变量，即因子（$p \leqslant m$）。上式中的各个变量和参数解释如下：

f_k（公因子）：是各个观测变量所共有的因子，解释各观测变量间的相关信息。

ε_k（单因子）：每个观测变量的特有信息，相当于多元回归中的残差项，表示该变量不能被公因子所解释的部分。

p（公因子数）：正整数，$p \leqslant m$。

a_{kj}（公因子载荷）：简称因子载荷，是 k 个变量在第 j 个公因子上的负荷，相当于多元回归分析中的标准回归系数。

u_j：单因子载荷。

因此，因子分析要求提取出的公因子相互之间是独立的，要尽可能多地概括原来指标变量的信息，并且要有实际意义，即每个潜在因子都能有一个合理的命名。最终，将观测指标（单因子）之间的关联或依存关系，转化为少数几个（公）因子之间的关系。① 简而言之，因子分析的意义一方面主要是寻求数据的基本结构，另一方面是为了简化数据。陈彦光总结道，因子分析在地理研究中的广泛作用在于：

（1）变量关系的分析和降维。实际上，这也是一种变量关系的清理和聚类。通过变量整合，可以实现数据表的维数压缩。

（2）系统演化特征和结果的解释。通过因子载荷建立了变量与因子的关系，因子得分则显示了因子与样品的联系。

（3）样品评价。②

---

① 易丹辉编著：《结构方程模型方法与应用》，中国人民大学出版社 2008 年版。
② 陈彦光：《研究生地理数学方法课程讲义》（课程内部资料），北京大学城市与环境学院，2007 年，第 24 页。

因子分析方法,在旅游研究中也得到了广泛应用,很多研究集中在游客动机研究[①]、旅游竞争力研究[②]、旅游相关评价体系[③]等方面。

(二) 探索性因子分析与验证性因子分析比较

因子分析可以分成探索性因子分析(Exploratory Factor Analysis, EFA)和验证性因子分析(Confirmatory Factor Analysis, CFA)两种,互有异同。如果公因子不确定,希望通过因子分析,获得因子载荷以结合理论来推断因子结构,包括数量和各个因子与各观测变量之间的关系,这样的因子分析就是EFA。[④] 而本书就是希望通过探索性因子分析,获得具有统计意义的结构,并结合第三章自上而下产生的乡村性概念框架比较,最终得到理论假设模型。而验证性因子分析(CFA)是在因子已知情况下,检验所搜集的数据是否按事先预定的结构产生作用,考核模型拟合实际数据的能力,考核数据与其理论是否吻合,有利于更清晰地分析理论模型的基本内容和结构。[⑤]

CFA在方法上拥有EFA所没有的优越性。由于EFA只是

[①] 白凯、李天顺:《国际旅游者出游的隐性相关因素分析——以我国主要入境客源国为例》,《旅游学刊》2007年第5期;吴必虎、徐斌、邱扶东等:《中国国内旅游客源市场系统研究》,华东师范大学出版社1999年版;张春花、卢松、魏军:《中国城市居民乡村旅游动机研究——以上海、南京为例》,《桂林旅游高等专科学校学报》2007年第5期。

[②] 王芳、赵俊远:《城市旅游竞争力定量评价比较研究——以西北五省会城市为例》,《资源与产业》2008年第3期;臧德霞:《旅游目的地竞争力评价指标体系:基于国内市场的研究》,南开大学博士学位论文,2008年;温碧燕、梁明珠:《基于因素分析的区域旅游竞争力评价模型研究》,《旅游学刊》2007年第2期。

[③] 俞曦:《城市园林游憩活动评价及其在游憩管理中的应用——以无锡市为例》,北京大学硕士学位论文,2006年;程兴火、周玲强:《乡村旅游服务质量量表开发研究》,《中南林业科技大学学报(社会科学版)》2008年第3期。

[④] 王松涛:《探索性因子分析与验证性因子分析比较研究》,《兰州学刊》2006年第5期。

[⑤] 张超、徐燕、陈平雁:《探索性因子分析与验证性因子分析在量表研究中的比较与应用》,《南方医科大学学报》2007年第11期。

描述了公因子的数量和观测变量的分析情况,但难以清晰表达因子之间的关系。在 EFA 中,研究者无法修正或者改进某个模型参数,只能听任计算机自信处理,研究者的主动性也难以体现。这样的模型也常被称为 GIGO 模型(Garbage in/Garbage out)。

CFA 的优越性可以用图 5-1 简单地表示,研究者可以假设公因子(在 CFA 中称为潜变量)$ε_2$ 与 $ε_3$ 无相关,而观测变量 X_4 既受潜变量 $ε_1$ 的影响,又受 $ε_2$ 的影响——在 CFA 中不能如此假定。CFA 克服了探索性因素分析的约束,研究者可根据理论或者实践需要,对条件及参数加以控制。图 5-1 正是以简明的形式说明了 CFA 在研究中更加主动,更能根据研究者自己的理论对假设模型进行验证。

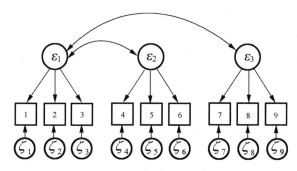

图 5-1　验证性因子分析(CFA)示意

*资料来源:据姜勇《验证性因素分析及其在心理与教育研究中的应用》,《教育科学研究》1999 年第 3 期,第 89 页。

此外,CFA 在对理论模型进行比较、取舍时,除了基于理论假设之外,还有一系列指标来测量数据和模型的拟合程度,即检验模型估计协方差矩阵和样本协方差的相似程度的指标。因此,CFA 相对 EFA 而言更具有客观性。

但是,无论 EFA 还是 CFA,都是以普通因子模型为基础的。EFA 和 CFA 都是以观测变量之间的相关矩阵或者方差协方差矩阵为基础的,相关程度高的观测受公因子的支配,并且每个观测在其所属因子上的载荷要高，在其他因子上的载荷小。结合专业背景，合理解释因子的意义，可将复杂问题简单化。[1]

和因子分析方法首先诞生于心理学领域一样，EFA 和 CFA 方法的有机结合使用，同样在西方心理学研究领域得到了较早的发展，并迅速被教育学以及其他社会科学所采用。早期的研究一般都属于探索性因子分析，包括 SPSS 软件包中的因子分析固化分析方法。而验证性因子分析，直到 LISREL、EQS、Mplus、CALIS 以及 AMOS 的软件开发，才使得更大范围内使用成为可能。据姜勇介绍，西方学界从 20 世纪 70 年代就逐渐采用验证因子分析方法(CFA)，CFA 目前已经成为心理和测量的最有力的统计分析方法。[2] 根据美国计算机信息库 1995 年初提供的资料，从 20 世纪 70 年代至 1994 年底，美国等其他主要英语国家在 154 种有关期刊上共发表 461 篇报告，其中 176 篇报告了 CFA 在心理与教育测量中的应用。国内对于 CFA 的运用相对西方学术界较晚，大抵是从 20 世纪 90 年代开始，但是在最近十年获得了长足的发展，大部分的文章已经很少使用单一的 EFA，一般都会采用 EFA 和 CFA 结合的形式，有些学者在理论模型成熟的领域，也会直接使用 CFA 进行验证。实际上，CFA 与 EFA 是研究过程的两个阶段，不能截然分开。尤其是当理论模型不够成熟时，只有两者结合使用，才能相得益彰，使得研究更有深度。根据詹姆斯·安德森(James Anderson)等的研究，在理论建立与发展过程中采用双步骤，即通过探索性分析建立模型，再用验证性分析来检验模型比较理想。并且，他把这种探索加验证的程序称为交叉效度/交叉证实

---

[1] 王松涛：《探索性因子分析与验证性因子分析比较研究》，《兰州学刊》2006 年第 5 期；张超、徐燕、陈平雁：《探索性因子分析与验证性因子分析在量表研究中的比较与应用》，《南方医科大学学报》2007 年第 11 期。

[2] 姜勇：《验证性因素分析及其在心理与教育研究中的应用》，《教育科学研究》1999 年第 3 期。

(cross-validation),以保证测量的确定性、稳定性和可靠性。[1] 当然,交叉效度的方法的前提是研究人员对因素结构、观测变量和因素之间潜在的关系均是未知的或者是不很清楚的,因而需要先用一般随机数据进行探索,随后用第二个随机样本进行验证。

近年来,国内的学者开始渐渐持同样看法,认为如果研究者可以先用 EFA 产生一个关于内部结构的理论,再在此基础上用 CFA 验证模型,会更有说服力。不过,EFA 和 CFA 相结合的方法对于数据样本容量的要求很高,因为 EFA 和 CFA 必须用不同的数据集来做。如果研究者直接把 EFA 的结果放到同一数据的 CFA 中,这就仅仅在拟合数据,而不是检验理论结构。比较合理的做法是用数据集中的一半数据做 EFA,然后把分析取得的因子用在剩下的一半数据中做 CFA。[2] 旅游研究中对于 SEM 的应用,也有对样本进行随机拆分,而运用交叉效度的案例。[3] 近年的旅游专业博士论文因为没有通过结构方程进行验证性因子分析,而被视为研究的局限和未来努力方向。[4]

如上文所述,本书对于旅游导向的乡村性模型进行定量研究,在国内外尚属于空白领域,缺乏可以直接借鉴的理论模型。因此,本研究在结合乡村地理学、人本主义地理学,以及旅游研究的相关理论基础上,通过众多文献综述,在第三章中提出了乡村性概念框架。该概念框架源于对相邻学科理论和前人研究的归纳,缺乏实

---

[1] Anderson, J. C. and Gerbin, D. W., "Structural Equation Modeling in Practice: A Review and Recommended Two-step Approach", *Psychological Bulletin*, 1998, 103, pp.411-423.

[2] 王松涛:《探索性因子分析与验证性因子分析比较研究》,《兰州学刊》2006年第5期。

[3] Kaplanidou, K. and Vogt, C., "A Structural Analysis of Destination Travel Intentions as a Function of Website Features", *Journal of Travel Research*, 2006, 45(11), pp.204-216.

[4] 臧德霞:《旅游目的地竞争力评价指标体系:基于国内市场的研究》,南开大学博士学位论文,2008年。

证。并且,通过第四章的研究,本研究发现,如果对于数据自下而上着眼,与概念框架还存在一定差距。比如,定性资料分析中就缺乏"乡村经济"这一板块,而反映出人们所关心的其他信息。可见,该概念框架还处于不成熟的阶段,属于探索性研究。

针对这种情况,在实证主义的研究上,可以通过探索与验证相结合的研究步骤来进行。首先需要通过数据库随机产生的一半数据,进行探索性因子分析,以确定具体的潜变量数目,以及探究潜变量与观测变量之间的关系。通过探索性因子分析的结果,对概念框架进行比较和修正,形成理论模型。最后,用随机产生的另外一半数据集进行验证性因子分析,以最终确定基于游客需求的乡村性模型。这种方法也是提高交互效度(cross validity)的一种重要方法。

二、探索性因子分析

在进行探索性因子分析之前,首先对于随机产生的一半数据[①](N=402)进行 KMO 测度和 Bartlett 球度检验。KMO 值越大,表示变量间的共同因素越多,越适合进行因子分析。一般认为,KMO 值小于 0.5 时,不适合因子分析,而以 KMO 值大于 0.7 为佳。同时,Bartlett 球度检验值的显著性也是判断样本是否适合进行因子分析的条件。

结果显示(表 5-1),用作 EFA 的数据集(N=402)样本充分水平的 KMO 值为 0.883,超过了因子分析的样本限制条件;Bartlett 球度检验的 χ^2 统计值为 7 022.710,其显著水平为 0.000,说明数据相关阵不是单位阵,统计数据具有相关性,适合进行因子分析。

---

① 以 SPSS15.0 软件随机抽取的一半数据,其中一半(N=402)做探索性因子分析,以另外一半(N=402)数据做验证性因子分析。

表 5-1　KMO 和 Bartlett 球度检验

Kaiser-Meyer-Olkin Measure of Sampling Adequacy		0.883
Bartlett's Test of Sphericity	Approx. Chi-Square	7 022.710
	df	741.000
	Sig.	0.000

* 资料来源：据 SPSS15.0 结果整理。

本研究中的因子提取方法为社会科学中最常用的主成分法（Principal Component Analysis），旋转的方法为方差最大法（Varimax）。方差最大法属于正交旋转。正交旋转目的在于最大可能地获得因子的简单结构，即使每个变量在尽可能少的因子上有较高的负载。而方差最大法准则就是为了运算方便，要求因子载荷矩阵的每行元素的平方有尽可能大的方差，或者说主成分载荷矩阵的每列元素有尽可能大的方差。[1]

探索性因子分析将获得每个测量指标因子之间的因子载荷量（Factor Loading）。这是原始变量与因子分析抽取出的共同因素的相关，反映了原始变量与共同因素之间关系的密切程度——因子载荷量越高，表明观测指标与因子之间的关联性越强。关于因子载荷的截取点位没有固定的规定，一般随着研究而定。

目前国内大部分的旅游研究中，一般取 0.5。[2]

---

[1] 陈彦光：《研究生地理数学方法课程讲义》（课程内部资料），北京大学城市与环境学院，2007 年，第 24 页。

[2] Yoon, Y. and Uysal, M., "An Examination of the Effects of Motivation and Satisfaction on Destination Loyalty: A Structural Model", *Tourism Management*, 2005, 26, pp.45-56；白凯、马耀峰、游旭群：《基于旅游者行为研究的旅游感知和旅游认知概念》，《旅游科学》2008 年第 1 期；程兴火、周玲强：《乡村旅游服务质量量表开发研究》，《中南林业科技大学学报（社会科学版）》2008 年第 3 期；臧德霞：《旅游目的地竞争力评价指标体系：基于国内市场的研究》，南开大学博士学位论文，2008 年；冯小霞、张红：《农家乐旅游者出游决策的目的地相关因素分析——以西安市农家乐旅游者为例》，《江西农业学报》2008 年第 4 期；张同键、杨爱民、张成虎：《国有商业银行操作风险控制绩效模型实证研究——基于探索性因子分析和验证性因子分析角度的检验》，《重庆大学学报（社会科学版）》2008 年第 3 期。

但是,近年来国际上主流的旅游学术期刊发表的文章一般主张需要保留因子载荷大于 0.4 的变量。[①] 在社会科学研究中,一般认为绝对值大于 0.3 的因子载荷就是显著的,因此虽然设在 0.5 可以相对减少因子分析运行次数,但是也会因此损失过多信息。因此,本研究将因子载荷截取点设在 0.4,即在任一个因子上载荷绝对值都低于 0.4,或者对在多个因子的载荷上都大于 0.4 的题项进行删除。

（一）因子数目确定

本研究在第一次探索性因子分析的特征根（Eigenvalue）中抽取设定大于 1 的,对其进行研究探测,并展开初步的观测变量筛选,以及因子数目的确定。

特征根抽取直接关系到因子数目的确定。从统计学理论的角度而言,确定因子数可以根据特征根大于 1 法、碎石图、累计解释方差量和平行分析法（Parallel Analysis）等,多方面综合考虑。但是由于因子分析是一个定性、定量相结合的统计方法,除了统计数据之外,专业理论解释更为重要。因此,更好的一个程序建立在理论结合统计方法的基础上,关键在于考察是否已经实现假设因子的个数。

根据第一次探索性因子分析的结果,如表 5-2、碎石图 5-2 和表 5-3 所示,本研究确定因子数目为六个,主要基于以下原因。

首先,通过直观的碎石图法进行观察。碎石法所取的主成分的个数截取点,位于"山坡"和"山脚"的转折点。从碎石图 5-2 中可知,前面六个点,特别是前两个点之间的距离明显陡峭,称为"碎石坡"。后面的距离相对平缓,形成"平坡",这表明在"山脚下"包含了其他相对次要的主成分。

[①] Sparks, B., "Planning a Wine Tourism Vacation? Factors that Help to Predict Tourist Behavioral Intentions", *Tourism Management*, 2008, 28(5), pp.1180-1192; Yoon, Y. and Uysal, M., "An Examination of the Effects of Motivation and Satisfaction on Destination Loyalty: A Structural Model", *Tourism Management*, 2005, 26, pp.45-56.

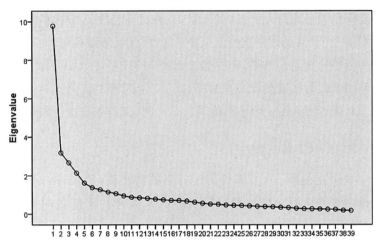

图 5-2 碎石图(特征根大于 1)

表 5-2 特征根和累计方差贡献

Compo-nent	Initial Eigenvalues			Rotation Sums of Squared Loadings		
	Total	% of Variance	Cumulative %	Total	% of Variance	Cumulative %
1	9.778	25.073	25.073	4.770	12.230	12.230
2	3.183	8.162	33.234	3.691	9.465	21.694
3	2.670	6.847	40.081	3.307	8.478	30.173
4	2.138	5.483	45.564	3.008	7.712	37.885
5	1.620	4.153	49.717	2.470	6.333	44.218
6	1.381	3.542	53.258	2.340	5.999	50.217
7	1.271	3.260	56.518	1.670	4.282	54.498
8	1.147	2.941	59.459	1.639	4.203	58.701
9	1.064	2.727	62.186	1.359	3.485	62.186

* 资料来源：据 SPSS15.0 输出结果整理。

表 5-3　旋转后因子载荷矩阵

观测指标	Component								
	1	2	3	4	5	6	7	8	9
X_7 乡村(田园)风光自然优美	0.773								
X_5 空气清新	0.772								
X_4 绿色生态的自然景观	0.749								
X_6 野生动植物丰富	0.728								
X_8 保留传统乡土/民族特色的乡村建筑、街道和聚落景观	0.614								
X_9 听觉享受(鸡犬相闻/听取蛙声一片等意境)	0.543								
X_{13} 让人感到轻松、放松、平和的地方	0.540								
X_{11} 可以寻找到令人向往的传统乡村生活方式的地方(采菊东篱下,悠然见南山;桃花源等传统乡村理想生活)	0.527								
X_{12} 可以满足好奇、感受到当地与众不同民俗风情的地方	0.521	0.401							
X_{30} 可以体验传统的交通方式(船、轿、驴、马等)		0.760							
X_{28} 可以找到乡村古迹或文化遗迹遗址的地方		0.714							
X_{29} 可以让人们去探索、探险的地方		0.706							
X_{31} 传统的民俗节庆活动丰富(传统节日、婚丧嫁娶等)		0.695							

续表

观测指标	1	2	3	4	5	6	7	8	9
X_{32} 农村节事活动丰富(赶集、采摘、农产品节等)		0.620							
X_{16} 村民单纯,容易沟通			0.778						
X_{17} 村里邻里关系和睦亲密			0.768						
X_{15} 村民热情好客			0.697						
X_{10} 村民对自己是农村人感到自豪			0.602						
X_{38} 医疗条件好				0.830					
X_{39} 购物方便				0.824					
X_{18} 卫生干净				0.648					
X_{3} 交通便捷				0.645					
X_{20} 社会稳定、治安好			0.459	0.479					
X_{36} 绿色有机食物(野菜、家鸡等家禽、果蔬等)					0.745				
X_{35} 特色的农家菜肴					0.665				
X_{37} 住宿房屋有乡土特色					0.524				
X_{21} 生活简单、节奏慢					0.443				

续表

	观 测 指 标	Component								
		1	2	3	4	5	6	7	8	9
X_{34}	传统的夜间娱乐活动丰富(篝火、聊天、讲故事等)					0.435				
X_{24}	乡村居民主要从事第一产业(农林牧渔业)					0.411				
X_{22}	村民文化低、见识短						0.817			
X_{23}	信息闭塞,报纸、电视、现代通信不发达						0.752			
X_{19}	贫穷、经济落后						0.698			
X_2	远离城市的偏远地区							0.822		
X_1	地广人稀							0.772		
X_{33}	现代夜间娱乐活动丰富(卡拉OK、歌舞厅、酒吧等)								0.692	
X_{25}	乡村第一产业(农林牧渔)之外其他工作就业机会很多,如乡镇企业、做生意、农副产品加工等								0.631	
X_{14}	可以体现城里人优越性的地方						0.425		0.615	
X_{27}	适合进行各项休闲活动(打牌、麻将、下棋、喝茶等)									0.694
X_{26}	适合进行各项户外活动(散步、爬山、钓鱼、骑马等)		0.461							0.491

* Extraction Method: Principal Component Analysis.
Rotation Method: Varimax with Kaiser Normalization.
a. Rotation converged in 8 iterations.

其次，运行特征根大于 1 法和累计方差解释变量结合法。探索性因子分析要求公因子抽取至少需要特征根大于 1 的主成分。特征根代表每个变量在某一共同因子载荷量的平方总和。特征最大的共同因素首先被抽取。特征值除以总题数为此共同因素可以解释的变异量。由于因子分析的目的在于以最少的共同因素对总变异量做最大的解释，因而抽取的因素越少越好，但抽取因素之累积解释变异量越大越好。从表 5-2 可以看到，总共有九个因子特征根超过了 1，可以解释 62.186% 的变异量。但是，前五个因子只能解释小于 50% 的变异量，而前六个因子包含了大于 50% 的变异量。因此，本着抽取因素越少越好、但是累计解释变异量越大越好的原则，因子个数选择六优于五，也优于九。

再次，在验证性因子分析或者结构方程分析中，从可识别的角度来看，每一个因子最少应有三个指标。如果有的因子只有两个指标，这些因子要与其他因子相关，模型才可识别。[①] 从表 5-3 显示的因子负载矩阵来看，X_{12}、X_{20}、X_{14} 和 X_{26} 需要删除，因为它们或者因子载荷小于 0.4，或者在两个主成分上超过了 0.4。验证性因子分析一般要求每个因子至少包含三个观测指标，以更好地测量因子含义，因此经过删减后的因子中，只有前六个才具有大于等于三个观测指标。

最后，需要查看抽取的六个因子是否得到了概念模型的支持。由第四章的论述可知，本研究的概念模型在设计的时候，假设了因子的数目可以为五或者六。两者的差别仅在于因子数目为五的概念框架，是将自然生态环境与人文生态环境合并为生态环境一个因子。这两者可分可合——人文和自然生态可以放入乡村性的同一类指标中解释，但若是分开以特别强调人们对于自然、文化的差异性影响，那么分开也不无道理。

---

① 侯杰泰、温忠麟、成子娟：《结构方程模型及其应用》，教育科学出版社 2004 年版，第 125 页。

因此,最终选取因子数为六,不仅能够获得基于数据的统计方法支持,也契合了基于理论的概念框架的解释。

(二) 探索性因子分析结果

在第一次因子分析确定因子数目之后,根据因子载荷截取点为 0.4,对任意一个因子上载荷绝对值都低于 0.4,或者在多个因子的载荷上都大于 0.4 的题项给予删除的原则,随后又进行了两次因子分析运算。这两次都在 SPSS15.0 中直接抽取六个因子数目。结果,在第二次因子分析中,删除了观测指标 X_8、X_{11}、X_{25}、X_2 和 X_{37},因为这五项观测指标或者因子载荷绝对值小于 0.4,或者在两个主成分上超过了 0.4。在进行第三次因子分析时,也出于同样的原因删除了 X_{27} 和 X_{33} 这两项观测指标。最后,剩下 28 项观测指标,分属于六个因子之下。

表 5-4 显示,经过探索性因子分析后的六因子模型,达到了降维和简化的研究目的。六个主成分对于变异量的解释度达到 60.194%。碎石图 5-3 也更加清楚地显示了六因子组成的"碎石坡"。

表 5-4 特征根和累计方差贡献

Component	Initial Eigenvalues			Rotation Sums of Squared Loadings		
	Total	% of Variance	Cumulative %	Total	% of Variance	Cumulative %
1	7.424	26.514	26.514	3.666	13.094	13.094
2	2.824	10.087	36.601	3.155	11.267	24.361
3	2.132	7.613	44.214	2.860	10.214	34.576
4	1.787	6.381	50.595	2.753	9.834	44.409
5	1.466	5.236	55.830	2.322	8.293	52.702
6	1.222	4.364	60.194	2.098	7.492	60.194

* 资料来源:据 SPSS15.0 输出结果整理。

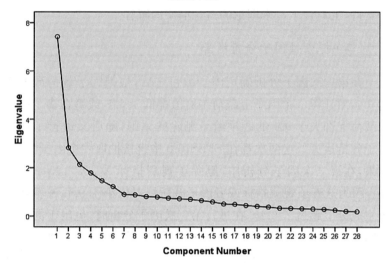

图 5-3　碎石图(因子数＝6)

旋转后因子载荷矩阵表(表 5-5)显示的结果表明,28 个观测变量比较均匀地分布在六个因子之中,结果比较理想。但是,经过探索后的主成分与概念模型中的观测指标发生了变化。这一变化是通过统计数学方法得来的,根据数据进行判断,因此与此前相对主观、自上而下的概念模型相对比研究,可以确定出自下而上的理论模型。

表 5-5　旋转后因子载荷矩阵

观　测　变　量		Component					
		1	2	3	4	5	6
X_5	空气清新	0.833					
X_4	绿色生态的自然景观	0.809					
X_7	乡村(田园)风光自然优美	0.734					

续 表

观测变量		Component					
		1	2	3	4	5	6
X_6	野生动植物丰富	0.706					
X_{13}	让人感到轻松、放松、平和的地方	0.586					
X_9	听觉享受(鸡犬相闻/听取蛙声一片等意境)	0.450					
X_{30}	可以体验传统的交通方式(船、轿、驴、马等)		0.779				
X_{31}	传统的民俗节庆活动丰富：传统节日、婚丧嫁娶等		0.738				
X_{28}	可以找到乡村文物古迹或文化遗迹的地方		0.719				
X_{29}	可以让人们去探索、探险的地方		0.699				
X_{32}	农村节事活动丰富(赶集、采摘、农产品节等)		0.657				
X_{17}	村里邻里关系和睦亲密			0.785			
X_{16}	村民单纯,容易沟通			0.778			
X_{15}	村民热情好客			0.693			
X_{10}	村民对自己是农村人感到自豪			0.637			
X_{39}	购物方便				0.847		
X_{38}	医疗条件好				0.832		
X_{18}	卫生干净				0.657		
X_3	交通便捷				0.653		

续 表

观测变量		Component					
		1	2	3	4	5	6
X_{22}	村民文化低,见识短					0.803	
X_{19}	贫穷,经济落后					0.723	
X_{23}	信息闭塞,报纸、电视、现代通信不发达					0.723	
X_1	地广人稀					0.551	
X_{36}	绿色有机食物(野菜、家鸡等家禽、果蔬等)						0.707
X_{35}	特色的农家菜肴						0.626
X_{24}	乡村居民主要从事第一产业(农林牧渔业)						0.529
X_{21}	生活简单,节奏慢						0.506
X_{34}	传统的夜间娱乐活动丰富(篝火、聊天、讲故事等)						0.415

* Extraction Method: Principal Component Analysis.
Rotation Method: Varimax with Kaiser Normalization
a. Rotation converged in 6 iterations.

三、理论模型探索与构建

概念框架(图3-5)与理论模型在方法上存在两个重大的不同。

一方面,概念框架是自上而下产生的概念框架,基于多学科理论综合提出,虽然构建时考虑过旅游领域的特殊性,但是概念构成主要板块的名称依然承袭了原来多学科的痕迹。因而新的理论模型是旅游领域的研究,特别是从游客需求的角度出发,因此新的因子需要重新命名,成为新理论模型的因子。

另一方面,概念模型中各观测指标在各概念板块下的分配是主观的,个数也是主观的,虽然经过了预研究的筛选,但是依然是由自上而下的方法产生的。但是,新的理论模型是通过探索性因子分析建模、各个主成分下面的指标分配及个数由公式运算生成的。

正是基于以上两点不同,才使得本研究需要在概念模型的基础上,借助统计数学工具进行数据探索,发现新的假设模型。

(一)理论模型探索与发现

表5-5的旋转后因子载荷矩阵显示了理论模型的构成。因子一由 X_5、X_4、X_7、X_6、X_{13} 和 X_9 六项观测变量组成。这些观测指标在概念模型中都属于"乡村环境"大板块下,包含了原来自然环境和人文环境的各三个观测指标。探索性因素分析形成的新观测指标组合,可以命名为新的因子:"乡村游憩环境"(The Rural Environment,简称 Env.)。结合各指标的平均值和标准差分析(表4-3),乡村游憩环境所囊括的观测指标是人们打分最高的选项,并且标准差很小。这说明了乡村游憩环境是人们对于乡村旅游地之乡村性的首选。

因子二由 X_{30}、X_{31}、X_{28}、X_{29} 和 X_{32} 五项观测指标组成,这五项都是概念模型中的"乡村游憩机会",因此依然可以延续概念模型中的名称:"乡村游憩机会"(The Recreation Opportunities,简称 Opp.)。虽然名称一样,但是由于包含的观测指标不同,从中可以看到内涵的差异。概念框架中,将可以在乡村旅游地进行的活动内容都汇总在一起,为了追求多而全,导致缺乏主题,但是新的因子只包含了其中乡村民俗、文化,以及乡村才具备的采摘等活动内容,从而规避了这一缺陷。

因子三由 X_{17}、X_{16}、X_{15} 和 X_{10} 这四项观测指标组成,原来都属

于概念框架中的"乡村社会"板块。由第四章可知,"乡村社会"板块所含观测指标的设计,主要包含了乡村社会学角度的乡村社会特点,并且加入了前人基于社会学角度对于城市游客与乡村居民具有落差的微妙关系的选项。但是,新的因子只抽取了其中四项反映乡村人情氛围、乡村健康精神风貌的选项。

与此相对应的是因子五,它由 X_{22}、X_{19}、X_{23} 和 X_1 组成,这四个观测指标原来分属于概念框架中"乡村社会""乡村经济""旅游设施"和"自然环境"四个板块下面,但是经过自下而上的数据处理、重新组合,这四个选项被合并在一个新因子中。但是,这个新因子给人一个全新的视角,它们有一个共同的特点,就是描绘了乡村旅游地相对于城市落后的现状,包括文化、经济、信息闭塞和荒凉不易到达。回顾各选项的平均值和标准差,选项 X_{22}、X_{23}、X_{19} 被列在平均分最低的一类指标(见表 4-3),因此可以说代表了人们最不喜欢前往之乡村旅游地特点。而 X_1 是自然生态环境中最特别的一个观测指标,也被列入了平均值最低的指标之一(见表 4-3)。此外,这几项指标的标准差都非常大,显示出不同个体之间的差异也很大。

因此,因子三与因子五形成了带有感情色彩差异的鲜明对比——一个描绘了乡村美好的人情和健康面貌,一个描绘了乡村可能让人不快的特征。对于乡村旅游地的影响的这种"二元论",在西方国家也有类似的研究。芬恩·威利茨(Fern Willits)、罗伯特·比尔(Robert Bealer)和文森特·蒂姆伯斯(Vincent Timbers)发现,人们对于美国乡村的印象一方面是正面的,主要来自一些定性的印象,比如把乡村和上代人的简单生活方式联系在一起的田园美景,把美国乡村和国家遗产、甚至美国国民性格联系在一起[1];同时,也有一些负面印象,比如认为乡村地区的生活质量不

---

[1] Willits, F. K., Bealer, R. C. and Timbers, V. L., "Popular Images of 'Rurality': Data from a Pennsylvania Survey", *Rural Sociology*, 1990, 55(4), pp.559-578.

高,机会也很少。而莱伊近年通过研究挪威偏远乡村的年轻人对于乡村性的看法,发现乡村的青少年存在着一种对于乡村性认知的二元论:一端是以稳定、邻里和睦、容忍、平和等主题词来概括的看法,被笔者冠以"田园牧歌"(The Rural Idyll)的名称;另外一端则是以乏味、流言蜚语、落后、乡下人等主题词为核心的看法,被赋予"晦涩乡村"(The Rural Dull)之名。同时,笔者指出,这两种认知与其说是相斥的,不如说是互为补充的。[1]

以上研究与本研究的结果有异曲同工之妙,因此,本书将因子三、因子五分别命名为"田园牧歌"(The Rural Idyll,简称 Idyll)和"晦涩乡村"(The Rural Dull,简称 Dull),来反映这组因子之间的对立与互补。"田园牧歌"侧重渲染乡村美好的人情与情感,而"晦涩乡村"则反映了乡村在潜在游客心中目前还较城市落后的特点。

因子四由 X_{39}、X_{38}、X_{18} 和 X_3 四项观测指标组成,原来就属于概念模型的"旅游设施"板块下面,在探索性因子分析中没有发生变化。这些观测指标都与乡村旅游设施有关,包括交通、卫生、医疗等方面,因此新因子依然被命名为"乡村设施"(The Rural Facilities,简称 Fac.)。

最后的因子六包含了 X_{36}、X_{35}、X_{24}、X_{21} 和 X_{34} 这五个观测指标。其中,原来的 X_{34}、X_{35} 和 X_{36} 属于概念模型的"乡村游憩机会"板块,而 X_{21} 属于"乡村社会",X_{24} 属于"乡村经济"板块。但是当我们审视新的主成分及其观测指标时,可以发现它们都可以归纳在"传统乡村生活"(The Rural Life,简称 Life)新因子名称之下。绿色有机的食物、特色的农家菜肴,以及传统的乡村夜生活方式都是乡村社会的生活方式,然而在乡村旅游地,游客就如同客人一样,可以参与到村民(hosts)的生活中来。

---

[1] Rye, J. F., "Rural Youths' Images of the Rural", *Journal of Rural Studies*, 2006, 22(4), pp.409-421.

在某种意义上,这也是乡村游憩机会,但是更是乡村传统的生活方式。

因此,通过探索性因子分析结果,以及与概念模型的比较,本研究获得了乡村旅游中游客导向的乡村性模型,简称 TOR 模型 (Tourist-oriented Rurality Model)。该模型由 Fac.、Idyll、Env.、Life、Dull 和 Opp. 六个因子构成,从中可以提取首字母,形成 TOR 模型的 FIELDO 结构以方便记忆。

基于以上分析,本研究列出了概念框架与新的 TOR 假设模型对照表(表 5-6)。通过该表,可以对观测指标、因子的变动、删减一目了然。

同时,新的 TOR 假设模型也可以通过图 5-4 简单表示。

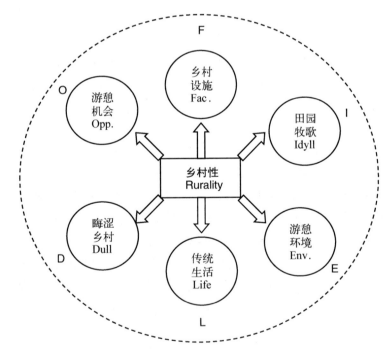

图 5-4 游客导向的乡村性(TOR)假设模型示意图

表 5-6 乡村旅游中的乡村性概念框架与 TOR 假设模型结构对比

板块构成		观测指标	概 念 模 型	潜变量	观测指标	假设模型(探索)
乡村环境	自然环境	X_1	地广人稀			
		X_2	远离城市的偏远地区			
		X_4	绿色生态的自然景观	乡村游憩环境(Env.)	X_5	空气清新
		X_5	空气清新		X_4	绿色生态的自然景观
		X_6	野生动植物丰富		X_7	乡村(田园)风光自然优美
		X_7	乡村(田园)风光自然优美		X_6	野生动植物丰富
		X_8	保留传统乡土/民族特色的乡村建筑、街道和聚落景观		X_{13}	让人感到轻松、放松、平和的地方
		X_9	听觉享受(鸡犬相闻/听取蛙声一片等意境)		X_9	听觉享受(鸡犬相闻/听取蛙声一片等意境)
	人文环境	X_{11}	可以寻找到令人向往的传统乡村生活方式的地方(采菊东篱下,悠然见南山;桃花源等传统乡村理想生活)	乡村游憩机会(Opp.)	X_{30}	可以体验传统的交通方式(船、轿、驴、马等)
		X_{12}	可以满足好奇,感受到当地与众不同民俗风情的地方		X_{31}	传统的民俗节庆活动丰富(传统节日、婚丧嫁娶等)
		X_{13}	让人感到轻松、放松、平和的地方		X_{28}	可以找到乡村文物古迹或文化遗迹的地方

续表

板块构成	观测指标	概念模型	观测指标	潜变量	假设模型(探索)
乡村经济	X_{24}	乡村居民主要从事第一产业(农林牧渔业)			
	X_{25}	乡村第一产业(农林牧渔业)之外其他工作就业机会很多,如乡镇企业、做生意、农副产品加工等			
	X_{19}	贫穷,经济落后			
	X_{10}	村民对自己是农村人感到自豪	X_{29}	乡村游憩机会(Opp.)	可以让人们去探索、探险的地方
	X_{14}	可以体现现城里人优越性的地方	X_{32}		农村节事活动丰富(赶集、采摘、农产品节等)
乡村社会	X_{15}	村民热情好客			
	X_{16}	村民单纯,容易沟通	X_{17}	田园牧歌(Idyll)	村里邻里关系和睦亲密
	X_{17}	村里邻里关系和睦亲密	X_{16}		村民单纯,容易沟通
	X_{20}	社会稳定,治安好	X_{15}		村民热情好客
	X_{21}	生活简单,节奏慢	X_{10}		村民对自己是农村人感到自豪
	X_{22}	村民文化低,见识短			
乡村游憩机会	X_{26}	适合进行各项户外活动(散步、爬山、钓鱼、骑马等)			
	X_{27}	适合进行各项休闲活动(打牌、麻将、下棋、喝茶等)			

续表

板块构成	观测指标	概念模型	潜变量	观测指标	假设模型（探索）
乡村游憩机会	X_{28}	可以找到乡村文物古迹或文化遗迹的地方	乡村设施 (Fac.)	X_{39}	购物方便
	X_{29}	可以让人们去探索、探险的地方		X_{38}	医疗条件好
	X_{30}	可以体验传统的交通方式（船、轿、驴、马等）		X_{18}	卫生干净
	X_{31}	传统的民俗节庆活动丰富（传统节日、婚丧嫁娶等）		X_{3}	交通便捷
	X_{32}	农村节事活动丰富（赶集、采摘、农产品节等）	晦涩乡村 (Dull)	X_{22}	村民文化低、见识短
	X_{33}	现代夜间娱乐活动丰富（卡拉OK、歌舞厅、酒吧等）		X_{19}	贫穷，经济落后
	X_{34}	传统的夜间娱乐活动丰富（篝火、聊天、讲故事等）		X_{23}	信息闭塞，报纸、电视、现代通信不发达
	X_{35}	特色的农家菜肴		X_{1}	地广人稀
	X_{36}	绿色有机食物（野菜、家鸡等家禽、果蔬等）			
	X_{37}	住宿房屋有乡土特色			

续 表

板块构成	观测指标	概　念　模　型	潜变量	观测指标	假设模型（探索）
旅游设施	X_3	交通便捷	传统乡村生活（Life）	X_{36}	绿色有机食物（野菜、家鸡等家禽、果蔬等）
	X_{18}	卫生干净		X_{35}	特色的农家菜肴
	X_{23}	信息闭塞，报纸、电视、现代通信不发达		X_{24}	乡村居民主要从事第一产业（农林牧渔业）
	X_{38}	医疗条件好		X_{21}	生活简单、节奏慢
	X_{39}	购物方便		X_{34}	传统的夜间娱乐活动丰富（篝火、聊天、讲故事等）

注：左边概念模型中楷体字部分为通过探索性因子分析已经删除的观测指标。

(二) 理论假设模型构建

在理论模型验证之前,需要对经过 11 项观测指标删减之后的新量表进行信度检验。

表 5-7 假设模型潜变量和条目删除 Cronbach's α 检验

因子	观测变量	条目删除 Cronbach's α	全部题项 Cronbach's α
Env.	X_4 绿色生态的自然景观	0.803	0.843
	X_5 空气清新	0.800	
	X_6 野生动植物丰富	0.825	
	X_7 乡村(田园)风光自然优美	0.801	
	X_9 听觉享受(鸡犬相闻/听取蛙声一片等意境)	**0.850**	
	X_{13} 让人感到轻松、放松、平和的地方	0.828	
Opp.	X_{28} 可以找到乡村文物古迹或文化遗迹的地方	0.784	0.818
	X_{29} 可以让人们去探索、探险的地方	0.801	
	X_{30} 可以体验传统的交通方式(船、轿、驴、马等)	0.757	
	X_{31} 传统的民俗节庆活动丰富(传统节日、婚丧嫁娶等)	0.779	
	X_{32} 农村节事活动丰富(赶集、采摘、农产品节等)	0.787	
Fac.	X_3 交通便捷	0.807	0.809
	X_{18} 卫生干净	0.773	
	X_{38} 医疗条件好	0.706	
	X_{39} 购物方便	0.745	

续 表

因子	观测变量	条目删除 Cronbach's α	全部题项 Cronbach's α
Dull	X_1 地广人稀	**0.736**	0.693
	X_{19} 贫穷,经济落后	0.601	
	X_{22} 村民文化低,见识短	0.549	
	X_{23} 信息闭塞,报纸、电视、现代通信不发达	0.610	
Idyll	X_{10} 村民对自己是农村人感到自豪	**0.859**	0.814
	X_{15} 村民热情好客	0.759	
	X_{16} 村民单纯,容易沟通	0.719	
	X_{17} 村里邻里关系和睦亲密	0.723	
Life	X_{21} 生活简单,节奏慢	0.610	0.634
	X_{24} 乡村居民主要从事第一产业(农林牧渔业)	**0.639**	
	X_{34} 传统的夜间娱乐活动丰富(篝火、聊天、讲故事等)	0.607	
	X_{35} 特色的农家菜肴	0.517	
	X_{36} 绿色有机食物(野菜、家鸡等家禽、果蔬等)	0.521	

注：斜体加粗数字代表该条目删除后,整个潜变量的 Cronbach's Alpha 值将升高。

从上表可见,所有因子整体的 Cronbach's Alpha 值都在 0.6 以上,完全达到了 0.5 的信度门槛值[1],说明由各自相应观测变量组成的因子通过了信度检验。

但是,本书也发现,在条目删除 Cronbach's Alpha 一项中,有四个观测变量的值显示,如果它们被删除,整体的因子信度还将提高,这四个观测变量分别是：X_1、X_9、X_{10} 和 X_{24}。按照一般惯例,如果观

---

[1] Nunnally, J. C., *Psychometric Theory*, McGraw-Hill, 1967.

测值在删除后，整体因子信度将会提高，可以考虑删除题项。但是，由于整体信度已经通过了门槛值，并且整体模型通过了探索性因子分析，说明具有统计意义。因而不能随便删除题项以迎合数据，否则将失去理论研究的意义，只是统计上的数据可以提醒对这些选项需要特别关注。另外，本研究使用另外一半随机生成的数据（N=402）以达到交互效度（cross-validation），并且还可以利用结构方程模型方法，进行观测变量删减、增补，对于模型拟合好坏进行验证性因子分析。

由此，根据探索性因子分析结果，参考六大因子信度检验，我们得出新的可供结构方程模型（SEM）进行检验的假设模型路径图。假设模型由 EFA 得出的六大新的因子——乡村游憩环境（Env.）、乡村游憩机会（Opp.）、乡村设施（Fac.）、田园牧歌（Idyll）、晦涩乡村（Dull）和传统乡村生活（Life）共同构成，构建了基于旅游需求导向的中国旅游地乡村性模型的框架（图5-5），以下简称 TOR 假设模型。

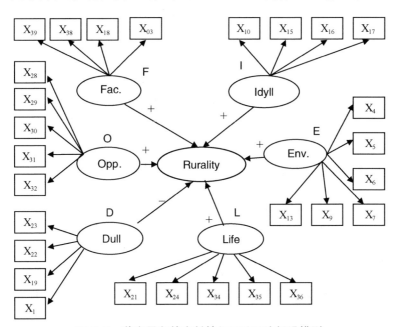

图 5-5　游客导向的乡村性（TOR）理论假设模型

图 5-5 是假设模型的结构图。由图可知,假设模型以 EFA 分析获得的六个因子作为一阶潜变量,并假设了还存在另外一个高阶变量,命名为乡村性(Rurality)的二阶变量。同时,根据结构方程的需要,标示了路径图。

根据探索性因子分析结果,本研究建立了旅游需求导向的乡村性假设模型,并提出以下七个研究假设:

H1:Env.、Dull、Idyll、Life、Opp.、Fac.和构成的二阶模型优于前六者不相关构成的一阶模型;

H2:Env.对 Rurality 存在显著的正向影响;

H3:Dull 对 Rurality 存在显著的负向影响;

H4:Idyll 对 Rurality 存在显著的正向影响;

H5:Life 对 Rurality 存在显著的正向影响;

H6:Opp.对 Rurality 存在显著的正向影响;

H7:Fac.对 Rurality 存在显著的正向影响。

第二节 乡村性理论模型的修正与验证

一、结构方程模型

结构方程模型(Structural Equation Model,SEM)是多变量分析(multivariate analysis)的重要课题,在心理学、教育学、社会学、市场营销、卫生统计等领域所运用的统计方法中拥有很高的地位。[①] 在这些社会科学研究课题中,往往存在着很多无法直接准确测量的潜变量(latent variable),比如智力、家庭社会经济地位,

---

① 黄芳铭:《结构方程模式:理论与应用》,中国税务出版社 2005 年版。

或者本研究理论模型中包含的六个潜变量(图 5-4、图 5-5)。获得这些难以观测、但是希望测量的潜变量之间的因果关系推论,是很多研究者共同的心愿。在这种学术需求之下,20 世纪 70 年代中期,瑞典统计学家和心理测量学家卡尔·约尔斯科(Karl G. Joreskog)提出了结构方程模型,现在 SEM 已经超越了心理学,成为社会科学领域多元统计方法的一次变革。结构方程模型建立在心理学家对心理测量理论和方法的探索、生物学家用路径分析(Path Analysis)进行因果关系的尝试,和计量经济学联立方程组的基础上。[①] 除了 SEM 这个名称以外,统计学家们根据方法的不同属性赋予了其不同的名字,如根据数据结构,称之为协方差结构模型(covariance structure model,CSM),因其运用的是变量间的协方差相关系数矩阵[②];根据其功能,还可称之为因果建模(Casual Modeling)。

(一)结构方程模型原理

1. SEM 原理

简单来说,结构方程模型是一个包含面很广的数学模型,可用以分析一些涉及潜变量的复杂关系。结构方程模型求解的出发点是,被观察变量的协方差矩阵是一组待估计参数的函数。如果模型是正确的,那么总体的协方差矩阵就能够被准确地重复出来,即有 $\sum = \sum(\theta)$,其中 $\sum$ 是被观察的总体的协方差矩阵,用样本协方差矩阵替代,可以用可测变量的值计算;θ 是一个矢量,含有模型的待估计参数;$\sum(\theta)$ 是作为一个 θ 的函数写出的方差-协方差矩阵。根据上式,两个矩阵相等,则其对应的位置元素相等,

---

[①] 龙立荣:《结构方程模型:心理学方法变革的逻辑》,《自然辩证法通讯》2001 年第 5 期。

[②] 易丹辉编著:《结构方程模型方法与应用》,中国人民大学出版社 2008 年版。

可以求解出待估计的参数 θ。[1]

一般而言,结构方程模型由测量部分和潜变量部分组成。因此,结构方程模型的结构,可以简单地分为测量方程(measurement equation)模型和结构方程(structural equation)模型两部分。[2] 测量方程描述潜变量和指标之间的关系,如本研究中理论模型中因子与观测变量之间的关系;结构方程则描述潜变量之间的关系,如本研究理论模型中的六个因子之间的关系。

测量模型的方程是:

$$x = \Lambda_x \xi + \delta$$
$$y = \Lambda_y \eta + \varepsilon$$

其中,x 是外源(exogenous)指标(如六项社会经济指标)组成的向量,y 是内生(endogenous)指标组成的向量。Λ_x 指外源指标与外源潜变量之间的关系,是外源指标在外源潜变量上的因子符合矩阵;Λ_y 指内生指标与内生潜变量之间的关系,是内生指标在内生潜变量上的因子负荷矩阵。δ 是外源指标 x 的误差项,ε 是内生指标 y 的误差项。

潜在结构模型的方程是:

$$\eta = B\eta + \Gamma\xi + \zeta$$

其中,η 是内生潜变量,ξ 是外源潜变量;B 指内生潜变量之间的关系,Γ 指外源潜变量对内生潜变量的影响;ζ 是结构方程的残差项,反映了 η 在方程中未能被解释的部分。

而变量间的关系,即结构模型,通常是研究的兴趣重点,所以整个分析也称为结构方程。在本研究中,将使用 SEM 进行验证因

---

[1] 易丹辉编著:《结构方程模型方法与应用》,中国人民大学出版社 2008 年版。
[2] 侯杰泰、温忠麟、成子娟:《结构方程模型及其应用》,教育科学出版社 2004 年版。

子分析,并进行结构模型的探索。使用的软件包是其中一个较早问世并且流行至今的软件 LISREL,版本是 8.7。

2. SEM 优点

结构方程模型有许多优点,使得它在多元统计分析中备受青睐。综合统计学家的研究[①],SEM 优点主要集中在以下六个方面:

(1) 可以同时考虑和处理多个因变量。

(2) 容许自变量和因变量含测量误差。许多流行的传统方法(如回归分析),虽然容许因变量含测量误差,但需要假设自变量是没有误差的。

(3) 与因子分析相似,SEM 可以同时估计各指标的信度和效度。

(4) 可以同时估计因子结构和因子关系。因为结构方程由测量模型和结构方程两部分组成,所以因子结构和因子关系可以同步进行。若使用传统的分析方法,在新研究的原有因子内的结构和关系仍然不变。

(5) 容许更大弹性的测量模型。传统因子分析难以处理一个指标从属多个因子,或者考虑高阶因子等比较复杂的从属关系的模型。比如理论模型中,探索性因子运算所得的六个因子并不能清楚地解释和"乡村性"这个高阶潜变量之间的关系。

(6) 可以估计整个模型的拟合程度。在传统的路径分析中,只能估计每一路径(变量间关系)的强弱。在结构方程分析中,除了上述参数的估计外,还可以计算不同模型对用同一个样本数据的整体拟合程度,从而判断哪一个模型更接近数据所呈现的关系。

软件包如 LISREL 会以数学方法找出一个既符合某指定模

[①] Bollen, K. A. and Long, J., eds., *Testing Structural Equation Models*, Sage, 1993;方平、熊端琴、蔡红:《结构方程在心理学研究中的应用》,《心理科学》2001 年第 4 期;侯杰泰、温忠麟、成子娟:《结构方程模型及其应用》,教育科学出版社 2004 年版。

型,又与 S 差异最小的 $\sum$ 矩阵,同时会估计各路径参数(因子负荷、因子相关系数等)数值。它还会根据 $\sum$ 与 S 的差异、模型的自由度、变量数目和样本容量等信息,计算出各种拟合指数,来反映模型与数据的拟合程度。一个好的模型既简单又吻合数据。因此,结构方程从优点上综合了回归分析、因子分析和路径分析的优点,又规避或者弥补了各自的局限。

3. SEM 步骤

结构方程模型的建构一般包括以下几个步骤:

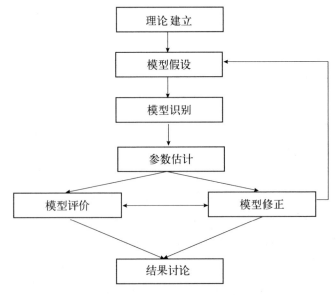

图 5-6　结构方程模型的分析步骤

* 资料来源:侯杰泰《为何需要结构方程模式及如何建立潜伏变项?》,《教育研究学报(香港)》1994 年第 1 期。

(1)模型构建:理论建立和模型假设其实构成了模型建构步骤。模型的建立必须以正确的理论为基础,否则无法正确解释变量关系。在模型中,需要有路径图明确指定变量之间的关系。

(2) 模型识别：结构方程模型分析要考虑模型识别问题。如果一个理论模型包含不可识别的参数，模型是不可识别的，比如当两个潜变量不相关的时候，模型是不可识别的。CFA 的模型识别需要通过两个必要条件，即需要检查是否使用了固定负荷或固定方差等指定因子的测量单位，并检查 T 法则是否成立。这些必要条件通过后，才可执行三指标法则或者二指标法则这些充分条件，否则模型也无法识别。

(3) 参数估计：LISREL 共提供了七种参数估计方法，最常用的是最大似然估计(Maximum Likelihood，ML)。ML 作为 LISREL 默认的参数估计方法，在旅游研究中也最常用。[①] 参数估计也是一个模型拟合的过程。

(4) 模型评价：通过拟合优度统计量(goodness of fitness)，简称拟合指数，是评价模型拟合程度好坏的统计量。

对模型进行整体评价的主要包括残差测量、拟合评价的绝对指数、拟合评价的相对指数；对模型解释能力的评价，以及信度、效度评价的参数，可以从测量模型、结构模型中分别获得。主要拟合指数有 RMR、χ^2、χ^2/df、RMSEA、NFI、NNFI 和 CFI。

其中，RMR(root mean-square residual)为均方根残差，是模型整体评价中残差测量的一个指数。RMR 利用样本残差计算，数值越小，表明拟合效果越好。拟合指数中 χ^2(Minimum Fit Function Chi-Square)、χ^2/df、RMSEA(root mean square error of approximation)、NFI(normed fit index)、NNFI(non-mormed fit index)和 CFI(comparative fit index)是最常见的拟合评价指数。其中，χ^2 和 RMSEA 属于拟合评价的绝对指数。χ^2 值越小，说明观察到协方差 S 与期望中的协方差 $\sum(\theta)$ 的差异越小，表明

[①] Reisinger, Y. and Turner, L., "Structural Equation Modeling with Lisrel: Application in Tourism, *Tourism Management*, 1999, 20(1), pp.71-88.

模型的拟合越好。但是，由于 χ^2 对于样本数过于敏感，因此 χ^2/df 的结果报告更受欢迎。当 χ^2/df 在 2.0~5.0 之间时，可以接受模型。RMSEA(root mean square error of approximation)为近似误差均方根。RMSEA 的值越小越好，一般来说低于 0.1 就可以接受，低于 0.05 表示非常好的拟合。也有一些学者推荐 RMSEA 的临界值是 0.8，当大于 0.8 时，可以认为模型拟合不好。[①] NFI、NNFI 和 CFI 也是最常用的拟合评价的相对指数，取值都在 0~1 之间，越高越好。它们的取值为 0，表示假设模型拟合与基准模型相同；若取值等于 1，表示假设模型为饱和模型，拟合效果完美。根据彼得·本特勒(Peter Bentler)等的研究，NFI、NNFI 的取值[②]和 CFI 的取值都需要大于 0.9[③]，才表明模型拟合较好。

最后，如果模型拟合不好，需要对模型进行修正，并重新进行模型评价。但是，模型修正需要以理论为基础，以做出合理的解释为修正模型的前提，一般不提倡纯粹为拟合数据而修正模型。[④]

（二）SEM 在旅游研究中的应用

结构方程模型因为上述特有优势，渐渐在旅游研究中得到了运用，只是在时间上较其他学科相对滞后。直到 20 世纪 90 年代末，SEM 才被执旅游学界牛耳的《旅游管理》刊文介绍给圈内[⑤]，而

---

① Hu, L. and Beutler, P. M., "Evaluating Model Fit", in R. H. Hoyle, ed., *Structural Equation Modeling: Concepts, Issues, and Applications*, Sage, 1995, pp. 76-99.

② Bentler, P. M. and Bonett, D. G., "Significance Tests and Goodness of Fit in the Analysis of Covariance Structures", *Psychological Bulletin*, 1980, 88(3), pp.588-606.

③ Bentler, P. M., *EQS Structural Equations Program Manual*, Multivariate Software, 1995.

④ 史春云、张捷、尤海梅：《游客感知视角下的旅游地竞争力结构方程模型》，《地理研究》2008 年第 3 期。

⑤ Reisinger, Y. and Turner, L., "Structural Equation Modeling with Lisrel: Application in Tourism, *Tourism Management*, 1999, 20(1), pp.71-88.

国内直到 2005 年才有《地理学报》刊文介绍 SEM 在旅游地理领域的应用研究。① 但是,SEM 方法显然已经被越来越多的旅游研究学者重视,近年的文章数量明显攀升,而笔者在美国留学期间观察到,对于 SEM 方法的掌握,已经成为当前旅游专业博士研究生积极学习、讨论的话题。史春云、张捷等考察发表在《旅游研究纪事》、《旅游管理》、《旅游研究杂志》(Journal of Travel Research)、《旅游分析》(Tourism Analysis)等国际旅游权威期刊和国内 CNKI 期刊上的文章,得到 2007 年之前发表的 35 篇 SEM 在旅游学领域应用的文献,并进行了很好的归纳和综述。② 在内容上,该综述研究发现,在 35 篇文献中,除了 1 篇介绍方法之外,其余 26 篇为有关游客感知与行为的研究,7 篇为有关居民感知与态度的研究,1 篇是针对旅游业从业者的研究。可见,游客感知与行为的研究是当前 SEM 在旅游学领域的应用热点。

在此文献综述截止之后仅仅一年不到的时间,本研究就发现仅在《旅游管理》上就有 7 篇使用 SEM 方法的文章发表。而向来以定性方法为主、研究旅游社会学为导向的《旅游研究纪事》,在 2008 年也有一篇使用 SEM 方法的文章。而在国内,则新增了 7 篇史春云、张捷等未纳入的、关于 SEM 在旅游学领域应用的文章。由于国内数据库限制,还没有将《旅游分析》等其他著名的旅游学术期刊新发表文章统计在内,就已经新增了 15 篇文章,可见 SEM 方法在旅游研究中的应用到了快速增长的阶段。新增 SEM 应用文献,在内容上依然集中在感知/认知 (perception)、目的地印象、忠诚度等不能直接测量的旅游研究领域,在研究对象上扩大到游客、居民、旅游从业人员和旅游企

---

① 汪侠、顾朝林、梅虎:《旅游景区顾客的满意度指数模型》,《地理学报》2005 年第 5 期。
② 史春云、张捷、尤海梅:《游客感知视角下的旅游地竞争力结构方程模型》,《地理研究》2008 年第 3 期。

业。从游客角度,有研究澳大利亚游客对于葡萄酒旅游/度假的认知和态度研究[1];美国游客对于旅游目的地忠诚度的研究[2];此外,还有研究更加抽象的旅游参与(involvement)和地方依赖(place attachment)之间的结构性关系。从居民的角度,有来自北京什刹海的案例,探讨旅游开发对当地社区的影响,研究中同样设计了对地方依赖的考察[3];有关于旅游从业人员和旅游企业的研究,包括通过研究酒店管理人员的能力、心理因素,以提高他们在后互联网时代对于竞争环境的感知能力[4];还有通过对顾客的调查,关注旅游和互联网广告之间的结构性关系研究[5];以及发现旅游业工作人员被不断加大的工作压力强度和 WLC(work-to-leisure,休闲工作)思潮所困扰的时候,采用 SEM 来探索工作压力潜变量、WLC 潜变量之间的关系[6]。

而国内的七篇文章中,包括两篇乡村旅游领域的研究——探讨生态旅游发展与社区居民生态保护行为的研究[7],以及使用

---

[1] Sparks, B., "Planning a Wine Tourism Vacation? Factors that Help to Predict Tourist Behavioral Intentions", *Tourism Management*, 2008, 28(5), pp.1180-1192.

[2] Chi, C. G. and Qu, H., "Examining the Structural Relationships of Destination Image, Tourist Satisfaction and Destination Loyalty: An Integrated Approach", *Tourism Management*, 2008, 29(4), pp.624-636.

[3] Gu, H. and Ryan, C., "Place Attachment, Identity and Community Impacts of Tourism - the Case of a Beijing hutong", *Tourism Management*, 2008, 29(4), pp.637-647.

[4] Garrigós-Simón, F. J., Palacios-Marqués, D. and Narangajavana, Y., "Improving the Perceptions of Hotel Managers", *Annals of Tourism Research*, 2008, 35(2), pp.359-380.

[5] Wu, S., Wei, P. and Chen, J., "Influential Factors and Relational Structure of Internet Banner Advertising in the Tourism Industry", *Tourism Management*, 2008, 29(2), pp.221-236.

[6] Wong, J. and Lin, J., "The Role of Job Control and Job Support in Adjusting Service Employee's Work-to-leisure Conflict", *Tourism Management*, 2008, 28(3), pp.726-735.

[7] 黎洁:《生态旅游发展与社区居民自然生态保护行为关系的实证研究——以陕西太白山农村社区为例》,《中国人口·资源与环境》2007 年第 5 期。

CFA 验证抽象的乡村性测评模型[1]。其余的文章主要集中在游客的满意度研究[2],包括新兴的旅游网站使用满意度研究[3]。另外,国内还有对旅游企业创新与绩效结构性关系的研究[4],和利用 SEM 进行大视角下旅游产业竞争力的评价研究[5]。

通过考察最近一两年涌现的、中外主流学术期刊上的 SEM 在旅游研究中应用的文章,可以发现 SEM 方法扩大了旅游研究的视野和深度,尤其在涉及不可直接测量的潜变量方面,具有无可比拟的优势,许多以前只能靠定性描述的内容,诸如地方依赖、旅游参与、地方感知和目的地忠诚度等抽象的领域,现在可以通过 SEM 进行结构性量化探讨,甚至是因果关系的探究。因此,SEM 在旅游研究中的应用,也将像 SEM 在其他社会科学领域一样,掀起一场方法变革的思潮。

二、TOR 理论模型的验证

通过上文的研究,我们得到了旅游需求导向的乡村性假设模型,并提出了 H1～H7 这七个研究假设。为了验证研究假设,需要运用 LISREL8.7 软件,通过结构方程模型,对假设模型和另外一半用于 CFA 的随机数据进行拟合,主要的研究过程包括模型评价、比较、修正,以及修正后最终模型的信度和效度评价。

---

[1] 冯淑华、沙润:《乡村旅游的乡村性测评模型——以江西婺源为例》,《地理研究》2007 年第 3 期。
[2] 史春云、张捷、尤海梅:《游客感知视角下的旅游地竞争力结构方程模型》,《地理研究》2008 年第 3 期;汪侠、梅虎:《旅游地游客满意度:模型及实证研究》,《北京第二外国语学院学报》2006 年第 7 期。
[3] 李云鹏、吴必虎:《基于结构方程模型的旅游网站使用者满意度量的比较研究》,《数理统计与管理》2007 年第 4 期。
[4] 王君正、吴贵生:《我国旅游企业创新对绩效影响的实证研究——以云南旅游业为例》,《科研管理》2008 年第 6 期。
[5] 易丽蓉:《基于结构方程模型的区域旅游产业竞争力评价》,《重庆大学学报(自然科学版)》2006 年第 10 期。

所有的模型验证所使用的数据,都来源于总体有效样本(N=804)的另外一半随机产生的数据(N=402)。此前的一半数据已经做过探索性因子分析,因此不再使用。如果将探索性因子分析使用过的数据用来做验证,就失去了验证的意义,模型的可靠性就将受到质疑。上文提到,这种将样本随机分成两半,一半用作探索,一般用作验证的交互效度法(cross-validation),已经成为科学研究中的惯例。不过在 SEM 的旅游研究应用中,目前大多只在国际主流期刊中被运用。另外,SEM 本身的测量模型、结构模型,还有相应的评价参数,也是 SEM 在模型验证上受到广泛欢迎的一个原因。

(一)一阶模型与二阶模型比较

图 5-5 显示,理论假设模型其实是按照 SEM 路径图所做的二阶模型。其中,X_1、X_3 等矩形图形表示的为观测变量,Env.、Dull 等六个潜变量是一阶潜变量,因为有高阶潜变量 Rurality 的存在,一阶潜变量其实是内源变量(或称内生变量),而 Rurality 这个高阶变量是外源潜变量。模型表示,可以通过观测变量来获得不可直接观测的内源潜变量的信息,并通过构建内源潜变量与外源潜变量之间的关系,来最终获得一阶潜变量和二阶潜变量之间的因果关系。由于普通的探索性因子无法清晰地描述潜变量之间的关系,所以上文 EFA 中通过正交旋转获得最大变异的六个潜变量之间的关系也难以清晰描述,因此对于这六个潜变量之上是否能够存在一个高阶变量,即 Rurality,还需要进行模型之间的比较,并且通过模型整体评价指数来判断。

按照结构方程模型的步骤,采用 LISREL8.7 基于另外一半随机数据(N=402)产生的协方差矩阵进行模型识别,即进行参数显著性检验。对每一个估计的参数建立原假设:H0,参数等于零。检验采用 t 统计值。它由参数的估计值除以相应的标准误得到。一般来说，t 的绝对值大于 1.96，拒绝 H0，检验通过，说明参数显著不为零，则假设模型中对该参数进行自由估计是合理的。[①]

表 5-8 显示，所有观测变量 t 值都大于 1.96，检验通过，模型为可识别。

表 5-8 观测变量 t 值表

观测变量	t 值	观测变量	t 值	观测变量	t 值
X_1	2.72	X_{16}	9.73	X_{30}	12.02
X_3	8.30	X_{17}	9.79	X_{31}	12.24
X_4	13.23	X_{18}	13.20	X_{32}	11.54
X_5	14.97	X_{19}	13.56	X_{34}	8.14
X_6	11.29	X_{21}	5.49	X_{35}	12.57
X_7	11.97	X_{22}	16.06	X_{36}	12.37
X_9	5.83	X_{23}	14.75	X_{38}	14.41
X_{10}	7.50	X_{24}	3.83	X_{39}	13.32
X_{13}	9.73	X_{28}	11.13		
X_{15}	9.87	X_{29}	9.87		

在随后的结构模型中，使用最大似然法参数估计进行模型拟合，共进行两次独立运行，对于两次不同结构的模型进行分别验证。第一次先设定六个潜变量互不相关，作为理论模型的竞争模型进行验证，LISREL 软件输出的路径图见图 5-7；第二次完全按照图 5-5 的理论模型假设，即原假设模型进行运算，LISREL 生成了二阶模型的路径图，见图 5-8。

[①] 易丹辉编著：《结构方程模型方法与应用》，中国人民大学出版社 2008 年版。

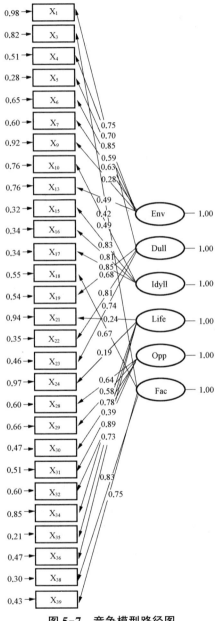

图 5-7 竞争模型路径图

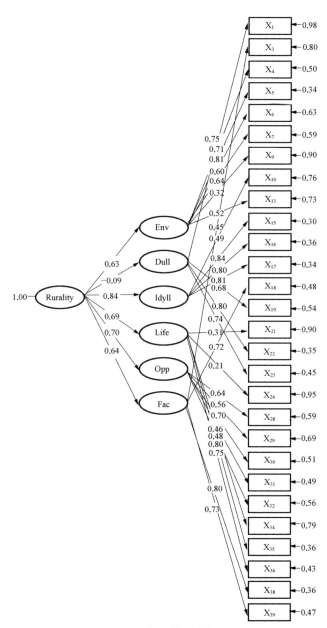

图 5-8 假设模型路径图

除了路径图的直观判断之外,结构方程模型还提供了一系列参数和拟合指数,对模型进行评价。模型评价主要包括模型整体评价、模型解释能力评价,以及信度、效度的评价。对于一个模型拟合好坏,最基本的就是需要进行模型整体评价指数比较。

表 5-9 竞争模型与原假设模型拟合指数对照表

模 型	RMR	χ^2	χ^2/df	RMSEA	NFI	NNFI	CFI
竞争模型	0.18	1 412.10	4.03	0.097	0.84	0.87	0.88
原假设模型	0.079	973.28	2.83	0.070	0.89	0.92	0.93

* 资料来源:据 LISREL8.7 软件输出结果整理。

从表 5-9 可以看出,二阶结构的原假设模型的任何一项指数都明显优于一阶结构的竞争模型。因此,本研究确定原假设模型优于竞争模型,并最终放弃竞争模型,H1 假设成立。

(二)假设模型修正

在上表(表 5-9)中,还可以发现虽然二阶的原假设模型拟合指数诸项均优于一阶的竞争模型,但是 NFI 一项没有超过本特勒推荐的 0.9 以上,模型拟合有些许不足。另外,LISREL 在进行验证性因子分析,获得因子载荷矩阵数据(见表 5-10)时,发现尚有 X_1、X_9、X_{21} 和 X_{24} 因子载荷低于 0.4,并且 X_1 和 X_{24} 的因子载荷小于 0.3。这说明原假设模型还存在可以修正的空间。

表 5-10 假设模型 CFA 标准化因子载荷矩阵

观测指标	Env.	Dull	Idyll	Life	Opp.	Fac.
X_4	0.71					
X_5	0.81					
X_6	0.60					

续　表

观测指标	Env.	Dull	Idyll	Life	Opp.	Fac.
X_7	0.64					
X_9	0.32					
X_{13}	0.52					
X_1		0.15				
X_{19}		0.68				
X_{22}		0.80				
X_{23}		0.74				
X_{10}			0.49			
X_{15}			0.84			
X_{16}			0.80			
X_{17}			0.81			
X_{21}				0.31		
X_{24}				0.21		
X_{34}				0.46		
X_{35}				0.80		
X_{36}				0.75		
X_{28}					0.64	
X_{29}					0.56	
X_{30}					0.70	
X_{31}					0.71	
X_{32}					0.67	
X_3						0.45
X_{18}						0.72
X_{38}						0.80
X_{39}						0.73

* 资料来源：LISREL8.7 使用最大似然法估计，据输出结果整理。

在此前另外一半随机数据进行 EFA 时,本研究将因子载荷的门槛值设定在 0.4。社会科学研究中在分析个体数据时,由于个体差异迥异,因此许多学者认为因子载荷只要超过 0.1,就可以认为具有一定的解释力,因此 SPSS 在因子分析时默认的因子分析筛选临界点取值是 0.1。不过绝大部分学者都会选择 0.3 以上,以达到简化数据、清晰结构的研究目的。[①] 因此,如果整个模型拟合好,那么即使 X_1 和 X_{24} 在验证性因子分析中标准化因子负荷小于 0.3,即便大于 0.1,在统计意义上也可以给予保留。但是,评价整体性拟合的 NFI 没有超过 0.9,并且在 EFA 的 Cronbach's α 信度分析中,可以发现 X_1 和 X_{24} 存在条目删除能够提高因子信度的情况。由于 CFA 与 EFA 获得因子矩阵的估计方法不同,本书没有直接采用 EFA 的临界点 0.4,而在 CFA 中采用 0.3 作为临界值。因此,可以通过删除 X_1、X_{24},对模型进行微小的修正,形成一个新的修正模型。最后,将对修正模型和与原假设模型进行数理统计和理论上的比较,以确定最终理论模型。类似的方法在其他的 SEM 旅游研究应用中也被学者采纳。[②]

因此,再次运用 LISREL8.7,对新的修正模型进行结构方程模型分析,最后得到的拟合指数与原假设模型指数对比如下表(表 5-11)。

表 5-11 修正模型与原假设模型拟合指数对照

模 型	RMR	χ^2	χ^2/df	RMSEA	NFI	NNFI	CFI
修正模型	0.076	824.18	2.81	0.068	0.91	0.93	0.94
原假设模型	0.079	973.28	2.83	0.070	0.89	0.92	0.93

* 资料来源:据 LISREL8.7 软件输出结果整理。

[①] Sparks, B., "Planning a Wine Tourism Vacation? Factors that Help to Predict Tourist Behavioral Intentions", *Tourism Management*, 2008, 28(5), pp.1180-1192.

[②] Kaplanidou, K. and Vogt, C., "A Structural Analysis of Destination Travel Intentions as a Function of Website Features", *Journal of Travel Research*, 2006, 45(11), pp.204-216.

从上表可知,修正模型在模型整体评价拟合诸项指数上都有了提高。不仅 RMR、χ^2、χ^2/df、RMSEA 值都更加小之外,NFI、NNFI 和 CFI 都比原假设模型相应拟合指数要高,尤其是 NFI 超过了 0.9,达到 0.91,而原假设模型虽然拟合效果不错,可是 NFI 低于 0.9。因此,从模型整体评价指数上判断,修正模型优于原假设模型。

上文提到,模型的评估除了使用残差测量指数和模型整体评价指数之外,通常还进行模型解释度评价。在 SEM 中,测量方程和结构方程都有测定系数(类似回归方程中的 R^2)用作解释度评价,即复相关平方值(Squared Multiple Correlations,R^2)。复相关平方值代表了由外生变量所表示的内生变量的方差和,这里可以考察潜变量对于观测变量的解释能力。[①] R^2 取值范围在 0~1 之间,说明拟合程度越高,方程对于数据解释能力越强。当一个方程的测定系数过低时,可以考虑对其调整或者删除。但是对于整个模型来说,由于 R^2 与方程个数有关,整体模型的评价不适合使用测定系数 R^2。[②] 在国外的 SEM 旅游应用文章中,也罕见使用 R^2 来评价模型或者解释度的。[③] 不过,我们还是可以将 R^2 值作为考察一阶潜变量对于观测变量的解释度的参考值。表 5-10 显示,原假设模型中 X_1 的因子载荷只有 0.15,因此 X_1 的 R^2 为 0.02 (0.15×0.15≈0.02),表明 X_1 只有 2%的变异可以由对应潜变量乡村游憩环境(Env.)来解释。同样,X_{24} 的因子载荷只有 0.21,因此 X_{24} 的 R^2 为 0.04(0.21×0.21≈0.04),即 X_{24} 只有 4%的变异可以由

[①] 李云鹏:《旅游网站使用者满意研究》,哈尔滨工业大学博士学位论文,2006年;汪侠、梅虎:《旅游地顾客忠诚模型及实证研究》,《旅游学刊》2006 年第 10 期。

[②] 易丹辉编著:《结构方程模型方法与应用》,中国人民大学出版社 2008 年版。

[③] Kaplanidou, K. and Vogt, C., "A Structural Analysis of Destination Travel Intentions as a Function of Website Features", *Journal of Travel Research*, 2006, 45(11), pp.204-216; Sparks, B., "Planning a Wine Tourism Vacation? Factors that Help to Predict Tourist Behavioral Intentions", *Tourism Management*, 2008, 28(5), pp.1180-1192.

对应的潜变量晦涩乡村(Dull)来解释。可见,这两者被解释变异太小,因此可以删除。

但是,仅仅根据统计上的模型拟合评价,并不能马上判断修正模型可以取代原假设模型,而成为理论模型。因为模型的拟合并不能代表理论上的拟合,而研究的目的就是验证理论。因此,修正模型对于观测变量 X_1 和 X_{24} 的删减最重要的还要得到理论上的解释,才能确定修正模型可以成为最终的理论模型。

经过 EFA,X_1"地广人稀"是晦涩乡村(Dull)的观测变量。可是经过以上 CFA 的统计验证后,再回头考察晦涩乡村(Dull)潜变量的其他三个观测指标,可以发现其余的三项指标:X_{19}"贫穷,经济落后"、X_{22}"村民文化低,见识短"以及 X_{23}"信息闭塞",都是城乡二元分化情况下乡村的社会、经济生活落后特征。而 X_1 虽然对于都市游客来说,可能意味着出行的不便利,在一定程度上构成乡村"晦涩"的一面,但是"地广人稀"也是一个中性的地理环境特征描述,而不是社会文化特征。事实上,该指标的设计就是根据乡村地理中对于乡村地理环境的描述而列入的,其本身并不像前三者那样含有独特的人文含义,因此可以删除。

X_{24} 指代的"乡村居民主要在从事第一产业",属于传统乡村生活(Life)的观测变量。通过 EFA 获得的潜变量 Life 除了 X_{24} 之外,还有其余四项观测指标:X_{21}"生活简单,节奏慢"、X_{34}"传统的夜间娱乐活动丰富"、X_{35}"特色的农家菜肴"和 X_{36}"绿色有机的食物"。从乡村地理、农村经济学的理论而言,X_1 应该是乡村生产、生活形成特征的重要、本质原因。但是,若从旅游需求导向而言,删除 X_{24} 可能更能说明游客或者潜在的游客对于乡村性的认知。X_{24} 一项在概念框架中属于"乡村经济"范畴,并且考虑到它也是乡村地理学、乡村社会学等其他学科界定乡村性的重要指标,因此才被纳入测量量表中。诚然,X_1 与其他四项指标都直接与乡村生活有关,但是删除 X_{24} 依然可以获得很好的理论解释。因为 X_{21}、X_{34}、

X_{35} 和 X_{36} 都是游客可以感受、参与的直接相关的生活氛围或者内容,尤其后三者,更是受访者一致接受的特点。而 X_{21} 相对后三者而言,由于是更加间接的体验过程,所以不如后三者那么被一致接受。从上文的方差分析中可知,X_{21} 不仅标准差很高,达到 0.97,而且受人口社会特征影响很大,在南北方的居住环境、年龄、收入、教育和家庭结构这五项上,都具有显著差异的变量(见表 4-16)。另外,由于现代农村的变迁,乡村在游客认知中已经不再是第一产业居民特有的居住地。并且,在乡村旅游地,居民往往已经更多地转向了旅游等第三产业,比如案例地临安就属于这种情况。因此,对于乡村旅游地居民从事的产业,游客或者潜在游客可能没有特别显著的要求,但是对于旅游地的传统乡村生活方式的保留——这种直接与游客游憩有关的特征更加关注。

综上所述,X_1 与 X_{24} 的删除不仅在统计上具有意义,在理论上也能得到很好的解释。并且,通过 X_1 和 X_{24} 的删除,能够更加突出旅游需求导向的特征。因此,与原假设模型相比,删除了 X_1 和 X_{24} 的修正模型可以取代前者,成为最后的理论模型。

(三) TOR 模型评价

如上文所述,修正模型最终取代原假设模型,而成为最后的理论模型(图 5-9),因此需要通过分析结构方程模型验证结果,对其进行分析和评价。通过 ISREL8.7 对于理论模型的结构方程模型验证,可以得到以下模型评价信息。

1. TOR 模型整体拟合度检验

LISREL 统计对于理论模型的拟合度检验(Goodness of Fit)显示修正模型,即最后的 TOR 模型整体拟合很好(见表 5-11)。其中,χ^2/df 为 2.81,介于 2~5 之间的要求之内;RMSEA 为 0.068,不仅符合不大于 1 的要求,也小于 0.08 这一更高要求。RMSEA 的 95% 置信水平的取值范围位于 0.063~0.074 之间。另

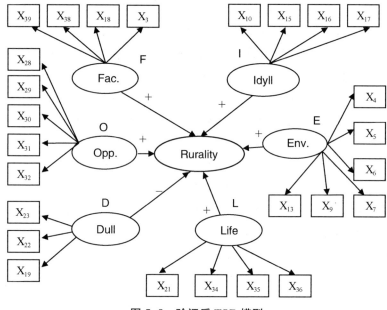

图 5-9 验证后 TOR 模型

外,NFI、NNFI 和 CFI 三项皆大于 0.9。因此,各项整体拟合指数皆说明,模型对于数据具有较好的拟合能力。

2. TOR 模型评价

测量模型评价其实就是基于 SEM 中的测量模型,进行理论模型的内在结构的评价。上文提到,测量模型描述潜变量和指标之间的关系,在本研究中即研究观测指标与一阶潜变量(内源变量)之间的关系。测量模型的分析指标通常由三部分组成:(1)单个观测指标的效度系数,即验证性因子分析中的因子载荷。(2)单个观测指标的信度,常用复相关平方值 R^2 值来考察。R^2 代表潜变量对于观测指标的变异解释力,有时也被称为解释力评价指标。(3)建构信度(Construct Reliability,CR)。建构信度,又可称为组合信度(Composite Reliability),是检定潜变量的信度指标。建构信度可以评价一组观察变量在建构潜变量的一致性程度,是一种内部一致性指标依据,一般最低门槛值推荐位 0.6,越高越好。[1]

表 5-12 测量模型评价主要参数

变 量	标准化因子负荷	R^2	误差方差	结构信度
Env.				
X_4	0.71	0.50	0.50	
X_5	0.81	0.66	0.34	
X_6	0.60	0.37	0.63	0.78
X_7	0.64	0.41	0.59	
X_9	0.32	0.10	0.90	
X_{13}	0.52	0.27	0.73	
Dull				
X_{19}	0.68	0.46	0.54	
X_{22}	0.81	0.65	0.35	0.79
X_{23}	0.74	0.54	0.46	
Idyll				
X_{10}	0.49	0.24	0.76	
X_{15}	0.84	0.70	0.30	0.83
X_{16}	0.80	0.64	0.36	
X_{17}	0.81	0.66	0.34	
Life				
X_{21}	0.30	0.09	0.91	0.69
X_{34}	0.46	0.21	0.79	

---

[1] Bagozzi, R. P. and Yi, Y., "On the Evaluation of Structure Equations Models", *Academic of Marketing Science*, 1988, 16(1), pp.76-94.

续　表

变　量	标准化因子负荷	R^2	误差方差	结构信度
X_{35}	0.81	0.65	0.35	
X_{36}	0.76	0.58	0.42	
Opp.				
X_{28}	0.64	0.41	0.59	
X_{29}	0.56	0.31	0.69	
X_{30}	0.70	0.49	0.51	0.79
X_{31}	0.71	0.51	0.49	
X_{32}	0.67	0.44	0.56	
Fac.				
X_3	0.45	0.21	0.79	
X_{18}	0.72	0.52	0.48	0.78
X_{38}	0.80	0.64	0.36	
X_{39}	0.73	0.53	0.47	

本研究依据理论模型，通过 SEM 的测量模型运算，进行模式内部拟合度评价。由上表（表 5-12）可知，所有的因子载荷都在设定的 0.3 以上。通过 R^2 值可知，在乡村游憩环境（Env.）潜变量中，可解释的最高变异率为 66%，最低为 10%。最低的 X_9 通过了 EFA，虽然在 EFA 探索数据中的 Cronbach's α 检验发现，存在条目删除 Env. α 值有提高的现象，但是由于 X_9 通过了 EFA 探索和 CFA 验证，因此给予保留。不过，由于 X_{10} 在本研究的验证数据中存在解释力偏低的现象，因此依然值得今后的研究中注意重新验证。在乡村游憩机会（Opp.）潜变量中，可解释的最高变异率为 51%，最低为 31%。在乡村设施（Fac.）潜变量中，可解释的最高变

异率为 64%,最低为 21%。在晦涩乡村(Dull)潜变量中,可解释的最高变异率为 65%,最低为 46%,并且三个值之间都比较相近。在田园牧歌(Idyll)潜变量中,可解释的最高变异率为 70%,最低变异率为 24%。最低的变异率 X_{10}"村民对自己是农村人感到自豪",反映了乡村旅游地的人们美好田园生活的状态,但是在第五章的方差研究中,提到要特别关注该项目的社会赞许性在游客评价中所起到的影响误差。另外,X_{10} 的样本中标准差很大,达到 0.99,并且在性别和教育两项人口社会特征上存在显著差异。在乡村生活(Life)潜变量中,可解释的最高变异率为 65%,最低为 9%。其中最低的 X_{21}"生活简单,节奏慢"在 CFA 数据中因子负荷偏低,并且经过上文理论分析,可以发觉 Life 的其他三个观察变量都是描述旅游者可能直接参与的生活方式和内容,相比之下 X_{21} 描绘的是一种氛围和可以浸染的生活方式大环境。虽然 X_{21} 在验证数据中因子负荷偏低,不过在 EFA 探索数据中因子负荷超过 0.4,并且在 Cronbach's α 检验中并没有出现条目删除使得 Fac.整体 α 值变高的现象,因此在模型中依然给予保留,但是和 X_9、X_{10} 一样,值得今后更多实证研究给予特别关注和验证。

另外,在建构信度分析上,所有的六个潜变量都符合理查德·巴格兹(Richard Bagozzi)等[1]剔除该指标至少须大于或者等于 0.6 的标准,最高为田园牧歌(Idyll),达到了 0.83,最低的传统乡村生活(Life)也达到了 0.69,逼近 0.7。因此,可以认为本研究在观测指标之建构六个潜变量方面都达到了统计上的一致性要求。

3. TOR 结构模型评价

在参数估计上,本研究以用最大似然估计法(Maximum

---

[1] Bagozzi, R. P. and Yi, Y., "On the Evaluation of Structure Equations Models", *Academic of Marketing Science*, 1988, 16(1), pp.76-94.

Likelihood，ML）对结构模型中各观测变量的路径系数进行估计。结构方程被用于描述潜变量之间的关系，如本研究理论模型中的六个因子之间的关系，以最终评价理论建构的因果关系是否成立。

　　LISREL8.7 输出结果和路径图（表 5-13、图 5-10）表明，田园牧歌（Idyll）对游客需求导向的乡村性（Rurality）影响最大，路径系数达到 0.84（t 值＝8.93），因此表现为显著的正向相关，H4 假设成立。乡村游憩机会（Opp.）对游客需求导向的乡村性影响其次，路径系数达到 0.69（t 值＝9.65），因此表现在显著的正向相关，H6 假设成立。传统乡村生活（Life）对游客需求导向的乡村性影响居第三位，路径系数达到 0.68（t 值＝5.06），H5 假设成立。乡村设施（Fac.）对游客需求导向的乡村性影响居第四，路径系数为 0.64（t 值＝7.18），H7 假设成立。而乡村游憩环境（Env.）对游客需求导向的乡村性影响与前者接近，路径系数为 0.63（t 值＝9.66），H2 假设成立。最后，晦涩乡村（Dull）对游客需求导向的乡村性（Rurality）影响最小，路径系数为 −0.1（t 值＝−1.51），从负值的路径系数和 t 值来看，影响方向为反，但是由于 t 的绝对值小于 1.96 的临界值，因此影响不显著，因此 H3 部分成立。

表 5-13　结构模型评价主要参数

路　　径	t 值	标准化路径系数	R^2
Rurality → Env.	9.66	0.63	0.40
Rurality → Dull	−1.51	−0.10	0.01
Rurality → Idyll	8.93	0.84	0.71
Rurality → Life	5.06	0.68	0.46
Rurality → Opp.	9.65	0.69	0.48
Rurality → Fac.	7.18	0.64	0.41

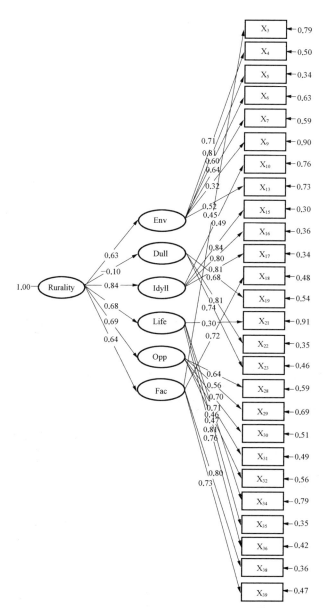

图 5-10　TOR 模型整体结构与路径系数

* 资料来源：据 LISREL8.7 输出获取

综上所述,本书的七项研究假设的验证结果为:

研　究　假　设	验　证　结　果
H1：Env.、Dull、Idyll、Life、Opp.和Fac.存在外源潜变量Rurality	假设成立
H2：Env.对Rurality存在显著的正向影响	假设成立
H3：Dull对Rurality存在显著的负向影响	负向影响成立,但不显著
H4：Idyll对Rurality存在显著的正向影响	假设成立
H5：Life对Rurality存在显著的正向影响	假设成立
H6：Opp.对Rurality存在显著的正向影响	假设成立
H7：Fac.对Rurality存在显著的正向影响	假设成立

第三节　TOR理论模型解释与运用

通过第二节的模型选择、修正,最后确定的 TOR 模型通过了 SEM 验证,模型整体拟合很好。从表 5-11 显示的整体拟合指数,到表 5-12 显示测量模型进行的验证性因子分析(CFA)主要参数,以及表 5-13 展示的结构模型评价主要参数的数据,都表明了这一点。下文将在此基础上深入探讨 TOR 理论模型的理论意义与实践运用。

图 5-10 还可以分解为两个相关的图和表(见图 5-11、表 5-14),以便更加清晰地了解 TOR 模型的结构。

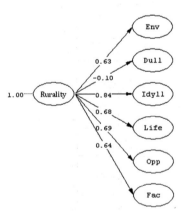

图 5-11　TOR 模型简化结构及路径

* 资料来源:据 LISREL 8.7 输出获取

表 5-14　TOR 模型一阶潜变量与观测指标

一阶潜变量		观　测　指　标
田园牧歌 （Idyll）	X_{10}	村民对自己是农村人感到自豪
	X_{15}	村民热情好客
	X_{16}	村民单纯，容易沟通
	X_{17}	村里邻里关系和睦亲密
乡村游憩机会 （Opp.）	X_{28}	可以找到乡村文物古迹或文化遗迹的地方
	X_{29}	可以让人们去探索、探险的地方
	X_{30}	可以体验传统的交通方式（船、轿、驴、马等）
	X_{31}	传统的民俗节庆活动丰富（传统节日、婚丧嫁娶等）
	X_{32}	农村节事活动丰富（赶集、采摘、农产品节等）
传统乡村生活 （Life）	X_{21}	生活简单，节奏慢
	X_{34}	传统的夜间娱乐活动丰富（篝火、聊天、讲故事等）
	X_{35}	特色的农家菜肴
	X_{36}	绿色有机食物（野菜、家鸡等家禽、果蔬等）
乡村设施 （Fac.）	X_{3}	交通便捷
	X_{18}	卫生干净
	X_{38}	医疗条件好
	X_{39}	购物方便
乡村游憩环境 （Env.）	X_{4}	绿色生态的自然景观
	X_{5}	空气清新
	X_{6}	野生动植物丰富
	X_{7}	乡村（田园）风光自然优美
	X_{9}	听觉享受（鸡犬相闻/听取蛙声一片等意境）
	X_{13}	让人感到轻松、放松、平和的地方

续 表

一阶潜变量	观 测 指 标	
晦涩乡村 (Dull)	X_{19}	贫穷,经济落后
	X_{22}	村民文化低,见识短
	X_{23}	信息闭塞,报纸、电视、现代通信不发达

乡村旅游中游客导向的乡村性理论模型(以下简称 TOR 模型)最核心的部分,在于一阶潜变量和二阶潜变量之间的关系。从图 5-12 显示的 TOR 模型主体部分的结构来看,整个模型主要由一个二阶潜变量乡村性(Rurality)和六个一阶潜变量田园牧歌(Idyll)、乡村游憩机会(Opp.)、传统乡村生活(Life)、乡村设施(Fac.)、乡村游憩环境(Env.)和晦涩乡村(Dull)构成。由图 5-12 显示的路径系数,以及表 5-13 显示的 R^2 值可以知道,前五个一阶潜变量呈正相关且显著,最后一项晦涩乡村(Dull)则为负相关,说明和 Dull 相关的乡村性观测指标得分越高,对于潜在游客前往的乡村旅游地的吸引力越低,但是这个关系在本研究的数据中不显著。而前五项正向显著关系的一阶潜变量,可以依次分别被二阶潜变量乡村性(Rurality)解释 71%、48%、46%、41% 和 40% 的变异。

因此,从上述数据中探寻到 TOR 模型反映的 FIELDO 结构性意义在于:

(1) 乡村性(Rurality)对田园牧歌(Idyll)解释力最高,能够解释 71% 的变异。这反映了潜在游客心目中,最能吸引其前往的乡村旅游地的,首先应当是具有田园牧歌式氛围的地方。史蒂芬·佩吉(Stephen Page)和唐纳德·盖茨(Donald Getz)基于世界范围的乡村旅游经营考察,认为乡村旅游经营的关键点在于乡村环境与人情氛围,这些都是无形的、在情感上与城市度假所完全不同的东西。①

（2）乡村性对乡村游憩机会（Opp.）的解释力位居其次，能够解释接近 50% 的变异。这说明潜在游客从旅游需求者的角度，相对其他和乡村相关的人群来说，对乡村旅游地可能存在的游憩机会表现出特别的关注。从构建 Opp. 的观测指标来看（表 5-14），乡村游憩机会与其他旅游活动的差别，在于和乡村环境、生产、生活方式的紧密联系。

（3）乡村性对传统乡村生活（Life）的变异解释达到了 46%，该数据提醒我们，乡村旅游是一种特殊的旅游形式，其特殊性在于乡村居民（hosts）的生活。因此，有学者提出，真正的乡村（truly rural）说到底就是一种"日常生活"。② TOR 模型中的"L"要素及其所包含的观测指标，恰恰反映了中国乡村旅游中最常见的"住农家屋、品农家菜"等活动内容。

（4）乡村性对乡村设施（Fac.）的变异解释力达到了 41%。这提醒我们，要特别关注乡村旅游设施，尤其是卫生、交通等条件。虽然乡村在总体上各种设施都不如城市，但是如果作为一个旅游地，希望吸引游客前往，在旅游设施方面还要提升，特别是交通可达性与卫生设施。但是，Fac. 的各项内容提升有一个辩证关系。从 TOR 模型中可以知道，包括 Fac. 在内的六个潜变量构成一个二阶变量 Rurality，因此 Fac. 也受到其他潜变量的影响。这一影响的理论意义在于，即使 Fac. 需要提升，也需要考虑其他潜变量的要求，提升不能以牺牲其他正向显著潜变量为代价。明确这一辩证关系，对于乡村旅游地的道路、房屋等设施修建适应乡村性要求不无裨益。

---

① Page, S. J. and Getz, D., "The Business of Rural Tourism: International Perspectives", in S. J. Page and D. Getz, eds., *The Business of Rural Tourism: International Perspectives*, International Thomson Business Press, 1997, pp.3-37.

② Crouch, D., "Popular Culture and What We Make of the Rural, with a Case Study of Village Allotments", *Journal of Rural Studies*, 1992, 8(3), pp.229-240.

(5) 乡村性对游憩环境(Env.)的变异解释力为 40%。从第四章的数据初步分析中可知,潜在游客对于乡村环境,尤其是自然环境的感受,存在一种趋同趋势,表现为均值很高,标准差很小。TOR 模型显示的数据也表明了游憩环境的重要性,除了自然环境,还有一系列乡村特有的田园风光观测指标。这说明乡村旅游不完全等同于户外运动、野外运动,因为它们的游憩环境的构成不同,后两者只需要注重自然环境就可以,而乡村旅游还需要人文环境、田园风光的统一。

(6) 乡村性对晦涩乡村(Dull)的关系为负向,且不显著。这说明在统计上,乡村性模型可以不包括 Dull 这个潜变量,也就是说"晦涩乡村"不是游客心中之所向往。然而,无论中外,晦涩乡村所反映的城乡差别却是真实存在的,这也正是乡村的难言之隐与痛,也是我们希望能够改变的现实。因此,本模型依然保留 TOR 模型中的"D"要素,一则因为它与乡村性存在的负向关系符合理论,二则因为它提醒我们如何减少城乡二元分化,减少中国乡村之隐涩。

总之,TOR 理论模型显示,对于游客最具吸引力的乡村性要素是田园牧歌(Idyll)显示的乡村氛围。在这样的氛围中,没有城市的冷漠、人与人之间的隔阂,仍然保留着乡村的淳朴、传统社会中人情的温暖。乡村游憩机会(Opp.)显示游客的本质是离开惯常居住地,寻求不同的体验,因此与乡村生活、生产方式紧密相连的游憩机会可以成为吸引游客到来的关键要素。乡村传统生活(Life)可以为乡村旅游产品开发提供思路——乡村日常生活,也许对于乡村居民来说很普通,比如自己种的菜、养的鸡,或者是一些日常礼仪,但是这些都可以成为游客心目中很好的体验。乡村设施(Fac.)提醒我们,大部分游客向往交通便利、干净卫生等基础设施好的乡村旅游地;同时,设施的修缮又不能以牺牲整体乡村性的其他要素为代价。乡村游憩环境(Env.)同样指出了一个好的乡村旅游地应当具备的自然、人文条件。最后,晦涩乡村(Dull)是乡村之隐痛,但也是今后我们可以提升、改进的地方。

回顾第二章的乡村旅游概念框架(见图2-3),本研究指出,乡村旅游概念由研究空间、研究对象、主人、客人和乡村性五大内涵构成。其中,研究空间是作为"地方"的乡村,研究对象是各种游憩活动现象,而主-客关系显示出乡村旅游的特殊性,其中乡村性是乡村旅游的本质和核心,并且渗透于乡村旅游的其他四大内涵之中。现在,我们可以看到TOR理论模型对于乡村旅游概念框架的呼应——模型包含的内容和意义,处处体现出乡村性在乡村旅游中的核心地位,也处处体现出与其他四大内涵的紧密相连。

正因为TOR模型抓住了乡村旅游的核心,因此对于该模型的正确理解、运用,将对乡村旅游的理论研究与实践运用具有重要的意义。如第一章所述,TOR模型对于乡村旅游管理、规划、经营、营销等各个方面,都具有直接的帮助。具体包括:

(1)为乡村旅游的政策制订者提供理论支持;
(2)对乡村旅游规划者在规划思想创新上做出有益的探索;
(3)为广大的乡村旅游基层组织和经营者提供经营管理思路更新;
(4)有助于开展游客导向的乡村旅游的市场营销;
(5)为社会主义新农村建设做出努力。

第四节 小 结

本章在乡村性内涵框架基础上,通过自上而下的数据分析,完成了对乡村旅游中游客导向乡村性模型(TOR模型)的探索和发现、修正和验证的研究过程,并得到了相应的结果。TOR模型的探索和发现,由基于一半随机数据(N=402)进行的探索性因子分析获得,理论假设模型见图5-5。

随后,针对另外一半随机数据(N=402),使用结构方程模型(SEM)方法,运用LISREL8.7对该假设模型进行比较、修正和验证。SEM的分析过程围绕着基于假设模型的七个研究假设展开。最后,SEM对TOR模型给出了评价,模型整体拟合指数和其他主要验证参数显示,整体模型拟合很好,并且具有一定的效度和信度。对于七大研究假设也获得了以下结果:

(1) Env.、Dull、Idyll、Life、Opp.和Fac.存在外源潜变量Rurality;
(2) Env.对Rurality存在显著的正向影响;
(3) Dull对Rurality存在不显著的负向影响;
(4) Idyll对Rurality存在显著的正向影响;
(5) Life对Rurality存在显著的正向影响;
(6) Opp.对Rurality存在显著的正向影响;
(7) Fac.对Rurality存在显著的正向影响。

最终的TOR模型由26项观测指标构建的六个一阶潜变量,以及一个名为"乡村性"(Rurality)的二阶潜变量组成(见图5-10、图5-11、表5-14)。六个一阶潜变量分别被命名为乡村游憩环境(Env.)、晦涩乡村(Dull)、田园牧歌(Idyll)、传统乡村生活(Life)、乡村游憩机会(Opp.)和乡村设施(Fac.),而TOR模型的名称来源于这六个潜变量的英文首字母。

本章最后不仅对TOR模型做出了详细的评价、解释,指出TOR模型的理论贡献,而且讨论了模型的实践应用价值。

第六章
研究结论与讨论

作为结尾部分,本章的主要任务在于总结相关研究结论,并讨论本研究尚存的局限(limitation)之处,以及后续的研究方向等内容。

第一节 研究结论

本书对乡村旅游中游客导向的乡村性理论的构建,如图 6-1 所示,由概念框架、模型假设和模型确定三个步骤组成,并依据不同的研究方法开展。

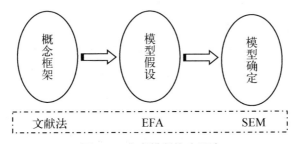

图 6-1 本书模型构建思路

以上三个研究步骤中,得到四项主要研究结论:

第一,"乡村旅游"在中国的研究背景下,可以定义为:发生在乡村地区，以吸引城市游客为主，依托乡村居民日常居住、生活、劳动和活动空间，围绕乡村经济、文化和景观进行的各项旅游活动总称。该定义存在五大核心内涵，分别为：

（1）研究空间：指乡村游憩活动发生的环境，既是位于地理上的空间（space），又是富有文化含义的地方（place）。在中国，空间的上界是镇，下界是当地乡村居民活动的边界，核心区就是乡村居民的惯常居住、生活和劳动的空间。在本研究中，构建乡村地方的人，除了当地居民之外，还有游客。

（2）研究对象：是围绕着乡村特色的经济、文化和景观开展的乡村游憩活动。

（3）主人：狭义上是开展乡村旅游的乡村居民，或者小规模乡村旅游活动的经营者，广义上是所在乡村聚落的全体居民，有"东道主"的含义。使用旅游人类学中的"主人"一词来指代当地居民，是希望包含原义中那种朴素的主客关系和行为。

（4）客人：进行乡村游憩活动的游客，主要指惯常生活环境、方式与乡村存在差距的城镇居民。

（5）乡村性：乡村性作为乡村旅游的核心，是乡村旅游与其他形式旅游活动不同的本质核心，也是最大特点。乡村性根植于乡村，充斥于整个乡村游憩活动中，融合于充满原真性（authenticity）的人情、生活和氛围之中。

第二，"乡村旅游中游客导向的乡村性"可以理解为：是乡村旅游的本质和最主要特性。与普遍意义上的乡村性生态、职业、社会文化和认知四要素相比，乡村旅游中的乡村性更侧重于乡村特质的乡村环境（包括自然、人文）、乡村经济、乡村社会、游憩机会和基础设施五个方面。乡村性是乡村旅游资源的核心提炼，它与城市性形成的对比是游客出游的重要动机，因此也成为乡村旅游整体营销的核心。

以上认识是基于可持续发展理论、旅游认知研究、人本主义地理学基本思想和乡村地理中的乡村性话语等多学科理论基础上，通过大量的中外文献梳理获得的。基于以上认识，本研究构建了游客导向的乡村性概念框架，并基于该概念框架设计了39项观测指标，以构建游客导向的中国乡村性测量量表(表3-15)。

第三，构建了乡村旅游中游客导向的乡村性假设模型(Tourist-oriented Rurality Model，TOR模型，见图5-4)。该假设模型由六大因素、28项观测指标构成。其中，六大因素为：游憩设施(Fac.)、田园牧歌(Idyll)、传统生活(Life)、游憩环境(Env.)、晦涩乡村(Dull)和乡村游憩机会(Opp.)。以六大因素的英文首字母缩写，构成了TOR模型的FIELDO内在结构。

该假设模型基于全国性抽样数据中的一半随机数据(N=402)，对其进行探索性因子分析，并获得了理论的支持。新假设模型相对于概念框架而言，强调了游客作为旅游活动中的需求方，与居民、研究者存在不同的认知角度。

第四，乡村旅游中游客导向的乡村性模型，即TOR模型获得了验证。该模型基于图5-4所示的假设模型，使用另外一半随机数据(N=402)进行结构方程模型运算，围绕着七大理论假设，进行模型比较、修正与验证。最后获得验证的TOR模型由FIELDO这六大要素，以及26项观测指标组成。

TOR模型结构路径如图5-11所示，更详细的路径系数及模型结构参见图5-10和表5-14。SEM拟合指数显示，TOR模型整体拟合度很好，并且具有一定的效度和信度。因此，七大假设结果可以总结为：(1) Env.、Dull、Idyll、Life、Opp.和Fac.存在外源潜变量Rurality，即模型为二阶模型；(2) Env.、Idyll、Life、Opp.、Fac.对Rurality存在显著的正向影响；(3) Dull对Rurality存在不显著的负向影响。

TOR理论模型显示，对于游客最具吸引力的乡村性要素是田园牧歌(Idyll)体现的乡村氛围。在这样的氛围中，没有城市的冷漠、人与人之间的隔阂,仍然保留着乡村的淳朴、传统社会中人情的温暖。乡村游憩机会(Opp.)显示,游客的本质是离开惯常居住地寻求不同的体验,因此与乡村生活、生产方式紧密相连的游憩机会可以成为吸引游客到来的关键要素。乡村传统生活(Life)可以为乡村旅游产品开发提供思路——乡村日常生活也许对于乡村居民来说很普通,比如自己种的菜、养的鸡,或者是一些日常活动礼仪,但是这些都可以成为游客心目中很好的体验。乡村设施(Fac.)提醒我们,需要加强乡村旅游地的交通可达性,以及对于卫生、医疗等实施的要求;同时,设施的修缮又不能以牺牲整体乡村性的其他要素为代价。乡村游憩环境(Env.)同样指出了一个好的乡村旅游地应当具备的自然、人文条件。最后,晦涩乡村(Dull)是乡村之隐痛,也是我们今后可以提升、改进的地方。这一隐痛,同样是党的十七届三中全会《决定》中提出的政策性改善的方向。

第二节 研 究 局 限

科学研究是基于一定的研究方法进行的。任何方法都具有其自身的局限性,这些研究方法的局限性,加上写作存在着时间、经费、研究积累等主、客观方面的限制,共同构成了本书研究的局限性。主要包括:

第一,在乡村性测量量表和调查问卷的设计方面,本研究仅实施了小范围的德尔菲法,对专家意见进行征询,而未能展开比较深入的访谈。另外,预调查也未能展开更大范围与规模的研究。

第二,在抽样方面没有做到概率抽样。虽然通过对中外旅游研究文献的大量阅读,笔者发现在旅游研究中,很少存在真正的概率抽样,然而统计方法的基本前提就是概率抽样,只有基于概率抽样的数据获得的结论,才能在最大程度上反映抽样总体的特征。

本书使用的现场偶遇抽样和网络滚雪球抽样,都属于非概率抽样,虽然都经过最大可能的抽样设计以避免抽样误差,但还是不属于概率抽样范围。

第三,本研究选用的案例受到调研时间、经费、自身经历、调查开展可能性以及沟通语言的限制,因此只选择了临安一处作为案例研究地,现场考察时间也只有一个多月,未能达到田野调查 3—6 个月的要求。

第三节 后续研究建议

笔者将在今后的研究中努力克服上述局限性,不断拓展和深化乡村旅游的乡村性研究,以及乡村旅游其他方面的研究。比如本书对于乡村性的理解,可以提高到更高层面所谓"旅游导向的乡村性研究",以示从旅游研究视角出发的乡村性研究与传统地理学、社会学之角度差异。因此,还需要进行需求之外的供给研究,即乡村社区导向的研究。后者还将涉及乡村旅游发展与乡村现代化矛盾的研究,以及乡村性本身更加深入的定性研究等。

就本书所论述的需求导向研究而言,目前本书所做的,也只是游客导向之乡村性理论的冰山一角,只有一些粗浅的认识,还有很多相关问题尚待进一步发现和探索。鉴于此,笔者认为今后在此方向上的研究可以围绕以下几个方面推进。

第一,对于构成 TOR 模型中的各项观测指标的研究。目前还有些观测指标 R^2 数值偏小,显示解释能力偏低。因此,需要跟进其他理论、实践研究,对指标进行不断完善、修正。也可以通过进一步实证研究,来继续验证各项观测指标的效度和信度。

第二,可以对更广泛的目标群体和细分市场进行 TOR 模型的验证研究。TOR 模型是基于本研究既定的目标群体进行研究获得的,该群体具有年龄偏轻、收入和教育水平较高的特点。因此,在研究结论上很难推广至其他社会特征人群。因此,今后可以尝试对更多潜在游客的细分市场进行验证性研究,包括老年群体、中年群体和家庭群体。

第三,扩大案例地选择,开展不同地理空间、不同经济发展水平,以及不同亚文化背景下的潜在游客研究、对比研究。本研究虽然基于全国性数据,但是案例地选择只有临安。幅员辽阔、民族众多,以及自然环境、经济和文化的地域差异大给我们的研究带来困难,也带来了难得的研究机遇。

第四,加强研究方法的研究和利用。研究方法是进行科学研究的途径,今后研究方法的改进可以朝向两个方向进行。一个是定性研究方向。科学的定性研究,近年内被一些学者提倡称为"质性研究"[①],以示与前科学范式的纯粹描述性、经验式的"定性研究"之差别,同时也显示了与定量研究的明显差异。定性研究是探索理论、发现理论的途径。因此,今后对于定性方法,或曰质性方法的掌握、运用,将有助于乡村旅游中尚属探索阶段的乡村性研究进展。另外一个方向是对多元统计方法的深入挖掘、使用,如结构方程模型(SEM)更深入的运用。SEM是定量研究中不可多得的、可以用于探索因果关系的统计方法。

本研究中主要使用结构方程模型进行验证性因子分析,还没有使用复杂的模型建构,以及因果关系探寻。但是,游客导向的乡村性是否与游客动机、游客满意度、乡村旅游地印象、品牌构建具有更加复杂的相关关系,甚至是因果关系,尚有待于使用SEM等方法进行更多的实证研究。

---

① 陈向明主编:《质性研究:反思与评论》,重庆大学出版社2008年版。

参考文献

一、中文文献

（一）中文论著及译著

1. ［美］艾尔·巴比：《社会研究方法》，邱泽奇译，华夏出版社2005年版。
2. 陈向明主编：《质性研究：反思与评论》，重庆大学出版社2008年版。
3. 陈兴中、周介铭主编：《中国乡村地理》，四川科学技术出版社1989年版。
4. 陈彦光：《研究生地理数学方法课程讲义》（课程内部资料），北京大学城市与环境学院，2007年。
5. H. J.德伯里：《人文地理：文化、社会与空间》，王民、王发曾、程玉申等译，北京师范大学出版社1988年版。
6. 费孝通：《乡土中国》，生活·读书·新知三联书店1985年版。
7. 费孝通：《江村经济——中国农民的生活》，商务印书馆2001年版。
8. 风笑天主编：《社会研究方法》，高等教育出版社2006年版。
9. 郭焕成主编：《黄淮海地区乡村地理》，河北科学技术出版社1991年版。
10. 郭志刚：《社会统计分析方法——SPSS软件应用》，中国人民大学出版社1999年版。
11. 韩明谟：《农村社会学》，北京大学出版社2001年版。
12. 侯杰泰、温忠麟、成子娟：《结构方程模型及其应用》，教育科学出版社2004年版。
13. 黄芳铭：《结构方程模式：理论与应用》，中国税务出版社2005年版。
14. 金其铭编著：《中国农村聚落地理》，江苏科学技术出版社1989年版。
15. 金其铭、董昕、张小林编著：《乡村地理学》，江苏教育出版社1990年版。

16. [澳]B.W.里切、[英]P.伯恩斯、C.帕尔默主编:《旅游研究方法——管理研究与社会研究的结合》,吴必虎、于海波等译校,南开大学出版社 2008 年版。
17. 李旭旦:《人地关系的回顾与瞻望——兼论人文地理学的创新》,载中国地理学会、《世界地理集刊》编委会主编:《世界地理集刊》(第二集),商务印书馆 1981 年版,第 3—7 页。
18. 刘达华、林诗彬、陈世雄:《深圳市农村城市化发展研究》,《中国科协首届学术年会论文集》1995 年,第 504—505 页。
19. 刘军萍、郭焕成:《观光农业发展之研究》,《中国科协首届学术年会论文集》1997 年,第 524—526 页。
20. [美]埃弗里特·M.罗吉斯、拉伯尔·J.伯德格:《乡村社会变迁》,王晓毅、王地宁译,浙江人民出版社 1988 年版。
21. 马湘泳、虞孝感等:《太湖地区乡村地理》,科学出版社 1990 年版。
22. [法]H.孟德拉斯:《农民的终结》,李培林译,社会科学文献出版社 2005 年版。
23. [美]劳伦斯·纽曼:《社会研究方法:定性和定量的取向(第五版)》,郝大海译,中国人民大学出版社 2007 年版。
24. 王崇德编著:《社会科学研究方法要论》,学林出版社 1990 年版。
25. 王仰麟、祁黄雄、陈忠晓等:《乡村地理与乡村发展》(城市与环境学院内部未刊教材),北京大学,2007 年。
26. 王仰麟:《区域观光农业规划与设计中景观生态学的应用》,《全国第 11 届旅游地学年会论文集》1996 年,第 1—7 页。
27. 吴必虎、党宁:《环城游憩带(ReBAM)的理论与实践》,2005 年全球华人地理学家大会,北京大学。
28. 吴必虎、徐斌、邱扶东等:《中国国内旅游客源市场系统研究》,华东师范大学出版社 1999 年版。
29. 易丹辉编著:《结构方程模型方法与应用》,中国人民大学出版社 2008 年版。
30. 袁方主编:《社会研究方法教程》,北京大学出版社 1997 年版。
31. [英]R.J.约翰斯顿主编:《人文地理学词典》,柴彦威等译,商务印书馆 2004 年版。

32. 张小林：《乡村空间系统及其演变研究：以苏南为例》，南京师范大学出版社 1999 年版。
33. 周尚意、孔翔、朱竑编著：《文化地理学》，高等教育出版社 2004 年版。

（二）中文学位论文

1. 党宁：《环城游憩带空间结构研究》，北京大学博士学位论文，2007 年。
2. 郎富平：《基于态度感知的乡村旅游社区可持续发展研究》，浙江大学硕士学位论文，2006 年。
3. 李云鹏：《旅游网站使用者满意研究》，哈尔滨工业大学博士学位论文，2006 年。
4. 刘炳献：《旅游对阳朔社区居民影响的实证研究》，广西大学硕士学位论文，2005 年。
5. 王云才：《中国乡村景观旅游规划设计的理论与实践研究》，同济大学博士后出站报告，2003 年。
6. 俞曦：《城市园林游憩活动评价及其在游憩管理中的应用——以无锡市为例》，北京大学硕士学位论文，2006 年。
7. 臧德霞：《旅游目的地竞争力评价指标体系：基于国内市场的研究》，南开大学博士学位论文，2008 年。

（三）中文期刊文章

1. 白凯、李天顺：《国际旅游者出游的隐性相关因素分析——以我国主要入境客源国为例》，《旅游学刊》2007 年第 5 期。
2. 白凯、马耀峰、游旭群：《基于旅游者行为研究的旅游感知和旅游认知概念》，《旅游科学》2008 年第 1 期。
3. 白凯、孙天宇、郑鹏：《基于认知地图的旅游者决策影响因素分析——以西安入境旅游者为例》，《资源科学》2008 年第 2 期。
4. 陈传康：《区域持续发展与行业开发》，《地理学报》1997 年第 6 期。
5. 成升魁、徐增让、李琛等：《休闲农业研究进展及其若干理论问题》，《旅游学刊》2005 年第 5 期。
6. 程遂营：《中国乡村旅游：现状、热点与薄弱环节》，《旅游学刊》2006 年第 4 期。
7. 程兴火、周玲强：《乡村旅游服务质量量表开发研究》，《中南林业科技大学学报（社会科学版）》2008 年第 3 期。

8. 池静、崔凤军：《乡村旅游地发展过程中的"公地悲剧"研究——以杭州梅家坞、龙坞茶场、山沟沟景区为例》，《旅游学刊》2006年第7期。
9. 戴斌、周晓歌、梁壮平：《中国与国外乡村旅游发展模式比较研究》，《江西科技师范学院学报》2006年第1期。
10. 邓蓉敬：《关于建设社会主义新农村的观点综述》，《资料通信》2006年第3期。
11. 杜江、向萍：《关于乡村旅游可持续发展的思考》，《旅游学刊》1999年第1期。
12. 方平、熊端琴、蔡红：《结构方程在心理学研究中的应用》，《心理科学》2001年第4期。
13. 方贤寨、粟路军、蒋术良等：《基于乡村旅游者调查的乡村旅游体验研究——以长沙市周边乡村旅游为例》，《桂林旅游高等专科学校学报》2007年第3期。
14. 冯清：《浅析老年旅游的新模式——"候鸟式"旅游》，《华东经济管理》2007年第3期。
15. 冯淑华、方志远：《乡村聚落景观的旅游价值研究及开发模式探讨》，《江西社会科学》2004年第12期。
16. 冯淑华、沙润：《乡村旅游的乡村性测评模型——以江西婺源为例》，《地理研究》2007年第3期。
17. 冯小霞、张红：《农家乐旅游者出游决策的目的地相关因素分析——以西安市农家乐旅游者为例》，《江西农业学报》2008年第4期。
18. 高萍、姚海琴、周玲强：《乡村旅游游客安全认知实证》，《经济地理》2006年第S2期。
19. 郭焕成：《乡村地理学的性质与任务》，《经济地理》1988年第2期。
20. 郭焕成、冯万德：《我国乡村地理学研究的回顾与展望》，《人文地理》1991年第1期。
21. 郭焕成、刘军萍、王云才：《观光农业发展研究》，《经济地理》2000年第2期。
22. 郭英之、姜静娴、李雷等：《旅游发展对中国旅游成熟目的地居民生活质量影响的感知研究》，《旅游科学》2007年第2期。
23. 韩丽、段致辉：《乡村旅游开发初探》，《地域研究与开发》2000年第4期。

24. 韩素芹、朴永吉：《观光农业的研究进展》，《农业科技与信息（现代园林）》2007年第4期。
25. 何景明：《国外乡村旅游研究述评》，《旅游学刊》2003年第1期。
26. 何景明：《国内乡村旅游研究：蓬勃发展而有待深入》，《旅游学刊》2004年第1期。
27. 何景明：《成都市"农家乐"演变的案例研究——兼论我国城市郊区乡村旅游发展》，《旅游学刊》2005年第6期。
28. 何景明、李立华：《关于"乡村旅游"概念的探讨》，《西南师范大学学报（人文社会科学版）》2002年第5期。
29. 何学欢：《乡村旅游消费行为的文化程度分异研究——以长沙市周边乡村旅游为例》，《桂林旅游高等专科学校学报》2007年第4期。
30. 贺小荣：《我国乡村旅游的起源、现状及其发展趋势探讨》，《北京第二外国语学院学报》2001年第1期。
31. 侯杰泰：《为何需要结构方程模式及如何建立潜伏变项？》，《教育研究学报（香港）》1994年第1期。
32. 黄洁：《从"乡土情结"角度谈乡村旅游开发》，《思想战线》2003年第5期。
33. 黄洁、吴赞科：《目的地居民对旅游影响的认知态度研究——以浙江省兰溪市诸葛、长乐村为例》，《旅游学刊》2003年第6期。
34. 黄震方、李想：《旅游目的地形象的认知与推广模式》，《旅游学刊》2002年第3期。
35. 姜勇：《验证性因素分析及其在心理与教育研究中的应用》，《教育科学研究》1999年第3期。
36. 金其铭：《农村聚落地理研究——以江苏省为例》，《地理研究》1982年第3期。
37. 金其铭：《我国农村聚落地理研究历史及近今趋向》，《地理学报》1988年第4期。
38. 卡哈尔·吾甫尔：《新疆少数民族节庆开发与乡村旅游发展研究——以开发"诺鲁孜节"为例》，《商场现代化》2006年第20期。
39. 黎洁：《论旅游目的地形象及其市场营销意义》，《桂林旅游高等专科学校学报》1998年第1期。
40. 黎洁：《生态旅游发展与社区居民自然生态保护行为关系的实证研

究——以陕西太白山农村社区为例》,《中国人口·资源与环境》2007年第5期。

41. 黎洁、吕镇:《论旅游目的地形象与旅游目的地形象战略》,《商业经济与管理》1996年第6期。
42. 黎洁、刘俊、李明明:《乡村旅游开发模式研究》,《商场现代化》2007年2月下旬刊。
43. 李诚固:《我国农村地理学若干问题探讨》,《经济地理》1987年第4期。
44. 李德明:《新农村建设为乡村旅游发展创造广阔空间》,《旅游学刊》2006年第5期。
45. 李开宇:《基于"乡村性"的乡村旅游及其社会意义》,《生产力研究》2005年第6期。
46. 李乐京、陈志永:《天龙屯堡"政府＋公司＋旅行社＋农民旅游协会"的乡村旅游发展模式研究》,《生态经济》2007年第6期。
47. 李乐京、陈志永、吴亚平:《贵州参与式乡村旅游发展研究——以郎德、天龙屯堡、镇山村参与式乡村旅游发展模式为例》,《贵州教育学院学报》2007年第2期。
48. 李蕾蕾:《旅游目的地形象的空间认知过程与规律》,《地理科学》2000年第6期。
49. 李润田、袁中金:《论乡村地理学的对象、内容和理论框架》,《人文地理》1991年第3期。
50. 李水山:《韩国新村运动对农村经济发展的影响》,《当代韩国》2001年夏季号。
51. 李巍、张树夫:《以认知心理测评解析南京旅游地形象》,《南京师大学报(自然科学版)》2008年第1期。
52. 李伟:《论乡村旅游的文化特性》,《思想战线》2002年第6期。
53. 李旭旦:《人文地理学的理论基础及其近今趋向》,《南京师大学报(自然科学版)》1982年第2期。
54. 李学东、郭焕成:《西南地区观光农业发展与经营特点初探——以成都市龙泉驿区"农家乐"为例》,《经济地理》2001年第3期。
55. 李云鹏、吴必虎:《基于结构方程模型的旅游网站使用者满意度量的比较研究》,《数理统计与管理》2007年第4期。

56. 李左人：《发展四川乡村旅游的新思路》，《理论与改革》2001年第1期。
57. 梁玉华、杨爱军：《贵州天龙屯堡文化旅游可持续发展研究——兼论文化生态脆弱区旅游业的可持续发展》，《生态经济》2006年第7期。
58. 林伯明：《关于发展桂林乡村旅游的思考》，《社会科学家》1999年第4期。
59. 林刚、石培基：《关于乡村旅游概念的认识——基于对20个乡村旅游概念的定量分析》，《开发研究》2006年第6期。
60. 林锦屏、周鸿、何云红：《纳西东巴民族文化传统传承与乡村旅游发展研究——以云南丽江三元村乡村旅游开发为例》，《人文地理》2005年第5期。
61. 林龙飞：《环境哲学与旅游可持续发展理论研究综述》，《求索》2006年第10期。
62. 林亚真、孙胤社：《论乡村地理学的开创与发展》，《北京师范学院学报（自然科学版）》1988年第4期。
63. 刘爱服：《试论京郊乡村旅游发展中的问题与对策》，《旅游学刊》2005年第1期。
64. 刘昌雪：《农民对农村发展旅游业的认知与态度研究——以皖南古村落西递和宏村为例》，《商业研究》2008年第9期。
65. 刘德谦：《关于乡村旅游、农业旅游与民俗旅游的几点辨析》，《旅游学刊》2006年第3期。
66. 刘伟、丁贤忠、成升魁：《以色列乡村旅游发展迅速》，《世界农业》1998年第7期。
67. 刘小莉、杨俊博：《乡村旅游的开发与乡村性的保持探析》，《青少年日记（教学交流版）》2008年第1期。
68. 刘振礼：《旅游对接待地的社会影响及对策》，《旅游学刊》1992年第3期。
69. 龙立荣：《结构方程模型：心理学方法变革的逻辑》，《自然辩证法通讯》2001年第5期。
70. 龙茂兴、张河清：《乡村旅游发展中存在问题的解析》，《旅游学刊》2006年第9期。
71. 卢松、陆林、王莉等：《西递旅游地居民的环境感知研究》，《安徽师范大学学报（自然科学版）》2005年第2期。
72. 陆林：《旅游地居民态度调查研究——以皖南旅游区为例》，《自然资源学报》1996年第4期。

73. 陆翔兴：《乡村发展呼唤着地理学——关于开展我国乡村地理学研究的思考》，《人文地理》1989 年第 1 期。
74. 马戎、王志刚、李周等：《建设新农村：中国式道路该如何走》，《人民论坛》2006 年第 2 期。
75. 毛丹梅、余建中、黄静等：《成都市金牛区农家乐卫生现状调查》，《现代预防医学》2003 年第 4 期。
76. 毛端谦、刘春燕：《旅游目的地映象研究述评》，《旅游学刊》2006 年第 8 期。
77. 莫利托：《下一个千年推动经济增长的五大引擎》，《经济学家》1999 年第 1 期。
78. 牛文元：《可持续发展理论的基本认知》，《地理科学进展》2008 年第 3 期。
79. 潘秋玲：《现阶段我国乡村旅游产品的供需特征及开发》，《地域研究与开发》1999 年第 2 期。
80. 朴松爱、郭婕：《乡村体验性旅游项目开发模式研究》，《桂林旅游高等专科学校学报》2007 年第 1 期。
81. 邵琪伟：《发展乡村旅游促进新农村建设》，《求是》2007 年第 1 期。
82. 沈和江、沈绍岭、张秋娈：《都市休闲观光农业旅游的结构布局与开发模式研究——以杭州市为例》，《商业经济与管理》2007 年第 11 期。
83. 石培基、张胜武：《乡村旅游开发模式述评》，《开发研究》2007 年第 4 期。
84. 石忆邵：《转变中的中国农业地理学》，《地域研究与开发》1990 年第 1 期。
85. 石忆邵：《乡村地理学发展的回顾和展望》，《地理学报》1992 年第 1 期。
86. 史春云、张捷、尤海梅：《游客感知视角下的旅游地竞争力结构方程模型》，《地理研究》2008 年第 3 期。
87. 史春云、张捷、张宏磊等：《旅游学结构方程模型应用研究综述》，《资源开发与市场》2008 年第 1 期。
88. 史清莲：《乡村旅游开发的外部不经济及其内化探析》，《生产力研究》2006 年第 3 期。
89. 舒伯阳：《中国观光农业旅游的现状分析与前景展望》，《旅游学刊》1997 年第 5 期。
90. 苏勤、林炳耀：《基于态度与行为的我国旅游地居民的类型划分——以西递、周庄、九华山为例》，《地理研究》2004 年第 1 期。
91. 粟路军、王亮：《城市周边乡村旅游市场特征研究——以长沙市周边乡村旅游为例》，《旅游学刊》2007 年第 2 期。

92. 粟路军、方贤寨、郑旗等：《乡村旅游消费行为的收入分异研究——以长沙市周边乡村旅游为例》，《北京第二外国语学院学报》2007年第1期。
93. 粟维斌、陈尚玲：《龙胜县乡村旅游发展中存在的问题与对策》，《桂林旅游高等专科学校学报》2005年第3期。
94. 孙晓军、周宗奎：《探索性因子分析及其在应用中存在的主要问题》，《心理科学》2005年第6期。
95. 孙艳红：《乡村旅游开发效率机制分析》，《河南师范大学学报（哲学社会科学版）》2006年第3期。
96. 唐建兵：《乡村旅游规划中的误区及改进分析探讨》，《成都大学学报（自然科学版）》2007年第4期。
97. 唐晓峰：《还地理学一份人情》，《读书》2002年第11期。
98. 田逢军：《近年来我国观光农业研究综述》，《地域研究与开发》2007年第1期。
99. 佟玉权：《品牌化营销——中国乡村旅游发展的新走势》，《农业现代化研究》2007年第1期。
100. 万绪才：《基于客源市场的乡村旅游产品开发研究——兼论南京市江心洲乡村旅游产品开发的问题与对策》，《东南大学学报（哲学社会科学版）》2007年第5期。
101. 汪德根、陆林、刘昌雪：《近20年中国旅游地理学文献分析——〈地理学报〉、〈地理研究〉、〈地理科学〉和〈自然资源学报〉发表的旅游地理类论文研究》，《旅游学刊》2003年第1期。
102. 汪侠、梅虎：《旅游地游客满意度：模型及实证研究》，《北京第二外国语学院学报（旅游版）》2006年第7期。
103. 汪侠、梅虎：《旅游地顾客忠诚模型及实证研究》，《旅游学刊》2006年第10期。
104. 汪侠、顾朝林、梅虎：《旅游景区顾客的满意度指数模型》，《地理学报》2005年第5期。
105. 汪宇明、吕帅：《长江流域12省区旅游形象绩效评估研究》，《旅游科学》2008年第1期。
106. 王兵：《从中外乡村旅游的现状对比看我国乡村旅游的未来》，《旅游学刊》1999年第2期。

107. 王芳、赵俊远:《城市旅游竞争力定量评价比较研究——以西北五省会城市为例》,《资源与产业》2008年第3期。
108. 王君正、吴贵生:《我国旅游企业创新对绩效影响的实证研究——以云南旅游业为例》,《科研管理》2008年第6期。
109. 王凯、鲁西奇:《论旅游业可持续发展战略的切入点和实施途径》,《热带地理》2003年第1期。
110. 王丽华、张小林、俞金国:《我国乡村社会地理研究述评》,《地理与地理信息科学》2005年第6期。
111. 王松涛:《探索性因子分析与验证性因子分析比较研究》,《兰州学刊》2006年第5期。
112. 王素洁、刘海英:《国外乡村旅游研究综述》,《旅游科学》2007年第2期。
113. 王小磊、张兆胤、王征兵:《试论乡村旅游与农业旅游》,《经济问题探索》2007年第2期。
114. 王兴中:《社会地理学社会——文化转型的内涵与研究前沿方向》,《人文地理》2004年第1期。
115. 王莹:《对发展我国农业旅游的思考》,《地域研究与开发》1997年第4期。
116. 王颖:《破解新农村建设三大难题——解读国务院关于推进社会主义新农村建设情况的报告》,《中国人大》2008年第2期。
117. 王云才:《从珠江三角洲的实践看我国田园公园的发展》,《旅游学刊》2001年第2期。
118. 王子新、王玉成、邢慧斌:《旅游影响研究进展》,《旅游学刊》2005年第2期。
119. 温碧燕、梁明珠:《基于因素分析的区域旅游竞争力评价模型研究》,《旅游学刊》2007年第2期。
120. 文军、魏美才:《乡村旅游开发模式探讨——以广西富川瑶族自治县秀水村为例》,《生态经济》2003年第10期。
121. 乌恩、蔡运龙、金波:《试论乡村旅游的目标特色及产品》,《北京林业大学学报》2002年第3期。
122. 吴伟光、李兰英、程云行等:《生态旅游与乡村可持续发展实证研究——以临目乡太湖源生态旅游开发为例》,《林业经济问题》2003年第6期。

123. 伍鹏、刘建:《特色旅游"农家乐"及其深层次开发探讨——以重庆农家乐为例》,《社会科学家》2001年第3期。

124. 肖佑兴、明庆忠:《关于开展云南乡村旅游的思考》,《桂林旅游高等专科学校学报》2001年第1期。

125. 肖佑兴、明庆忠、李松志:《论乡村旅游的概念和类型》,《旅游科学》2001年第3期。

126. 谢彦君:《以旅游城市作为客源市场的乡村旅游开发》,《财经问题研究》1999年第10期。

127. 熊凯:《乡村意象与乡村旅游开发刍议》,《地域研究与开发》1999年第3期。

128. 徐清:《论乡村旅游开发中的景观危机》,《中国园林》2007年第6期。

129. 许春晓:《欠发达资源丰富农村旅游业成长模式探讨》,《人文地理》1995年第4期。

130. 杨兴洪:《浅析贵州乡村民族旅游开发——郎德、天龙、中洞模式比较》,《贵州民族研究》2005年第4期。

131. 杨永波、李同升:《基于游客心理感知评价的西安乡村旅游地开发研究》,《旅游学刊》2007年第11期。

132. 杨永德、白丽明、苏振:《旅游目的地形象的结构化与非结构化比较研究——以阳朔旅游形象测量分析为例》,《旅游学刊》2007年第4期。

133. 姚素英:《浅谈乡村旅游》,《北京第二外国语学院学报》1997年第3期。

134. 易丽蓉:《基于结构方程模型的区域旅游产业竞争力评价》,《重庆大学学报(自然科学版)》2006年第10期。

135. 殷平:《1997年—2003年国内乡村旅游研究文献分析》,《桂林旅游高等专科学校学报》2004年第6期。

136. 尹弘、张兵、张金玲:《中国现代农业旅游发展模式浅析——基于全国203个农业旅游示范点的总结研究》,《云南地理环境研究》2007年第1期。

137. 尹戟:《乡村旅游中的农民阶层分化研究》,《北京第二外国语学院学报》2006年第7期。

138. 尹振华:《开发我国乡村旅游的新思路》,《旅游学刊》2004年第5期。

139. 臧德霞、黄洁:《国外旅游目的地形象研究综述——基于 Tourism

Management 和 Annals of Tourism Research 近 10 年文献》,《旅游科学》2007 年第 6 期。

140. 曾海燕、姚治国：《我国乡村旅游文献研究的特点与评价》,《资源开发与市场》2007 年第 5 期。

141. 曾军：《近期国外旅游影响研究综述——〈Annals of Tourism Research〉文献分析》,《云南地理环境研究》2006 年第 6 期。

142. 王兵、罗振鹏、郝四平：《对北京郊区乡村旅游发展现状的调查研究》,《旅游学刊》2006 年第 10 期。

143. 张彩霞：《生态资源丰富的经济欠发达县区发展乡村旅游的思考——以辽宁省清原满族自治县为例》,《生态经济》2005 年第 10 期。

144. 张超、徐燕、陈平雁：《探索性因子分析与验证性因子分析在量表研究中的比较与应用》,《南方医科大学学报》2007 年第 11 期。

145. 张春花、卢松、魏军：《中国城市居民乡村旅游动机研究——以上海、南京为例》,《桂林旅游高等专科学校学报》2007 年第 5 期。

146. 张二勋：《论可持续发展理论在旅游业中的应用》,《地理学与国土研究》1999 年第 2 期。

147. 张建国、俞益武、白云晶等：《城市居民对乡村旅游产品需求趋势研究——以宁波市民为例》,《商业研究》2007 年第 6 期。

148. 章锦河：《古村落旅游地居民旅游感知分析——以黟县西递为例》,《地理与地理信息科学》2003 年第 2 期。

149. 张丽华、罗霞：《乡村旅游体验营销模型的一种设计》,《经济管理》2007 年第 3 期。

150. 张同键、杨爱民、张成虎：《国有商业银行操作风险控制绩效模型实证研究——基于探索性因子分析和验证性因子分析角度的检验》,《重庆大学学报（社会科学版）》2008 年第 3 期。

151. 张文：《审视阳朔旅游的发展：社会文化影响的调查与比较》,《旅游学刊》2003 年第 5 期。

152. 张文祥：《阳朔乡村旅游国内外游客需求分析的启示》,《旅游学刊》2006 年第 4 期。

153. 张小林：《乡村概念辨析》,《地理学报》1998 年第 4 期。

154. 张小林、盛明：《中国乡村地理学研究的重新定向》,《人文地理》2002 年第 1 期。
155. 赵春雷：《现代观光农业发展的几个问题》，《农业经济问题》2001 年第 12 期。
156. 郑辽吉：《乡村体验旅游开发探讨——以辽东山区为例》，《生态经济》2006 年第 6 期。
157. 郑群明、钟林生：《参与式乡村旅游开发模式探讨》，《旅游学刊》2004 年第 4 期。
158. 中共成都市委宣传部、中共郫县县委宣传部课题组：《川西平原上一个城乡交融的新亮点——成都"农家乐"考察》，《理论与改革》2000 年第 4 期。
159. 周鸿、吕汇慧：《乡村旅游地生态文化传统与生态环境建设的互动效应——以云南石林县彝族阿着底村为例》，《生态学杂志》2006 年第 9 期。
160. 周慧玲、闫宏艳、李双丽：《传统与新兴旅游城市居民的旅游认知差异研究——以承德和张家界为例》，《资源开发与市场》2008 年第 7 期。
161. 周晓芳：《广州都市农业旅游发展探讨》，《农业现代化研究》2002 年第 2 期。
162. 周心琴、张小林：《1990 年以来中国乡村地理学研究进展》，《人文地理》2005 年第 5 期。
163. 周心琴、张小林：《我国乡村地理学研究回顾与展望》，《经济地理》2005 年第 2 期。
164. 朱华、李峰：《乡村休闲旅游地游客满意度评价研究——以成都市三圣乡幸福梅林为例》，《桂林旅游高等专科学校学报》2007 年第 5 期。
165. 朱华：《乡村旅游利益主体研究——以成都三圣乡红砂村观光旅游为例》，《旅游学刊》2006 年第 5 期。
166. 邹宏霞、李培红：《长沙城郊乡村体验旅游的开发探讨》，《经济地理》2007 年第 6 期。
167. 邹统钎、陈序桄：《乡村旅游经营者共生机制研究——以北京市怀柔区北宅村为例》，《北京第二外国语学院学报》2006 年第 9 期。
168. 邹统钎、马欣、张昕玲等：《乡村旅游可持续发展的动力机制与政府规制》，《杭州师范学院学报（社会科学版）》2006 年第 2 期。
169. 邹统钎、王燕华、丛日芳：《乡村旅游社区主导开发（CBD）模式研究》，《北京第二外国语学院学报》2007 年第 1 期。

170. 邹统钎：《中国乡村旅游发展模式研究——成都农家乐与北京民俗村的比较与对策分析》，《旅游学刊》2005年第3期。
171. 邹统钎：《乡村旅游发展的围城效应与对策》，《旅游学刊》2006年第3期。

(四) 中文网络文献

1. 陈芳："全面理解社会主义新农村建设的'二十字目标'——访中央农村工作领导小组办公室负责人"（2006年2月14日），http://news.xinhuanet.com/politics/2006-02/14/content_4179516.htm，最后浏览日期：2008年10月8日。
2. 谭淑豪："农村经营权流转：让土地绽放迷人火力——谭淑豪谈土地流转与农村改革"（2008），国土资源部资源网：http://www.live.lrn.cn/zxft/nongcunjingyingquanliuzhuan//index_217.htm#，最后浏览日期：2008年12月2日。
3. 新华社："授权发布：中共中央关于推进农村改革发展若干重大问题的决定"，http://news.xinhuanet.com/newscenter/2008-10/19/content_10218932.htm，最后浏览日期：2008年12月2日。
4. 新华社："《中共中央关于推进农村改革发展若干重大问题的决定》勾勒农村改革发展前景"，中华人民共和国国土资源部：http://www.mlr.gov.cn/xwdt/tpxw/200810/t20081022_111001.htm，最后浏览日期：2008年12月2日。
5. 中国休闲农业网："中国休闲农业网（中国乡村旅游网）正式开通"（2007年12月14日），http://www.crr.gov.cn/Html/2007-12-14/2_2195_2007-12-14_3582.html，最后浏览日期：2008年2月19日。

二、英文文献

（一）英文论著

1. Bentler, P. M., *EQS Structural Equations Program Manual*, Multivariate Software, 1995.
2. Bollen, K. A. and Long, J., eds., *Testing Structural Equation Models*, Sage, 1993.

3. Bouquet, M. and Winter, M., eds., *Who From Their Labours Rest? Conflict and Practice in Rural Tourism*, Gower, 1987.
4. Burns, P. and Holden, A., *Tourism: A New Perspective*, Prentice Hall, 1995.
5. Holden, A., *Environment and Tourism*, Routledge, 2000.
6. Clout, H. D., *Rural Geography - An Introductory Survey*, Pergamon Press, 1972.
7. Davidson, R., *Tourism in Europe*, Pitman Publishing, 1992.
8. English Tourist Board, *A Study of Rural Tourism*, Rural Tourism Commission, 1987.
9. Gans, H. J., *The Urban Villagers: Group and Class in the Life of Italian - Americans*, Free Press, 1962.
10. Getz, D. and Jamieson, W., "Rural Tourism in Canada: Issues, Opportunities and Entrepreneurship in Aboriginal Tourism in Alberta", in S. J. Page and D. Getz, eds., *The Business of Rural Tourism: International Perspectives*, International Thomson Business Press, 1997, pp.93-107.
11. Gunn, C., "A Perspective in the Purpose and Nature of Tourism Research Methods", in C. Brennan, ed., *Higher Education and Preparation for Works*, Wiley, pp.134-195.
12. Hoggart, K. and Buller, H., *Rural Development: A Geographical Perspective*, Croom Helm, 1987.
13. Holden, A., *Environment and Tourism*, Routledge, 2000.
14. Hu, L. and Beutler, P. M., "Evaluating Model Fit", in R. H. Hoyle, ed., *Structural Equation Modeling: Concepts, Issues, and Applications*, Sage, 1995, pp.76-99.
15. Inskeep, E., *Tourism Planning: An Integrated and Sustainable Development Approach*, Van Nostrand Reinhold, 1991.
16. Krippendorf, J., *The Holiday Makers: Understanding the Impact of Leisure and Travel*, Heinemann, 1987.
17. Krippendorff, K., *Content Analysis: An Introduction to Its Methodology*, Sage, 2004.

18. Long, P. T., Perdue, R. R. and Allen, L., "International Tourism: An Unrecognized Potential in Rural Tourism Development", in Sheila J. Backman, Kenneth F. Backman, Thomas D. Potts et al., *Visions in Leisure and Business*, 11(1), Spring 1992, Appalachian Associates, pp.24-31.
19. MacCannell, D., *The Tourist: A New Theory of the Leisure Class* (2nd ed.), Schocken, 1976.
20. Murphy, P. E., *Tourism: A Community Approach*, Routledge, 1985.
21. Naisbitt, J. and Aburdene, P., *Megatrends 2000: Ten New Directions for the 1990's* (1st ed.), Morrow, 1990.
22. Nilsson, P. A., "Tourism's Role in New Rural Policy for Peripheral Areas: The Case of Arjeplog", in F. Brown and D. Hall, eds., *Tourism in Peripheral Areas*, Channel View Publications, 2000.
23. Nunnally, J. C., *Psychometric Theory*, McGraw-Hill, 1967.
24. Nylander, M., "National Policy for Rural Tourism: The Case of Finland", in R. Lesley and H. Derek, eds., *Rural Tourism and Recreation: Principles to Practice*, CABI Publishing, pp.77-80.
25. OECD, *What Future for Our Countryside? A Rural Development Policy*, OECD, 1993.
26. Oppermann, M., "Rural Tourism in Germany: Farm and Rural Operators", in S. J. Page and D. Getz, eds., *The Business of Rural Tourism: International Perspectives*, International Thomson Business Press, 1997, pp.108-119.
27. Page, S. J. and Getz, D., "The Business of Rural Tourism: International Perspectives", in S. J. Page and D. Getz, eds., *The Business of Rural Tourism: International Perspectives*, International Thomson Business Press, 1997, pp.3-37.
28. Page, S. J. and Getz, D., eds., *The Business of Rural Tourism: International Perspectives* (First ed.), International Thomson Business Press, 1997.

29. Plog, S. C., *Leisure Travel: Making It a Growth Market Again*, John Wiley & Sons, 1991.
30. Roberts, L. and Hall, D., *Rural Tourism and Recreation: Principles to Practice*, CABI Publishing, 2001.
31. Singleton, J. and Straits, B. C., *Approaches to Social Research* (Fourth ed.), Oxford University Press, 2005.
32. Scottish Tourist Board, *British Tourism in Scotland 1996 - Environmental Location*, Scottish Tourist Board, 1996.
33. Sharpley, R. and Sharpley, J., *Rural Tourism: An Introduction* (First ed.), International Thomson Business Press, 1997.
34. Tuan, Y., *Space and Place: The Perspectives of Experience*, University of Minnesota Press, 1977.
35. Tuan, Y., *Topophilia: A Study of Environmental Perception, Attitudes, and Values*, Columbia University Press, 1990.
36. Weaver, D. B., *Sustainable Tourism: Theory and Practice*, Elsevier Ltd., 2006.
37. Witt, S., Brooke, M. and Buckley, P., *The Management of International Tourism*, Unwin Hyman, 1991.
38. World Tourism Organization, *Rural Tourism: A Solution for Employment, Local Development and Environment*, Congressional Information Service, Inc., 1998.
39. Yin, R. K., *Case Study Research: Design and Methods* (2nd ed.), Sage Publications, 1994.
40. Zhang, X., Harrill, R. and Cai, I. A., *Rural Tourism Research in China: 1997-2006*, paper presented at the 2007 Annual Conference of ISTTE, Charleston, SC, USA, 2007.

(二) 英文学位论文

1. Gunnarsdottir, G. P., *History and Horses: The Potential of Destination Marketing in a Rural Community: A Study from Iceland*, unpublished M.B.A. dissertation, University of Guelph (Canada), 2006.
2. Kim, M. K., *Determinants of Rural Tourism and Modeling Rural*

Tourism Demand in Korea, unpublished Ph. D. dissertation, Michigan State University, United States, Michigan, 2005.

3. Koth, B. A., *The Tourism Development System in Rural Communities: A Destination Typology*, unpublished Ph.D. dissertation, University of Minnesota, Minnesota, 1999.

(三) 英文期刊文章

1. Alegre, J. and Juaneda, C., "Destination Loyalty: Consumers' Economic Behavior", *Annals of Tourism Research*, 2006, 33(3), pp.684-706.
2. Anderson, J. C. and Gerbin, D. W., "Structural Equation Modeling in Practice: A Review and Recommended Two-step Approach", *Psychological Bulletin*, 1998, 103, pp.411-423.
3. Ap, J., "Residents' Perceptions on Tourism Impacts", *Annals of Tourism Research*, 1992, 19(4), pp.665-690.
4. Aronsson, L., "Sustainable Tourism Systems: The Example of Sustainable Rural Tourism in Sweden", *Journal of Sustainable Tourism*, 1994, 2(1-2), pp.77-92.
5. Bagozzi, R. P. and Yi, Y., "On the Evaluation of Structure Equations Models", *Academic of Marketing Science*, 1988, 16(1), pp.76-94.
6. Baloglu, S. and McCleary, K. W., "A Model of Destination Image Formation", *Annals of Tourism Research*, 1999, 26(4), pp.868-897.
7. Benjamin, C., "The Growing Importance of Diversification Activities for French Farm Households", *Journal of Rural Studies*, 1994, 10(4), p.331.
8. Bentler, P. M. and Bonett, D. G., "Significance Tests and Goodness of Fit in the Analysis of Covariance Structures", *Psychological Bulletin*, 1980, 88(3), pp.588-606.
9. Bramwell, B. and Lane, B., "Rural Tourism and Sustainable Rural Tourism", *Journal of Sustainable Tourism*, 1994, 2(1-2), pp.1-6.
10. Bramwell, B. and Rawding, L., "Tourism Marketing Images of Industrial Cities", *Annals of Tourism Research*, 1996, 23(1), pp.201-221.

11. Briedenhann, J.and Wickens, E., "Tourism Routes as a Tool for the Economic Development of Rural Areas-vibrant Hope or Impossible Dream?", *Tourism Management*, 2004, 25(1), pp.71-79.
12. Brohman, J., "New Directions in Tourism for Third World Development", *Annals of Tourism Research*, 1996, 23(1), pp.48-70.
13. Busby, G. and Rendle, S., "The Transition from Tourism on Farms to Farm Tourism", *Tourism Management*, 2000, 21(6), pp.635-642.
14. Cai, L. A., "Cooperative Branding for Rural Destinations", *Annals of Tourism Research*, 2002, 29(3), pp.720-742.
15. Campbell, L. M., "Ecotourism in Rural Developing Communities", *Annals of Tourism Research*, 1999, 26(3), pp.534-553.
16. Cavaco, C., "Rural Tourism: The Creation of New Tourist Spaces", in A. Montanari and A. M. Williams, eds., *European Tourism*, 1995, pp.125-149.
17. Cheng, J., Chen, F. and Chang, Y., "Airline Relationship Quality: An Examination of Taiwanese Passengers", *Tourism Management*, 2008, 29(3), pp.487-499.
18. Chi, C. G. and Qu, H., "Examining the Structural Relationships of Destination Image, Tourist Satisfaction and Destination Loyalty: An Integrated Approach", *Tourism Management*, 2008, 29(4), pp.624-636.
19. Chon, K. S. "The Role of Destination Image in Tourism: A Review and Discussion", *The Tourist Review*, 1990, 45(2), pp.2-9.
20. Clarke, J., "Marketing Structures for Farm Tourism: Beyond the Individual Provider of Rural Tourism", *Journal of Sustainable Tourism*, 1999, 7(1), pp.26-47.
21. Clarke, J., Denman, R., Hickman, G. and Slovak, J., "Rural Tourism in Roznava Okres: A Slovak Case Study", *Tourism Management*, 2001, 22(2), pp.193-202.
22. Cloke, P. J., "Rurality and Change: Some Cautionary Notes", *Journal*

of Rural Studies, 1987, 3(1), pp.71-76.

23. Cloke, P. J., "Country Backwater to Virtual Village? Rural Studies and 'The Cultural Turn'", *Journal of Rural Studies*, 1997, 13(4), pp.367-375.
24. Cloke, P. J., "An Index of Rurality for England and Wales", *Regional Studies*, 1977, 11, pp.31-46.
25. Cloke, P. J., "Whither Rural Studies?", *Journal of Rural Studies*, 1985, 1(1), pp.1-9.
26. Cloke, P. and Edwards, G., "Rurality in England and Wales 1981: A Replication of the 1971 Index", *Regional Studies*, 1986, 20, pp.289-306.
27. Cloke, P. and Milbourne, P., "Deprivation and Lifestyles in Rural Wales-II. Rurality and the Cultural Dimension", *Journal of Rural Studies*, 1992, 8(4), pp.359-371.
28. Cohen, E., "Towards a Sociology of International Tourism", *Social Research*, 1972, 39, pp.164-182.
29. Cohen, E., "Nomads from Affluence: Notes on the Phenomenon of Drifter-tourism", *International Journal of Comparative Sociology*, 1973, 14, pp.89-103.
30. Cohen, E., "A Phenomenology of Tourist Experiences", *Sociology*, 1979, 13, pp.179-201.
31. Courtney, P., Hill, G. and Roberts, D., "The Role of Natural Heritage in Rural Development: An Analysis of Economic Linkages in Scotland", *Journal of Rural Studies*, 2006, 22(4), pp.469-484.
32. CRN, "1993 UK Day Visits Survey: Summary", *Countryside Recreation Network News*, 1994, 2(1), pp.7-12.
33. Crompton, J. L., "An Assessment of the Image of Mexico as a Vacation Destination and the Influence of Geographical Location upon the Image", *Journal of Travel Research*, 1979, 18(4), pp.18-23.
34. Crouch, D., "Popular Culture and What We Make of the Rural, with a Case Study of Village Allotments", *Journal of Rural Studies*, 1992,

8(3), pp.229-240.
35. Cunningham, P., "Social Valuing for Ogasawara as a Place and Space among Ethnic Host", *Tourism Management*, 2006, 27(3), pp.505-516.
36. D'Amore, L. J., "Promoting Sustainable Tourism-The Canadian Approach", *Tourism Management*, 1992, 13(3), pp.258-262.
37. Dann, G., Nash, D. and Pearce, P., "Methodology in Tourism Research", *Annals of Tourism Research*, 1988, 15(1), pp.1-28.
38. Dearden, P., "Tourism and Sustainable Development in Northern Thailand", *Geographical Review*, 1991, 81, pp.400-413.
39. Echtner, C. M. and Jamal, T. B., "The Disciplinary Dilemma of Tourism Studies", *Annals of Tourism Research*, 1997, 24(4), p.868-883.
40. Echtner, C. M. and Ritchie, J. R. B., "The Meaning and Measurement of Destination Image", *The Journal of Tourism Studies*, 1991, 2(2), pp.2-12.
41. Fakeye, P. C. and Crompton, J. L., "Image Differences between Prospective, First-time, and Repeat Visitors to the Lower Rio Grande Valley", *Journal of Travel Research*, 1991, 30(2), pp.10-16.
42. Faulkner, B. and Ryan, C., "Editorial: Innovations in Tourism Management Research and Conceptualization", *Tourism Management*, 1998, 20(1), pp.3-6.
43. Fleischer, A. and Felsenstein, D., "Support for Rural Tourism: Does It Make a Difference?", *Annals of Tourism Research*, 2000, 27(4), pp.1007-1024.
44. Fleischer, A. and Pizam, A., "Rural Tourism in Israel", *Tourism Management*, 1997, 18(6), pp.367-372.
45. Frater, J., "Farm Tourism in England: Planning, Funding, Promotion and Some Lessons from Europe", *Tourism Management*, 1983, 4(3), pp.167-179.
46. Frochot, I., "A Benefit Segmentation of Tourists in Rural Areas: A Scottish Perspective", *Tourism Management*, 2005, 26, pp.335-346.

47. Gallarza, M. G., Saura, I. G. and García, H. C., "Destination Image: Towards a Conceptual Framework", *Annals of Tourism Research*, 2002, 29(1), pp.56-78.

48. Garcia-Ramon, M. D., Canoves, G. and Valdovinos, N., "Farm Tourism, Gender and the Environment in Spain", *Annals of Tourism Research*, 1995, 22(2), pp.267-282.

49. Garrigós-Simón, F. J., Palacios-Marqueés, D. and Narangajavana, Y., "Improving the Perceptions of Hotel Managers", *Annals of Tourism Research*, 2008, 35(2), pp.359-380.

50. Gartner, W. C., "Temporal Influences on Image Change", *Annals of Tourism Research*, 1986, 13(4), pp.635-644.

51. Gartner, W. C., "Tourism Image: Attribute Measurement of State Tourism Products Using Multidimensional Scaling Techniques", *Journal of Travel Research*, 1989, 28(2), pp.16-20.

52. Gartner, W. C., "Image Formation Process", *Journal of Travel and Tourism Marketing*, 1993, 2(2/3), pp.191-215.

53. Gibson, C. and Davidson, D., "Tamworth, Australia's 'Country Music Capital': Place Marketing, Rurality, and Resident Reactions", *Journal of Rural Studies*, 2004, 20(4), pp.387-497.

54. Graburn, N. H. H. and Jafari, J., "Introduction: Tourism Social Science", *Annals of Tourism Research*, 1991, 18(1), pp.1-11.

55. Gross, M. J. and Brown, G., "Tourism Experiences in a Lifestyle Destination Setting: The Roles of Involvement and Place Attachment", *Journal of Business Research*, 2006, 59(6), pp.696-700.

56. Gu, H. and Ryan, C., "Place Attachment, Identity and Community Impacts of Tourism-The Case of a Beijing Hutong", *Tourism Management*, 2008, 29(4), pp.637-647.

57. Halfacree, K., "Back-to-the-land in the Twenty-first Century: Making Connections with Rurality", *Tijdschrift voor economische en sociale geografie*, 2007, 98(1), pp.3-8.

58. Halfacree, K. H., "Locality and Social Representation: Space, Discourse and Alternative Definitions of the Rural", *Journal of Rural Studies*, 1993, 9(1), pp.23-27.
59. Halfacree, K. H., "Talking about Rurality: Social Representations of the Rural as Expressed by Residents of Six English Parishes", *Journal of Rural Studies*, 1995, 11(1), pp.1-20.
60. Han, C. M., "Country Image: Halo or Summary Construct?", *Journal of Marketing Research*, 1989, 26(2), pp.222-229.
61. Harrington, V. and O'Donoghue, D., "Rurality in England and Wales 1991: A Replication and Extension of the 1981 Rurality Index", *Sociologia Ruralis*, 1998, 38(2), pp.178-203.
62. Heather, M., "Global Restructuring and Local Responses: Investigating Rural Tourism Policy in Two Canadian Communities", *Current Issues in Tourism*, 2006, 9(1), pp.1-46.
63. Hegarty, C. and Przezborska, L., "Rural and Agri-tourism as a Tool for Reorganising Rural Areas in Old and New Member States - A Comparison Study of Ireland and Poland", *International Journal of Tourism Research*, 2005, 7(2), pp.63-77.
64. Hidalgo, M. and Hernandez, B., "Place Attachment: Conceptual and Empirical Questions", *Journal of Environmental Psychology*, 2001, 21(3), pp.273-281.
65. Hjalager, A., "Agricultural Diversification into Tourism: Evidence of a European Community Development Programme", *Tourism Management*, 1996, 17(2), pp.103-111.
66. Hoggart, K., "Let's Do away with Rural", *Journal of Rural Studies*, 1990, 6, pp.245-257.
67. Hollinshead, K., "The Tourism Researcher as Bricoleur: The New Wealth and Diversity in Qualitative Inquiry", *Tourism Analysis*, 1996, 1(1), pp.67-74.
68. Hong, S., Kim, S. and Kim, J., "Implications of Potential Green

Tourism Development", *Annals of Tourism Research*, 2003, 30(2), pp. 323-341.
69. Ilbery, B., Saxena, G. and Kneafsey, M., "Exploring Tourists and Gatekeepers' Attitudes towards Integrated Rural Tourism in the England-Wales Border Region", *Tourism Geographies*, 2007, 9(4), pp.441-468.
70. Jafari, J., "Research and Scholarship: The Basis of Tourism Education", *Journal of Tourism Studies*, 1990, 1, pp.33-41.
71. Kaplanidou, K. and Vogt, C., "A Structural Analysis of Destination Travel Intentions as a Function of Website Features", *Journal of Travel Research*, 2006, 45(11), pp.204-216.
72. Kastenholz, E., Davis, D. and Paul, G., "Segmenting Tourism in Rural Areas: The Case of North and Central Portugal", *Journal of Travel Research*, 1999, 37(4), pp.353-363.
73. Koscak, M., "Integral Development of Rural Areas, Tourism and Village Renovation, Trebnje, Slovenia", *Tourism Management*, 1998, 19(1), pp.81-85.
74. Kulig, J. C., Andrews, M. E., Stewart, N. L. et al., "How Do Registered Nurses Define Rurality?", *Australian Journal of Rural Health*, 2008, 16(1), pp.28-32.
75. Lane, B., "Sustainable Tourism: A New Concept for the Interpreter", *Interpretation Journal*, 1991, 49, pp.2-4.
76. Lane, B., "Sustainable Rural Tourism Strategies: A Tool for Development and Conservation", *Journal of Sustainable Tourism*, 1994, 2(1-2), pp.102-111.
77. Lane, B., "What Is Rural Tourism?", *Journal of Sustainable Tourism*, 1994, 2(1-2), pp.7-21.
78. Leiper, N., "Towards a Cohesive Curriculum in Tourism: The Case for a Distinct Discipline", *Annals of Tourism Research*, 1981, 8(1), pp.69-84.
79. Lepp, A., "Residents' Attitudes towards Tourism in Bigodi Village, Uganda", *Tourism Management*, 2007, 28(3), pp.876-885.

80. Liepins, R., "Exploring Rurality through 'Community': Discourses, Practices and Spaces Shaping Australian and New Zealand Rural 'Communities'", *Journal of Rural Studies*, 2000, 16(3), pp.325-341.
81. Liu, A., "Tourism in Rural Areas: Kedah, Malaysia", *Tourism Management*, 2006, 27(5), pp.878-889.
82. Long, P. T., Perdue, R. R. and Allen, L., "Rural Resident Tourism Perceptions and Attitudes by Community Level of Tourism", *Journal of Travel Research*, 1990, 28(3), pp.3-9.
83. MacDonald, R. and Jolliffe, L., "Cultural Rural Tourism: Evidence from Canada", *Annals of Tourism Research*, 2003, 30(2), pp.307-322.
84. Matthews, A. M., "Variations in the Conceptualization and Measurement of Rurality: Conflicting Findings on the Elderly Widowed", *Journal of Rural Studies*, 1988, 4(2), pp.141-150.
85. Meijering, L., van Hoven, B. and Huigen, P., "Constructing Ruralities: The Case of the Hobbitstee, Netherlands", *Journal of Rural Studies*, 2007, 23(3), pp.357-366.
86. Molera, L. and Pilar Albaladejo, I., "Profiling Segments of Tourists in Rural Areas of South-Eastern Spain", *Tourism Management*, 2007, 28(3), pp.757-767.
87. Munkejord, M. C., "Challenging Discourses on Rurality: Women and Men Immigrants' Constructions of the Good Life in a Rural Town in Northern Norway", *Sociologia Ruralis*, 2006, 46(3), pp.241-257.
88. Nash, D. and Butler, R., "Towards Sustainable Tourism", *Tourism Management*, 1990, 11(3), pp.263-264.
89. Nilsson, P., "Staying on Farms: An Ideological Background", *Annals of Tourism Research*, 2002, 29(1), pp.7-24.
90. Nyaupane, G. P., Morais, D. B. and Dowler, L., "The Role of Community Involvement and Number/Type of Visitors on Tourism Impacts: A Controlled Comparison of Annapurna, Nepal and Northwest Yunnan, China", *Tourism Management*, 2006, 27(6), pp.1373-1385.

91. Oppermann, M., "Rural Tourism in Southern Germany", *Annals of Tourism Research*, 1996, 23(1), pp.86-102.
92. Paniagua, A., "Urban-rural Migration, Tourism Entrepreneurs and Rural Restructuring in Spain", *Tourism Geographies*, 2002, 4(4), pp.349-371.
93. Pearce, P. L., "Farm Tourism in New Zealand: A Social Situation Analysis", *Annals of Tourism Research*, 1990, 17(3), pp.337-352.
94. Pearce, P. L., "Defining Tourism Study as a Specialism: A Justification and Implications", *TEOROS International*, 1993, 1, pp.25-32.
95. Petrou, A., Pantziou, E. F., Dimara, E. and Skuras, D., "Resources and Activities Complementarities: the Role of Business Networks in the Provision of Integrated Rural Tourism", *Tourism Geographies*, 2007, 9(4), pp.421-440.
96. Pigram, J., "Sustainable Tourism: Policy Considerations", *Journal of Tourism Studies*, 1990, 1(2), pp.2-9.
97. Pike, S., "Destination Image Analysis: A Review of 142 Papers from 1973 to 2000", *Tourism Management*, 2002, 23(5), pp.541-549.
98. Pike, S. and Ryan, C., "Destination Positioning Analysis through a Comparison of Cognitive, Affective, and Conative Perceptions", *Journal of Travel Research*, 2004, 42(4), pp.333-342.
99. Pratt, A. C., "Discourses of Rurality: Loose Talk or Social Struggle?", *Journal of Rural Studies*, 1996, 12(1), pp.69-78.
100. Reisinger, Y. and Turner, L., "Structural Equation Modeling with Lisrel: Application in Tourism", *Tourism Management*, 1999, 20(1), pp.71-88.
101. Richardson, T., "Discourses of Rurality in EU Spatial Policy: The European Spatial Development Perspective", *Sociologia Ruralis*, 2000, 40(1), pp.53-71.
102. Rye, J. F., "Rural Youths' Images of the Rural", *Journal of Rural Studies*, 2006, 22(4), pp.409-421.
103. Saxena, G., Clark, G., Oliver, T. and Ilbery, B., "Conceptualizing

Integrated Rural Tourism", *Tourism Geographies*, 2007, 9(4), pp.347-370.
104. Sharpley, R. and Roberts, L., "Rural Tourism - 10 Years On", *The International Journal of Tourism Research*, 2004, 6(3), p.6.
105. Sparks, B., "Planning a Wine Tourism Vacation? Factors that Help to Predict Tourist Behavioral Intentions", *Tourism Management*, 2008, 28(5), pp.1180-1192.
106. Stepchenkova, S. and Morrison, A. M., "Russia's Destination Image among American Pleasure Travelers: Revisiting Echtner and Ritchie", *Tourism Management*, 2008, 29(3), pp.548-560.
107. Thompson, C. S., "Host Produced Rural Tourism: Towa's Tokyo Antenna Shop", *Annals of Tourism Research*, 2004, 31(3), pp.580-600.
108. Tribe, J., "The Indiscipline of Tourism", *Annals of Tourism Research*, 1997, 24(3), pp.638-657.
109. Tuan, Y., "Place: An Experiential Perspective", *Geographical Review*, 1975, 65(2), pp.151-165.
110. Tuan, Y., "Humanistic Geography", *Annals of the association of American Geographers*, 1976, 66(2), pp.266-276.
111. Tuan, Y., "Rootedness versus Sense of Place", *Landscape*, 1980, 24(1), pp.3-8.
112. Unwin, T., "Tourist Development in Estonia: Images, Sustainability, and Integrated Rural Development", *Tourism Management*, 1996, 17(4), pp.265-276.
113. Wall, G., "Perspectives on Tourism in Selected Balinese Villages", *Annals of Tourism Research*, 1996, 23(1), pp.123-137.
114. Walmsley, D. J., "Rural Tourism: A Case of Lifestyle-led Opportunities", *Australian Geographer*, 2003, 34(1), pp.61-72.
115. Warner, K. D., "The Quality of Sustainability: Agroecological Partnerships and the Geographic Branding of California Winegrapes", *Journal of Rural Studies*, 2007, 23(2), pp.142-155.

116. Weaver, D. B. and Fennell, D. A., "The Vacation Farm Sector in Saskatchewan: A Profile of Operations", *Tourism Management*, 1997, 18(6), pp.357-365.
117. Weaver, D. B. and Lawton, J. L., "Resident Perception in the Urban-rural Fringe", *Annals of Tourism Research*, 2001, 28(3), pp.439-458.
118. Williams, D., "Leisure Identities, Globalization, and the Politics of Place", *Journal of Leisure Research*, 2002, 34(4), pp.351-367.
119. Willits, F. K., Bealer, R. C. and Timbers, V. L., "Popular Images of 'Rurality': Data from a Pennsylvania Survey", *Rural Sociology*, 1990, 55(4), pp.559-578.
120. Willlits, F. K., "The Rural Mystique and Tourism Development: Data from Pennsylvania", *Journal of the Community Development*, 1993, 24(4), pp.159-165.
121. Wong, J. and Lin, J., "The Role of Job Control and Job Support in Adjusting Service Employee's Work-to-leisure Conflict", *Tourism Management*, 2008, 28(3), pp.726-735.
122. Wu, S., Wei, P. and Chen, J., "Influential Factors and Relational Structure of Internet Banner Advertising in the Tourism Industry", *Tourism Management*, 2008, 29(2), pp.221-236.
123. Yague-Perales, R. M., "Rural Tourism in Spain", *Annals of Tourism Research*, 2002, 29(4), pp.1101-1110.
124. Yoon, Y. and Uysal, M., "An Examination of the Effects of Motivation and Satisfaction on Destination Loyalty: A Structural Model", *Tourism Management*, 2005, 26, pp.45-56.

(四) 英文网络文献

1. Mac, J. and Coffer, R., "Behavior and Humanistic Geography" (2003), geog.tamu.edu/~coffer/Classes/essay4.htm, retrieved Sept.11, 2008.
2. Tuan, Y., "Humanistic Geography: A Personal View" (2005), http://humanities.cn/modules/newbb/viewtopic.php?viewmode=thread&topic_id=225&forum=1&post_id=448, retrieved Mar. 5, 2008.

附录一
调查问卷(现场调研版)

尊敬的游客朋友:

您好! 我们是北京大学乡村旅游研究小组,正在进行乡村旅游有关的调查研究。

乡村旅游以住农家屋、吃农家饭、干农家活、乡间生活体验、农产品采摘、乡村民俗文化体验、乡间散步、钓鱼、爬山,以及走亲访友等丰富多彩的活动形式在全国城市郊区和乡村展开。各地针对自身特色和传统,不同发展阶段,对这些活动的组合冠以不同的名称,或曰"农家乐",或曰"乡村度假""民俗旅游""村寨旅游"等,不一而足。在此,我们统一称为"乡村旅游"。

和城市相比,乡村,或者所谓的农村、乡下有着自己的特点,从而在我们脑中形成了对于"乡村"独特的印象。但是,还有一些乡村,能够特别吸引你前往进行旅游活动。您对于这样一类可以吸引你前往休闲度假或者旅游的乡村印象又是什么? 这个研究的目的,是从游客角度来深度理解具有旅游职能的乡村特点,以便能为未来的乡村旅游发展提供一些合理化建议。

本调查研究由××××发起、执行,并得到杭州市旅游委员会、临安市旅游局等乡村旅游主管部门的大力支持。

本问卷由两部分组成,预计填写时间为5分钟。调查不记名,您所填写的内容仅被用于学术研究并严格保密。您的真诚配合和协助,将为本地乡村旅游的成功发展,也为未来您和其他游客得到更好的体验贡献一份力量。

我们对您表示由衷的感谢!

××××

电话:010-6275××××　传真:010-6275××××

调查人:×××

第一部分　您心目中向往前去旅游的乡村之印象

说明:您觉得,可以吸引你前往进行旅游的乡村应该是什么样子,具有哪些特点?以下印象是否符合您的想法?请在下列选项中表达您的同意程度。谢谢!

	数字1—5之间表示认同的强烈程度:1表示强烈不认同,5表示强烈认同。请选择能表达您意愿的数字,并在对应方框中打钩(√)。	您认同吗?				
		强烈不认同→强烈认同				
		1	2	3	4	5
自然与乡村环境	1. 地广人稀	□	□	□	□	□
	2. 远离城市的偏远地区	□	□	□	□	□
	3. 交通便捷	□	□	□	□	□
	4. 绿色生态的自然景观	□	□	□	□	□
	5. 空气清新	□	□	□	□	□
	6. 野生动植物丰富	□	□	□	□	□
	7. 乡村(田园)风光自然优美	□	□	□	□	□
	8. 保留传统乡土/民族特色的乡村建筑、街道和聚落景观	□	□	□	□	□
	9. 听觉享受(鸡犬相闻/听取蛙声一片等意境)	□	□	□	□	□
	10. 村民对自己是农村人感到自豪	□	□	□	□	□

续　表

		您认同吗？				
数字1—5之间表示认同的强烈程度：1表示强烈不认同，5表示强烈认同。请选择能表达您意愿的数字，并在对应方框中打钩(√)。		强烈不认同──→强烈认同				
		1	2	3	4	5
自然与乡村环境	11. 可以寻找到令人向往的传统乡村生活方式的地方(采菊东篱下，悠然见南山；桃花源等传统乡村理想生活)	□	□	□	□	□
	12. 可以满足好奇，感受到当地与众不同民俗风情的地方	□	□	□	□	□
	13. 让人感到轻松、放松、平和的地方	□	□	□	□	□
乡村社会和文化生活	14. 可以体现城里人优越性的地方	□	□	□	□	□
	15. 村民热情好客	□	□	□	□	□
	16. 村民单纯，容易沟通	□	□	□	□	□
	17. 村里邻里关系和睦亲密	□	□	□	□	□
	18. 卫生干净	□	□	□	□	□
	19. 贫穷	□	□	□	□	□
	20. 社会稳定，治安好	□	□	□	□	□
	21. 生活简单，节奏慢	□	□	□	□	□
	22. 村民文化低，见识短	□	□	□	□	□
	23. 信息闭塞，报纸、电视、现代通信不发达	□	□	□	□	□
	24. 乡村居民主要从事第一产业(农林牧渔业)	□	□	□	□	□
	25. 乡村第一产业(农林牧渔)之外其他工作就业机会很多，如乡镇企业、做生意、农副产品加工等	□	□	□	□	□
	26. 适合进行各项户外活动(散步、爬山、钓鱼、骑马等)	□	□	□	□	□

续 表

数字1—5之间表示认同的强烈程度:1表示强烈不认同,5表示强烈认同。请选择能表达您意愿的数字,并在对应方框中打钩(√)。	您认同吗? 强烈不认同——→强烈认同				
	1	2	3	4	5

		1	2	3	4	5
游憩活动机会	27. 适合进行各项休闲活动(打牌、麻将、下棋、喝茶等)	□	□	□	□	□
	28. 可以找到乡村文物古迹或文化遗迹的地方	□	□	□	□	□
	29. 可以让人们去探索、探险的地方	□	□	□	□	□
	30. 可以体验传统的交通方式(船、轿、驴、马等)	□	□	□	□	□
	31. 传统的民俗节庆活动丰富(传统节日、婚丧嫁娶等)	□	□	□	□	□
	32. 农村节事活动丰富(赶集、采摘、农产品节等)	□	□	□	□	□
	33. 现代夜间娱乐活动丰富(卡拉OK、歌舞厅、酒吧等)	□	□	□	□	□
	34. 传统的夜间娱乐活动丰富(篝火、聊天、讲故事等)	□	□	□	□	□
	35. 特色的农家菜肴	□	□	□	□	□
	36. 绿色有机食物(野菜、家鸡等家禽、果蔬等)	□	□	□	□	□
	37. 住宿房屋有乡土特色	□	□	□	□	□
设施	38. 医疗条件好	□	□	□	□	□
	39. 购物方便	□	□	□	□	□

40. 其他您认为重要,我们没有提到的:_____

第二部分　受访者基本资料

说明：请在横线上填写您的选择，除了特别说明外，都为单项选择。

41. 性别_____　（1）男　（2）女

42. 出生年份_____

43. 教育程度_____　（1）初中及以下　（2）高中/中专　（3）大专/大学本科　（4）硕士及以上

44. 职业_____　（1）公务员/事业单位人员　（2）商业/服务业人员　（3）工矿制造企业人员　（4）专业技术人员　（5）企业管理人员　（6）自由职业者/教师　（7）个体工商户/私营业主　（8）学生　（9）下岗/待业人员　（10）离/退休人员　（11）家庭主妇(丈夫职业_____)　（12）其他(请注明)_____

45. 你来自_____　（1）浙江省_____市/县(请注明)　（2）上海市　（3）江苏省　（4）其他省(请注明)_____

46. 现今惯常居住_____　（1）城市市区　（2）城市郊区　（3）乡/农村地区　（4）其他

47. 18岁前成长环境_____　（1）城市市区　（2）城市郊区　（3）乡村地区/农场　（4）其他

48. 家庭状况_____　（1）单身　（2）已婚,无子女　（3）已婚,有子女,子女未独立　（4）已婚,有子女,子女已经独立　（5）其他(　　　)

49. 家庭人均月收入　（1）1 000元以下　（2）1 001～2 000元　（3）2 001～3 000元　（4）3 001～4 000元　（5）4 001～5 000元　（6）5 001～8 000元　（7）8 001～10 000元　（8）10 001元以上

————————问卷结束，谢谢填答！————————

附录二
调查问卷（网络版）

乡村旅游调查

尊敬的朋友：

您好！首先感谢您接受我的问卷访谈。
让我给您简单地介绍一下本调查问卷。

调查问卷目的

这是来自北京大学xxxx博士研究生xxx一份调查问卷，本问卷将用作乡村旅游有关的博士论文研究。
乡村旅游以住农家屋、吃农家饭、干农家活、农产品采摘、乡村民俗文化体验、乡间散步、钓鱼、爬山，以及亲访反等丰富多彩的活动形式在全国城市郊区和乡村展开。各地针对自身特色和传统、不同发展阶段，对这些活动的组合冠以不同的名称，或曰"乡村度假"、"民俗旅游"、"村赛旅游"等，不一而足。在此，我们统一称为"乡村旅游"。

本研究的目的是从游客角度来深度理解具有旅游职能的乡村特点，以及满意度，以便为未来的乡村旅游发展提供合理化建议。我们承诺本调查问卷的内容，仅作科研分析之用，而且匿名，请您放心作答。问卷填写完毕，保存后，请发至: xxx@gmail.com 。如果您今后希望了解本研究的最终成果，也可发信至该邮箱。再次感谢！

北京大学·xxxx xxx 电话: 010-6275 xxxx

调查问卷介绍

本问卷分成两个部分，预计填写时间5分钟。
- 第一部分：您心目中最理想的乡村旅游目的地特征是什么？我们有40个选项，请给出认同度选择；
- 第二部分：请填写匿名受访者基本信息。

第一部分：您心目中最想去的乡村是什么样的？（抛开具体的乡村地点，请对可能吸引您前往旅游的乡村具有的特征进行评价。）

A. 自然与乡村环境

	强烈不认同	不认同	无所谓	认同	强烈认同
1. 地广人稀	○	○	○	○	○
2. 远离城市的偏远地区	○	○	○	○	○
3. 交通便捷	○	○	○	○	○
4. 绿色生态的自然景观	○	○	○	○	○
5. 空气清新	○	○	○	○	○
6. 野生动植物丰富	○	○		○	○
7. 乡村（田园）风光自然优美	○	○	○	○	○
8. 保留传统乡土民族特色的乡村建筑、街道和聚落景观	○	○	○	○	○
9. 听觉享受（鸡犬相闻听取蛙声一片等意境）	○	○	○	○	○
10. 村民对自己感到自豪	○	○	○	○	○
11. 可以寻找到令人向往的传统乡村生活方式的地方（采菊东篱下，悠然见南山；桃花源等传统乡村思想生活）	○	○	○	○	○

B. 乡村社会和文化生活

	强烈不认同	不认同	无所谓	认同	强烈认同
12. 可以满足好奇、感受到当地与众不同民俗风情的地方	○	○	○	○	○
13. 让人感到轻松、放松、平和的地方	○	○	○	○	○
14. 可以体现城里人优越性的地方	○	○	○	○	○
15. 村民热情好客	○	○	○	○	○
16. 村民单纯、容易沟通	○	○	○	○	○

	强烈不认同	不认同	无所谓	认同	强烈认同
17. 村里邻里关系和睦亲密		○	○	○	○
18. 卫生干净		○	○	○	○
19. 贫穷，经济落后		○	○	○	○
20. 社会稳定，治安好		○	○	○	○
21. 生活简单，节奏慢		○	○	○	○
22. 村民文化低，见识短		○	○	○	○
23. 信息闭塞，报纸、电视、现代通讯不发达		○	○	○	○
24. 乡村居民主要从事第一产业（农林牧渔业）		○	○	○	○
25. 乡村第一产业（农林牧渔）之外其他工作就业机会很多，如乡镇企业、做生意、农副产品加工等		○	○	○	○

C. 游憩活动机会

	强烈不认同	不认同	无所谓	认同	强烈认同
26. 适合进行各项户外活动（散步、爬山、钓鱼、骑马等）	○	○	○	○	○
27. 适合进行各项休闲活动（打牌、麻将、下棋、喝茶等）	○	○	○	○	○
28. 可以找到乡村文物古迹或文化遗迹选的地方	○	○	○	○	○
29. 可以让人们去探索、探险的地方	○	○	○	○	○
30. 可以体验传统的交通方式（船、桥、驴、马等）	○	○	○	○	○
31. 传统的民俗节庆活动丰富（传统节日、婚丧嫁娶等）	○	○	○	○	○
32. 农村节事活动丰富（赶集、采摘、农产品节等）	○	○	○	○	○
33. 现代夜间娱乐活动丰富（卡拉OK、歌舞厅、酒吧等）	○	○	○	○	○
34. 传统的夜间娱乐活动丰富（篝火、聊天、讲故事等）	○	○	○	○	○
35. 特色的农家菜肴	○	○	○	○	○
36. 绿色有机食物（野菜、家禽等家禽、果蔬等）	○	○	○	○	○

D. 设施

	强烈不认同	不认同	无所谓	认同	强烈认同
37. 住宿房屋有乡土特色	○	○	○	○	○
38. 医疗条件好	○	○	○	○	○
39. 购物方便	○	○	○	○	○

40. 其它您认为重要，我们没有提到的：

第二部分：受访者个人信息

41. 您的性别　　○男　　○女

42. 出生年

43. 教育程度　○初中及以下　○高中/中专　○大专/大学本科　○硕士及以上

44. 您的职业

○公务员/事业单位人员　○商业/服务业人员　○工人/农民工
○专业技术人员　　　　○企业管理人员　　○自由职业者/教师
○个体工商户/私营业主　○学生　　　　　　○下岗/待业人员
○离退休人员　　　　　　　　　　　　　　○其他（请注明）
○家庭主妇　（丈夫职业请注明）：

45. 您的惯常居住地（省/市）_____

46. 您现在经常居住在　○城市市区　○城市郊区　○乡/农村地区　○镇　○其他

47. 您18岁以前成长环境　○城市市区　○城市郊区　○乡/农村地区　○镇　○其他

48. 家庭状况
    ○单身　　　　　　　　　○已婚无子女　　　　○已婚有子女，子女未独立
    ○已婚有子女，子女已独立　○其它

49. 家庭人均月收入
    ○1 000元以下　　　　○1 001~2 000元　　○2 001~3 000元
    ○3 001~4 000元　　　○4 001~5 000元　　○5 001~8 000元
    ○8 001~10 000元　　 ○10 001元以上

问卷结束，谢谢填答

附录三
游客导向的中国乡村性测量指标及其编码表

编码	观 测 指 标
X_1	地广人稀
X_2	远离城市的偏远地区
X_3	交通便捷
X_4	绿色生态的自然景观
X_5	空气清新
X_6	野生动植物丰富
X_7	乡村(田园)风光自然优美
X_8	保留传统乡土/民族特色的乡村建筑、街道和聚落景观
X_9	听觉享受(鸡犬相闻/听取蛙声一片等意境)
X_{10}	村民对自己是农村人感到自豪
X_{11}	可以寻找到令人向往的传统乡村生活方式的地方(采菊东篱下,悠然见南山;桃花源等传统乡村理想生活)
X_{12}	可以满足好奇,感受到当地与众不同民俗风情的地方
X_{13}	让人感到轻松、放松、平和的地方
X_{14}	可以体现城里人优越性的地方

续表

编码	观测指标
X_{15}	村民热情好客
X_{16}	村民单纯,容易沟通
X_{17}	村里邻里关系和睦亲密
X_{18}	卫生干净
X_{19}	贫穷,经济落后
X_{20}	社会稳定,治安好
X_{21}	生活简单,节奏慢
X_{22}	村民文化低,见识短
X_{23}	信息闭塞,报纸、电视、现代通信不发达
X_{24}	乡村居民主要从事第一产业(农林牧渔业)
X_{25}	乡村第一产业(农林牧渔)之外其他工作就业机会很多,如乡镇企业、做生意、农副产品加工等
X_{26}	适合进行各项户外活动(散步、爬山、钓鱼、骑马等)
X_{27}	适合进行各项休闲活动(打牌、麻将、下棋、喝茶等)
X_{28}	可以找到乡村文物古迹或文化遗迹的地方
X_{29}	可以让人们去探索、探险的地方
X_{30}	可以体验传统的交通方式(船、轿、驴、马等)
X_{31}	传统的民俗节庆活动丰富(传统节日、婚丧嫁娶等)
X_{32}	农村节事活动丰富(赶集、采摘、农产品节等)
X_{33}	现代夜间娱乐活动丰富(卡拉OK、歌舞厅、酒吧等)
X_{34}	传统的夜间娱乐活动丰富(篝火、聊天、讲故事等)
X_{35}	特色的农家菜肴

续 表

编码	观 测 指 标
X_{36}	绿色有机食物(野菜、家鸡等家禽、果蔬等)
X_{37}	住宿房屋有乡土特色
X_{38}	医疗条件好
X_{39}	购物方便

后　记

一、迟到的出版

本书源于作者于 2008 年 12 月完成的博士论文,文献截止到 2008 年。悠悠 12 年,匆匆一轮回。现在要将当时的博士论文作为专著出版,虽有些姗姗来迟,但对于它的出版意义,我依然颇有信心。

该博士论文的任何部分此前从未在国内以任何文字形式公开发表过。虽然最近十年来,有不少关于乡村性的研究,但鲜见类似的系统探讨"游客导向的乡村性"理论,并提出了基于实证的测量模型的研究成果。由于知网博士论文库并没有与北大图书馆的博士论文库对接,乡村旅游研究的同行们很少能查阅到此研究。近些年来,我也收到过索要论文的邮件请求。因此,此次专著的出版,将有利于同行之间公开的学术交流。

此外,"游客导向的乡村性"理论的提出基于当时的社会环境、国家政策和行业情况,研究逻辑体现在每一个章节中,整个研究体系是完整的。如果仅仅为了更新文献而增补,将与本研究整体造成脱节,因此不便更新文献。

回想起来,当时以浙江作为乡村旅游发展案例考察地,有我的幸运之处。该研究的田野考察主要基于浙江杭州临安、桐庐、富阳等地的观察与访谈,这些杭州下属区县的乡村旅游发展,在浙江省内当时仅次于湖州安吉的知名度,并且各有特色,差距并不大。2007年,我走进杭州市旅游委员会请求调研帮助的时候,当时的旅委领导们曾建议可以考虑优先以湖州为调研地。出于调研资源的可获得性考虑,最后我选择了杭州周边以临安为主,桐庐、富阳为辅作为田野调查的案例地。

后来我才知道,时任中共浙江省委书记的习近平同志早在2005年8月15日考察浙江湖州安吉天荒坪镇余村时,就有感于当地乡村旅游的蓬勃发展,首次提出了"绿水青山就是金山银山"的理念。这也是杭州市旅委向我推荐湖州作为案例地的重要原因。到了2017年,党的十九大将"必须树立和践行绿水青山就是金山银山的理念"写进大会报告时,距离"两山"理论提出恰好过去了12年。今年正值"两山理论"提出15周年纪念之际,保持论文最初的模样,保留与尊重乡村旅游调研地的彼时彼景,透过用文字凝固住的研究,回望15年前"两山"理论提出前后浙江乡村旅游产业发展情况,也有着不一样的意义。

就在筹备这本专著出版之时,这个夏天发生的一个故事,鼓舞了我在当下的中国乡村运用12年前基于浙江调研提出的"游客导向的乡村性"理论。在这个故事里,可以看到乡村旅游中"游客导向的乡村性"理论对解释乡村旅游游客的动机依然具有强大的作用,研究中提出的TOR模型依然可以指导当下民间乡村旅游的实践。这个故事,也让我深刻体会到了15年前在浙江提出的"两山"理论对于当下中国乡村发展的重要意义。

故事就发生在这篇后记写作的前几日,家人去了黔东南深山中一个苗族银匠村体验银饰制作(见彩插页)。这个曾经远近闻名的银匠村在鼎盛时期拥有200多名银匠,家人拜访的这位银匠,是寨子里唯一的留守银匠。这位令人尊重的银匠和我的年龄相仿,在他20多岁时,曾和寨中其他年轻人一样外出打工。心灵手巧的他在浙江温州皮鞋生产线做到一定的位置,收入不菲。后来有感于苗寨的空心化、苗族传统与原创技艺的没落,毅然回到家乡,重拾银匠手艺。他结合童年时代便耳濡目染、熟记于胸的苗族银饰制作传统工艺,源自日常劳动与生活的创作灵感,以及血液中流淌的银匠世家天赋,创作出许多贴近生活、体现传统技艺,又符合现代审美的原创银饰作品。如今,他的订单来自海内外,每年有上万人慕名来到这个偏远的寨子,只为到他家中参观和体验银饰制作。从最初每日接待一两位客人做起,到2017年一年便接待了近15 000名游客,全年日均游客量达到了40多位。为了方便慕名远道而来的客人,他在家里开了民宿,并为游客提供了稻田捕鱼的乡野乐趣体验,深受游客特别是年轻人和小朋友的喜爱。很多文章报道,他是寨子里唯一一位能够靠银匠职业谋生、致富的银匠。而我会说,银匠的成功,依靠的不只是银匠技艺,更是以苗寨与苗族银饰制作体验为依托的乡村旅游发展。事实上,银匠最早的获客途径,便是依托于附近著名的西江千户苗寨这个乡村旅游目的地的客源分流。如今,他家与所在的寨子已经成了一个小的独立乡村旅游目的地。对于深度乡村旅游者而言,附近闻名的西江千户苗寨反而成为一个中转站。

  家人回来后告诉我,银匠在寨子里已经盖了两幢楼,一幢五层楼,还有一幢正在室内装修的七层楼。五层的老楼有能够容纳五六十人同步制作银饰的工作室,还有作为民宿的客房,楼的整个外立面贴着城市中才能见到的玻璃幕墙,矗立在苗寨最高处,在阳光下熠熠生辉,多少有些违和。好在新建的七层楼并没有继续采用玻璃幕墙的设计。同行小朋友也告诉了我她的小秘密,十岁的孩子无法使用寨子里的洗手间,直到三天后到了城里的宾馆才解决。孩子们在三天里做银饰、稻田抓鱼非常快乐,可是宁可偷偷跑到田边草丛里,也不愿意使用两幢楼里的洗手间。在孩子们的日记中,淋浴间被描述成满屋飞蛾和小虫子的恐怖之所。银匠和家人聊天时也表示,他不能理解来他家体验苗族银饰手艺的城里人,为什么进了山还想住上四五星级的酒店。他们苗寨的传统认为吃饭更为重要,与其花费一晚的住宿,不如用来买些好吃的。

12年前,我在浙江杭州周边县市一些农家乐村调研时,游客就不断跟我反馈过类似的问题。他们喜欢和乡下人打交道,向往乡村的生活,然而很多配套设施让人望而却步。12年后的今天,浙江的民宿经济发展壮大,很多高端民宿的价格甚至高于五星级酒店,在旺季时却一房难求。这些高端的民宿在建设、经营上非常符合"游客导向的乡村性"内涵。但与此同时,即便在浙江,依然有许多本地农民经营的农家乐式民宿,面临着经营困难,或者由不恰当改造导致的负债累累的局面。中国幅员辽阔,不同地域乡村旅游发展的差异很大。12年后的今天,在广大西部地区,譬如黔东南这家依托银饰体验的民宿,在我看来还继续着12年前我在浙江调查点遇到过的老问题的循环。对于如何去理解城里人去乡下旅游的动机,如何去改造、经营、营销乡村旅游,本书提出的"游客导向的乡村性"依然可以作为理论指导。

乡村旅游中"游客导向的乡村性"追求,是城市游客最大的出游动机。游客导向的乡村性,不只基于乡村自身的特点,比如乡村自然、人文环境、乡村经济、乡村社会、乡村的游憩机会,而且包括乡村的基础设施。因此,对"游客导向乡村性"的理解,是可以引领乡村旅游政策制订者、规划者、开发者和经营者去反思乡村旅游的游客动机,寻求乡村旅游更好发展的一个切入点。

本书提出的"游客导向的乡村性"不仅仅是一个抽象的概念,通过调研与实证提出的TOR模型也易于在实践中操作和执行。用TOR模型表达与测量的"游客导向的乡村性",由六大要素构成:游憩设施(Fac.)、田园牧歌(Idyll)、游憩环境(Env.)、传统生活(Life)、晦涩乡村(Dull)、乡村游憩机会(Opp.)。六个首字母合在一起构成FIELDO一词,是为了方便记忆。其中,晦涩乡村(Dull)与乡村吸引力呈负相关,其余五大要素都呈正相关。将TOR模型对照上文所述黔东南银饰村的乡村旅游，经营者可以非常方便地对照这六大要素进行硬件、软件的调整，从而提高游客的满意度、回头率。这不仅有利于延长游客滞留时间，更有利于由点及面，带动村寨中其他村民的旅游开发，从而达到旅游扶贫的目的。吸引更多年轻人回到家乡，恢复银匠村的活力，正是这位留守银匠最大的心愿。

最后，我的信心还来自乡村旅游中"游客导向的乡村性"理论，在过去十年里，已经由作者本人在浙江西部的乡村进行了行业实战的检验。在博士论文完成之后，我怀揣美好乡村的梦想，厕身复旦大学旅游学系，教学之余帮助家人在浙江衢州的小山村策划、建设了一个小微乡村旅游点：水月湾（见彩插页）。无论是在前期选址、与当地政府的沟通，还是建设期间对于硬件设施、游憩环境、乡村社区关系的处理，或者落地后运营中的定位转变、针对京沪粤港一线大城市客源的营销，我一直运用着博士论文提出的"游客导向的乡村性"理论，分解 TOR 模型中的六大要素去逐一评估，并努力用这一理论观点去影响当地政府的行业管理者对该项目的理解，并影响着建设、运营团队的决策。虽然随着市场需求的变化，这个小微乡村旅游点的定位一直在改变——从项目初期的民宿定位，到建设期间的乡村度假地定位，最后到浙西第一个提出乡村教育营地的定位——围绕着"游客导向乡村性"建设、营销的理念从来没有动摇过。水月湾于 2018 年夏天被收购后，终止了家族运营的使命。十年间，我见证了一块山野荒地变成寄托着城市人乡村梦想的花园，见证了乡村旅游小微企业对当地农民就业创收的贡献。十年不间断的乡村旅游行业实践，从项目谈判、落地、建设到运营，成为我和历届学生们最好的关于"游客导向的乡村性"理论应用的案例之一。在水月湾从无到有，并走向市场的真刀真枪行业历练中，也丰富了我对"游客导向乡村性"的认知。希望在不久的将来，我会用一项新的研究来记录这段宝贵的乡村旅游实践经验。

二、致谢

本书所包含的博士论文,是北京大学城市与环境学院第一篇以乡村旅游为选题的博士论文。它的完成首先要特别感谢博士生导师吴必虎教授给予的尊重和支持,以及博士班班主任贺灿飞教授的鼓励。选题之初,还有些许争议,担心乡村旅游的研究理论性不高,难以达到北大的博士毕业要求。从当初的争议,到现在乡村旅游与乡村振兴的研究俨然成为热门显学,不过十余年的时光。回头再看,更能体会到学者脚下的这片大地,才是滋养社会科学提出问题、解决问题,并在过程中推进理论创新与探索的土壤。对于旅游研究这一交叉应用学科而言,理论研究更是对行业与产业发展的回应。我有幸成长于这样一个时代,寻得了一个紧扣中国当下发展脉搏,和当下中国旅游发展无法回避的话题,从此切入旅游研究与教学生涯之中。

这是一项受到西方乡村旅游研究与产业发展经验启示,最后落脚到本土经验的研究。研究选题得益于 2007 年留美期间普度大学蔡利平教授的建议。虽然"中国乡村游"是 2006 年的全国旅游主题,然而,当时国内主流的乡村旅游产品主要还是低端自发性质的"农家乐"形式,要确定乡村旅游选题去申请北大博士学位的确需要有一定的前瞻性,因此,我非常感谢蔡老师的远见。回看 2000—2010 年之间的乡村旅游著作,作者们无不在前言或者后记中提到西方国家乡村旅游发展给予的启示。搭乘灰狗巴士穿越美国乡村的亲身体验,也坚定了我回国研究乡村旅游的信心。看着窗外的风景,我相信,有一天,我的祖国、我的家乡也会有这样美好的乡村生活美景,而我不能只是许愿与等待,我想要积极参与,为这一天的实现做些什么。抱着在异乡萌发的小小心愿,我回到浙江扎根田野——这片土地诞生了"青山绿水就是金山银山"的"两山"理论。再后来，我又用了将近十年的时间，在家乡的青山绿水之中，以一位旅游教育研究者与创业者的身份，落地乡村性理论的行动实验。

说到这里，我最想感谢的是研究与教学工作的平台——过去十年赖以安身立命的复旦大学旅游学系。本系秉承儒雅淡泊之风，教研室在巴兆祥教授的带领下，用理解与宽容给予一位普通老师以时间与空间。我是何其有幸，将事业浸润于这不急不躁、徐徐开展的学术氛围之中。

最后，除了感恩家人不离不弃的陪伴与支持之外，还要感谢与本研究以及我后来的研究、教学生涯息息相关的生命中的贵人。我要感谢研究前期、留美期间，美国南卡罗莱纳大学酒店、零售和运动管理学院里克·哈里尔（Rich Harrill）博士慷慨无私的帮助，李想博士在专业阅读习惯养成上的引领，以及穆扎法·乌萨尔（Muzaffer Uysal）教授的点拨，点点滴滴，铭记心间。感谢调研期间时任杭州市旅游委员会副主任崔凤军博士、规划处处长姚吉峰先生，以及临安市旅游局、桐庐县旅游局、富阳县旅游体育局的帮助和支持，以及各调研地村委会与村民们的帮助！要感谢复旦大学历史系、旅游学系金光耀教授、刘金华书记、巴兆祥教授的尊重、宽容与支持。并借此机会感谢复旦大学出版社史立丽、本书责编赵楚月两位老师的耐心与付出。

张歆梅
于复旦大学光华楼
2020 年 8 月 15 日

图书在版编目(CIP)数据

乡村旅游中游客导向的乡村性研究/张歆梅著. —上海:复旦大学出版社,2020.10
(复旦旅游学研究书系)
ISBN 978-7-309-15332-3

Ⅰ.①乡…　Ⅱ.①张…　Ⅲ.①乡村旅游-旅游业发展-研究-中国　Ⅳ.①F592.3

中国版本图书馆 CIP 数据核字(2020)第 170207 号

乡村旅游中游客导向的乡村性研究
张歆梅　著
责任编辑/赵楚月

复旦大学出版社有限公司出版发行
上海市国权路 579 号　邮编:200433
网址:fupnet@fudanpress.com　http://www.fudanpress.com
门市零售:86-21-65102580　团体订购:86-21-65104505
外埠邮购:86-21-65642846　出版部电话:86-21-65642845
上海四维数字图文有限公司

开本 890×1240　1/32　印张 10.125　字数 254 千
2020 年 10 月第 1 版第 1 次印刷

ISBN 978-7-309-15332-3/F・2744
定价:58.00 元

如有印装质量问题,请向复旦大学出版社有限公司出版部调换。
版权所有　侵权必究